D1557470

HUGUES CAPET

Yves SASSIER

HUGUES CAPET

NAISSANCE
D'UNE DYNASTIE

Fayard

© Librairie Arthème Fayard, 1987.

A mon maître,
Jean-François LEMARIGNIER

Introduction

Celui qui, en accédant le 3 juillet 987 au trône de France, fonda la dernière dynastie de nos rois n'a pas laissé une très bonne image. Ferdinand Lot, l'auteur de la première grande étude sur son règne, ne cachait pas son mépris pour l'homme. « Il est visible, écrivait-il en 1891, que Hugues Capet n'a dû sa royauté ni à son courage, ni à son habileté, ni à un mouvement enthousiaste d'opinion. Son courage était des plus médiocres. Son habileté a été fort vantée par certains érudits. Nous la cherchons encore. Nous n'avons vu qu'un homme faible, incertain, n'osant faire un pas sans demander conseil et dont la prudence dégénérait en pusillanimité [1]. »

Ce jugement sévère ne fait pas l'unanimité des historiens, et l'on peut reprocher à Ferdinand Lot d'avoir un peu trop systématiquement mis sur le compte du personnage l'état de paralysie dont se trouvait alors frappée l'institution royale elle-même. Il est cependant un point que nul ne conteste : le premier Capétien n'est pas l'une de ces figures d'exception dont le génie bouleverse le cours de l'Histoire, suscite la ferveur et l'admiration des contemporains, et s'impose à la postérité. Contrairement a Otton Ier le Grand, ce roi de Germanie qui sut affronter le déclin au point de faire renaître de ses cendres l'empire de Charlemagne, Hugues, à bien des égards, ne fit que subir les mutations du siècle dans lequel il vécut.

1. *Les Derniers Carolingiens,* p. 295.

Un siècle qui, lui-même, n'a pas bonne réputation. La période qui s'étend de la mort de Charles le Chauve (877) à l'An Mil a été longtemps considérée comme l'une des périodes les plus noires — la plus noire peut-être — de l'histoire de la chrétienté occidentale. *Saeculum obscurum,* « siècle de fer et de plomb » : ainsi les Modernes ont-ils appelé ce Xe siècle, volontiers décrit comme l'un de ces rares moments de l'Histoire où gouvernants et gouvernés furent emportés pêle-mêle vers le plus indescriptible chaos, l'une de ces époques maudites où, comme dans l'Apocalypse de saint Jean, le mal absolu se mit à « égarer les nations jusqu'aux quatre extrémités de la terre ». On sait que l'historiographie romantique, Michelet en tête, se complut à entretenir la fausse image de cette société de la fin du Xe siècle, frappée par la ruine, le malheur et la désespérance, hantée par la terrifiante croyance que l'Antéchrist l'habitait et que le millénaire de l'Incarnation du Sauveur marquerait le jour du Jugement dernier.

Aujourd'hui, les historiens ont sans doute fait justice des prétendues « terreurs de l'An Mil », tout comme ils ont été conduits à nuancer certains des jugements qui donnèrent si mauvaise réputation au Xe siècle. Pourtant, cette époque n'en reste pas moins un temps de déclin, ne serait-ce que parce qu'elle marque la fin d'une certaine « renaissance » carolingienne. Et surtout, elle demeure encore l'une des moins bien connues de l'histoire du royaume franc. Les documents y sont rares : si l'on excepte celui de Flodoard, ce chanoine rémois qui rédigea sur plus de quarante ans, de 919 à 966, des annales d'une très grande qualité, les témoignages des contemporains sont d'une extrême pauvreté. Richer, moine de Saint-Remi de Reims qui vécut au temps d'Hugues Capet, a laissé une chronique essentielle, mais d'une telle imprécision qu'on ne peut dater la plupart des événements qu'elle relate. Par la force des choses, Hugues Capet est donc un peu à l'image de son siècle : un monarque obscur et méconnu que l'on devinera peut-être à travers ses faits et gestes, mais sans connaître toute la trame du règne, ni cerner l'homme lui-même.

Un monarque sur lequel, pendant fort longtemps, on ne sut presque rien. Car Hugues, de ce point de vue, a été poursuivi par la malchance. L'œuvre de Richer de Saint-Remi, la seule qui

nous permette d'imaginer ce que furent certaines des grandes
affaires du règne, la seule qui contienne un récit exhaustif de
l'accession du premier Capétien au trône, a disparu dans les
années qui ont suivi la mort d'Hugues Capet. Le manuscrit a pris
le chemin de l'Allemagne, probablement dans les bagages de
Gerbert d'Aurillac, le futur pape Silvestre II. Chroniqueurs et
historiens français du Moyen Age et des Temps modernes n'ont
donc pu exploiter le récit de Richer, qui n'a refait surface qu'au
siècle dernier, en 1833. Jusqu'à cette redécouverte, Hugues Capet
ne devait être connu que par quelques mentions éparses dans des
chroniques souvent tardives, ou par des récits eux aussi tardifs
dont les auteurs ne se souciaient guère de faire œuvre historique
au sens où nous l'entendons aujourd'hui. Ce que l'on savait de lui
se résumait donc à bien peu de chose et principalement au fait
qu'il avait succédé sur le trône des Francs au Carolingien
Louis V, triomphé d'un compétiteur de race carolingienne et
transmis sa couronne à son fils Robert le Pieux. En somme,
l'unique titre de gloire d'Hugues Capet résidait dans sa qualité de
héros éponyme de cette troisième dynastie qui, déjà à la fin du
Moyen Age, s'apprêtait à dépasser en longévité les deux premières réunies.

Mais était-ce là véritablement un titre de gloire ? Tout historien le sait : fables et légendes n'ont pas de meilleur terreau que
l'ignorance. L'imaginaire prend alors le relais des certitudes et
reconstruit une autre « histoire », qui se façonne selon les mentalités et les préoccupations du temps, dont la trame se nourrit
des interrogations, des partis pris, des polémiques, voire des plus
insidieuses rumeurs que suscitent les rares actes connus du personnage concerné. Or, à propos d'Hugues Capet, une question
cruciale, fondamentale pour la renommée du roi et de sa lignée,
s'est très vite imposée aux gens du Moyen Age : comment un
personnage étranger à la race de Charlemagne avait-il pu accéder
au trône des Francs, alors même qu'un Carolingien — Charles de
Lorraine — était encore en vie ?
Cette question, on se la posera pendant tout le Moyen Age.
On se la pose déjà au temps d'Hugues Capet, et jusque dans le
cercle de ceux qui, comme Gerbert, l'écolâtre de Reims, ont le
plus fermement soutenu l'accession d'Hugues au trône. Du

vivant du premier Capétien, Richer de Saint-Remi propose une réponse que nul, en France, ne connaîtra avant le XIXᵉ siècle : la dynastie carolingienne a trouvé son terme avec la disparition du roi Louis V, mort sans postérité. Sans doute existait-il un prétendant carolingien ; mais ce prétendant, personnage indigne, n'était au surplus que l'oncle du dernier roi. C'est donc à bon droit que les grands du royaume ont élu un nouveau roi en la personne d'Hugues Capet. Richer, bien sûr, se pose ici en porte-parole des partisans de la royauté d'Hugues, ce qui ne l'empêchera pas de se faire fugitivement l'écho des scrupules tardifs qui assailliront certains d'entre eux, comme si lui-même doutait de la valeur de ses arguments.

Cette thèse procapétienne n'est pas isolée. Quelques années plus tard, dans ce monastère de Saint-Benoît-sur-Loire (Fleury) si proche de la nouvelle dynastie, Aimoin de Fleury, qui ne connaît pas le texte de Richer, la reprend : Louis V a laissé le royaume sans héritier. Certes, son oncle Charles tenta de faire valoir ses droits, mais Aimoin précise sans plus de commentaires que Charles avait « vieilli dans les affaires privées » – *privatis in aedibus senuit* – de sorte qu'il ne pouvait plus être considéré comme un personnage public, susceptible de régner. Raison qui justifie aux yeux d'Aimoin que les grands du royaume l'aient évincé au profit d'Hugues. Le laconisme d'Aimoin de Fleury indique peut-être qu'au début du XIᵉ siècle la question de la légitimité d'Hugues Capet et de Robert le Pieux, contemporain d'Aimoin, n'est pas encore au cœur du débat. En tout cas pas au point d'imposer à l'historiographie officieuse cet effort d'argumentation qui aurait pu faire taire les éventuels détracteurs.

Ceux-ci ne vont pas tarder à se manifester. Entre 1015 et 1030, l'*Historia Francorum Senonensis,* une petite chronique écrite à Sens par un personnage manifestement hostile à la dynastie, donne une image volontairement déformée de la *mutatio regni*[2] de 987. L'histoire nous enseigne qu'après le sacre d'Hugues, Charles de Lorraine tenta de faire valoir ses droits au trône en s'emparant de Laon, puis de Reims. Mais Charles échoua finalement, d'abord parce qu'il ne parvint jamais à se faire élire et

---

2. Changement dynastique.

sacrer roi, ensuite parce que l'évêque de Laon, Adalbéron, surnommé Ascelin, s'empara une nuit du Carolingien, à qui il avait
pourtant promis fidélité, et le livra au roi en même temps que la
cité de Laon.

Rien de tel pour l'auteur de l'*Historia Francorum Senonensis*
qui commence son récit par une première contrevérité : Charles
n'était pas l'oncle de Louis V, mais son propre frère. L'artifice
est d'une habileté remarquable : nous sommes à une époque
où un oncle évincé d'une succession ne compte pas, alors qu'un
frère a des droits intangibles. Seconde falsification : Charles
est présenté comme roi régnant, un roi qui, il est vrai, n'a pu
recevoir le sacre du fait de l'opposition de son adversaire.
Hugues, quant à lui, n'est qu'un duc des Francs. C'est la trahison
concertée d'Ascelin et d'Hugues Capet qui, en éliminant le
Carolingien, a ouvert au duc le chemin du trône ; et ce n'est
qu'au lendemain de la prise de Laon que celui-ci a pu se faire
élire et sacrer roi. Sans doute la falsification est-elle énorme.
Mais en ces temps de profonde ignorance, elle ne risquait
guère d'être contredite au moyen de preuves sûres. Seul comptait
le résultat. Or occulter le début du règne d'Hugues et assimiler
le changement dynastique à une usurpation doublée d'une trahison honteuse, cela ne pouvait être que d'une redoutable efficacité.

Pour la renommée d'Hugues Capet et de ses premiers successeurs, le malheur voulut que l'œuvre de Sens, quoique dépourvue
de valeur historique, fût l'une des premières *Histoires des Francs*,
suffisamment succincte pour faire l'objet de copies ou servir de
source d'information. Elle a donc exercé très rapidement une
influence considérable sur les contemporains. On ne saurait dire
si elle est à l'origine des prises de position de certains écrits en
provenance d'Anjou qui, dans la seconde moitié du XIᵉ siècle, ne
sont guère tendres pour le lignage capétien. On sait en revanche
qu'elle fut très largement divulguée dans de nombreux monastères du Nord, voire au cœur même du domaine royal, au sein des
abbayes les plus proches de la dynastie : à Saint-Germain-des-
Prés dont les annales, qui datent du milieu du XIᵉ siècle, occul-
tent, elles aussi, le début du règne pour le dater des lendemains de
la prise de Laon et de la trahison d'Adalbéron ; et même à Fleury
où, vers 1115, le moine Hugues, rédigeant un bref résumé de

l'histoire de France, utilisa l'*Historia Francorum Senonensis* pour relater les débuts de la dynastie capétienne.

Sans doute certains partisans des Capétiens tentèrent-ils d'arrêter le flot des calomnies. A Sens même, vers 1040, un moine de l'abbaye Saint-Pierre-le-Vif nommé Odorannus utilisa lui aussi pour sa chronique l'*Historia Francorum Senonensis,* mais en modifiant intentionnellement ce qu'elle disait sur le changement dynastique de 987 : selon Odorannus, le roi Lothaire mourut en 976 après avoir « confié au duc Hugues son jeune fils Louis (V) et le royaume ». Six ans plus tard, Louis « qui ne fit rien » *(nihil fecit)* mourut à son tour, « après avoir donné le royaume au duc Hugues qui, la même année, fut fait roi par les Francs ». Odorannus de Sens avait ainsi décidé de répondre aux détracteurs en utilisant les mêmes armes qu'eux : le recours à l'invention, au récit légendaire qui lui permettait d'être le premier à légitimer la nouvelle dynastie en avançant l'argument de la continuité, de la transmission volontaire et pacifique d'une dynastie à l'autre. Bien plus tard, quelques chroniques reprendront le thème et l'enrichiront d'un prétendu mariage entre Hugues Capet et « Blanche », l'épouse imaginaire de Louis V, que ce dernier aurait jetée dans les bras du duc avant de trépasser.

Mais, déjà au temps d'Odorannus, il était trop tard pour empêcher la divulgation de la version hostile à Hugues Capet. Vers 1130, le moine anglais Orderic Vital se complut à reproduire dans sa chronique la teneur de l'*Historia Francorum Senonensis.* A la même époque, les moines de Saint-Denis, monastère que gouvernait alors Suger, si proche des rois Louis VI et Louis VII, présentaient dans leur *Abrégé de l'histoire des rois francs* l'avènement d'Hugues comme la conséquence d'une rébellion contre Charles, « frère de Louis », qui « avait obtenu le royaume des Francs ». Renonçant à reprendre l'argumentation d'Odorannus de Sens, l'historiographie officieuse baissait ainsi les bras et reconnaissait implicitement la thèse de l'usurpation.

Peut-être faut-il voir dans cette acceptation l'influence de la littérature épique qui suscite chez les contemporains un grand élan de sympathie pour Charlemagne et sa lignée, en même temps qu'elle stigmatise tout acte de félonie : le geste d'Ascelin est insupportable pour les hommes du XIIe siècle, et Hugues, qui doit son trône à la trahison, ne peut être qu'un objet de désapprobation et de honte. La fin du XIIe siècle verra même fleurir en France la thèse d'après laquelle le premier Capétien, conscient de sa faute, ne voulut jamais ceindre la couronne. Hugues, « le roi au chapeau [3] », sera donc selon cette version un monarque sans royauté, ce qui, du même coup, lave la dynastie de son péché originel.

Le thème de l'usurpation n'est cependant pas le seul qui, durant le Moyen Age, a pu contribuer à plonger dans un demi-oubli la personne du premier Capétien. Un autre prendra son relais à partir de l'extrême fin du XIIe siècle, en liaison avec l'extraordinaire résurgence du souvenir de Charlemagne ; celui du « retour du royaume des Francs à la race de Charlemagne » *(reditus regni Francorum ad stirpem Karoli).*

Sans trop insister ici sur les circonstances précises dans lesquelles se développa ce thème [4], il convient de le relier à un récit hagiographique rédigé vers 1040, qui, en dépit des apparences, n'a rien à voir avec la question débattue alors de la légitimité d'Hugues Capet : c'est la « prophétie de saint Valery ». En échange d'un geste de largesse accompli par Hugues Capet en faveur des monastères de Saint-Riquier et Saint-Valery au temps où il n'était encore que duc, le second de ces saints aurait prédit au Robertien qu'il serait roi et que son lignage occuperait le trône des Francs jusqu'à la septième génération. Cette prophétie aurait certes pu paraître avantageuse à Hugues Capet et à ses premiers successeurs. Mais elle commence à devenir gênante au temps de Louis VII, le sixième roi, et plus encore sous Philippe Auguste, le

3. Cette formule est l'une des multiples interprétations que l'Histoire a connues du surnom « Capet », lequel fait plus sûrement référence à la *cappa,* le manteau de saint Martin conservé dans la basilique de Tours dont Hugues était abbé.

4. Sur cette question, comme sur l'historiographie médiévale ayant trait à Hugues Capet, les deux articles fondamentaux sont ceux de K.F. WERNER, « Die Legitimität der Kapetinger und die Entstehung des " Reditus regni Francorum ad stirpem Karoli " », dans *Die Welt als Geschichte.* t. 12, 1952, pp. 203-225, et de B. GUENÉE, « Les Généalogies entre l'histoire et la politique : la fierté d'être Capétien en France au Moyen Age », dans *Politique et histoire au Moyen Age,* 1981. Voir aussi l'excellente synthèse de L. THEIS, *l'Avènement d'Hugues Capet,* pp. 199-224.

roi de la septième génération. Au XIIe siècle, les adversaires des
Capétiens ne manquent pas de noter, avec un malin plaisir, que
l'échéance n'est plus très loin : ainsi l'Anglais Orderic Vital, qui
associe la prophétie au crime d'usurpation commis par Hugues,
et constate qu'à l'époque où il vit (1130), quatre générations de
rois capétiens se sont déjà écoulées. Même constatation
d'Étienne de Rouen quarante ans plus tard, pour qui le terme est
désormais tout proche.

Bien qu'il ne faille pas en exagérer la portée et qu'elle n'ait pas
entamé la sérénité des monarques du XIIe siècle, cette prophétie et
les sarcasmes qu'elle provoqua dans le camp des adversaires de
la royauté se sont peut-être associés à la ferveur carolingienne
pour inciter les milieux capétiens à mettre en relief les liens qui
pouvaient exister entre la seconde et la troisième dynastie. A
défaut d'ascendance masculine, il était d'autant plus légitime de
souligner une ascendance par les femmes que le XIIe siècle marque, dans toute l'Europe, l'apogée du principe de la succession
par lignée féminine ; l'apogée, aussi, de ces généalogies seigneuriales qui attachent une si grande importance aux origines prin-
cières ou royales par les femmes. D'ailleurs, bien que toutes les
reines capétiennes, à l'exception d'Anne de Kiev, la mère de
Philippe Ier, aient été peu ou prou de sang carolingien, il était
inutile de remonter très haut dans le temps : Louis VII n'avait-il
pas épousé une princesse aux ascendances carolingiennes, Adèle
de Champagne, mère de Philippe Auguste ? Philippe lui-même
n'était-il pas allé chercher femme dans la maison de Hainaut,
dont le lointain ascendant, Baudouin Ier de Flandre, avait épousé
une fille de Charles le Chauve, et qui, au surplus, comptait Charles de Lorraine parmi ses ancêtres ?

Ce sont ces deux alliances, et plus particulièrement la seconde,
qui furent immédiatement exploitées par l'historiographie. Dès
1190, Bertrand de Born devait célébrer Philippe Auguste comme
issu du sang de Charlemagne. En 1196, André de Marchiennes,
qui n'est pas favorable aux Capétiens et ne craint pas de reproduire dans sa chronique les mensonges contenus dans l'*Historia
Francorum Senonensis,* n'en est pas moins le premier à concéder
que si le futur Louis VIII, fils de Philippe Auguste et d'Elisabeth
de Hainaut, « règne après son père, il sera établi que le royaume
sera retourné à la descendance de Charlemagne ». La remarque

d'André de Marchiennes détruisait l'efficacité négative de la pré-
diction de Saint-Valery, et une fois Louis VIII établi sur le trône,
en 1223, l'historiographie officielle ne tarda pas à la prendre à
son compte. En 1244, dans son *speculum historiale*, Vincent de
Beauvais célébrait le *reditus regni ad stirpem Karoli* et l'associait
à son tour à la vision de Saint-Valery : en la personne de
Louis VIII, le roi de la huitième génération, la prophétie s'était
réalisée ; les Carolingiens avaient repris leur place sur le trône des
Francs et la réconciliation se trouvait ainsi définitivement scellée
entre la seconde et la troisième dynastie.

Hugues Capet cessait donc, même en négatif, d'appartenir à
l'Histoire. Sans doute vit-on encore quelques auteurs des XIIIe et
XIVe siècles soucieux de conférer au premier Capétien une ascendance maternelle carolingienne. Mieux encore : sous les Valois,
en un temps où, face aux prétentions anglaises, l'on exhuma la
vieille loi salique, incompatible avec la théorie du *reditus* qui
postulait l'hérédité par les femmes, un Jean de Montreuil
n'hésita pas à affirmer l'ascendance carolingienne d'Hugues
Capet par les mâles. Il est vrai qu'il cherchait aussi à répondre
aux rumeurs populaires selon lesquelles Hugues, personnage de
basse extraction, avait été fils de boucher et boucher lui-même
avant de devenir roi.

Mais c'était là combat d'arrière-garde. Hugues et ses ancêtres
robertiens n'intéressaient plus ni l'historiographie ni la propa-
gande officielle. A la faveur de la lutte contre l'Anglais, la royauté
et la France tout entière avaient intégré le mensonge à la seule
vérité compatible avec l'éveil de la conscience nationale et la
construction de l'État monarchique : Capétiens, Carolingiens et
Mérovingiens appartenaient à une seule et même lignée de rois.
C'est donc avec raison que Christine de Pisan pouvait « présenter Charles V comme le successeur de Clovis, et Gerson rappeler
au dauphin [le futur Charles VII] qu'il descend par succession
héréditaire du royaume illustre des Francs [5] ».

5. J. KRYNEN, « Naturel, Essai sur l'argument de la nature dans la pensée
politique à la fin du Moyen Age », dans *Journal des Savants,* 1982, p. 189 ; sur
l'idéologie royale à la fin du Moyen Age, il faut lire de cet auteur *Idéal du
Prince et pouvoir royal en France à la fin du Moyen Age* (1380-1440), Paris,
Picard, 1981, ainsi que l'ouvrage de C. BEAUNE, *Naissance de la Nation
France,* Paris, Gallimard, 1985.

Dans l'étonnante entreprise visant à assurer pour l'éter-
nité l'intime osmose entre dynastie et royaume en unissant le
destin présent des rois et de la nation franque à leur passé le plus
lointain, les véritables ancêtres devaient être sacrifiés. « Peu
importait au roi de France que les Robertiens fussent presque
passés sous silence, qu'Hugues Capet fût sévèrement jugé par les
clercs et ridiculisé par le peuple. Il n'en était pas solidaire [6]. »

Cette longue évocation de l'historiographie médiévale permet
de mieux cerner l'une des causes, peut-être même la cause
majeure de la longue indifférence des historiens à l'égard du premier Capétien. Les trois derniers siècles de l'Ancien Régime
virent sans doute quelques tentatives pour sortir Hugues Capet
de l'oubli et réhabiliter sa mémoire. Mais il n'était pas facile aux
gens de l'époque de discerner au sein de leur maigre documenta-
tion ce qui relevait de l'Histoire et ce qui appartenait au domaine
de la légende ; rien ne fut véritablement possible avant la redécouverte du manuscrit de Richer, dans la première moitié du
XIXᵉ siècle.

Aujourd'hui, l'historien dispose non seulement de cette œuvre
capitale, mais encore de l'inestimable contribution de Ferdinand
Lot sur les derniers Carolingiens et sur Hugues Capet lui-même.
Il se peut que Ferdinand Lot ait porté un jugement par trop
sévère et injuste sur Hugues Capet. Son mérite reste d'avoir passé
au crible de la critique et commenté avec rigueur cette œuvre de
Richer qui permet, à condition d'avoir identifié les nombreux
pièges qu'elle contient, de connaître un peu mieux le fondateur
de la dynastie capétienne. Par ailleurs, grâce à d'autres travaux
plus récents, notamment ceux de K.F. Werner sur les IXᵉ et Xᵉ siècles, il devient moins difficile de cerner la part prise par les
ancêtres d'Hugues Capet, si méconnus et si décriés par l'historiographie médiévale, dans la journée du 3 juillet 987. Elle
est essentielle, et le lecteur comprendra vite qu'on ne peut
isoler Hugues de cette lignée robertienne dont, un siècle avant
la *mutatio regni* de 987, l'un des membres était déjà roi des
Francs.

Ce n'est par conséquent qu'après avoir décrit l'action de

6. B. GUENÉE, *Politique et Histoire au Moyen Age*, p. 356.

ces ancêtres que l'on abordera le personnage d'Hugues Capet dans les deux rôles qu'il eut à jouer successivement. Celui de duc des Francs durant près de trente années ; celui de roi des Francs pendant un peu plus de neuf ans, de juillet 987 à octobre 996.

PREMIÈRE PARTIE

Les grands ancêtres

Depuis Robert le Fort, l'homme dont la fulgurante renommée fit jaillir de l'anonymat le lignage robertien, trois personnages ont gravé de façon indélébile la marque royale sur l'arbre généalogique qui mène vers Hugues Capet, et imposé l'idée que l'aptitude à régner sur la nation franque n'était pas l'apanage d'une seule lignée royale, fût-elle issue du grand empereur.

Trois personnages en deux générations. La première est celle d'Eudes et de Robert, tous deux fils de Robert le Fort, qui accédèrent l'un et l'autre au trône en rompant par deux fois la chaîne longtemps continue des descendants de Charlemagne. A la seconde génération figure Hugues le Grand, fils du roi Robert et père d'Hugues Capet. Hugues le Grand ne fut pas roi et se contenta du titre de duc des Francs ; un titre qui, grâce à lui, acquit cependant une vigueur et un prestige tels que lorsque Hugues Capet le recueillit, il recueillit aussi en son entier l'héritage de la génération précédente. Face à un lignage royal ayant vocation privilégiée à régner, existait désormais au sein du royaume des Francs un autre lignage dont Hugues était issu, et qui offrait l'ultime recours en cas de carence au sein de la descendance de Charlemagne. Eudes, Robert et Hugues le Grand avaient tour à tour veillé à ce qu'il n'en fût pas autrement.

CHAPITRE PREMIER

Eudes

Le 13 janvier de l'an 888, au cœur de la Forêt-Noire, une tragédie s'achève. Après une longue agonie, l'empereur Charles III le Gros meurt, solitaire, oublié de tous.

Trois ans plus tôt, rien ne laissait prévoir un aussi pitoyable dénouement. Charles, le dernier des fils de Louis le Germanique, était alors au faîte de sa puissance. En moins de six ans, le hasard des successions l'avait fait roi d'Alémanie (876) et d'Italie (879), empereur des Romains (881), puis seul maître de toute la Germanie à la mort de son frère Louis (882). Enfin, en juin 885, il avait succédé à son jeune cousin Carloman, roi des Francs de l'Ouest, mort sans descendance quelques mois plus tôt. Sa réussite impressionnait plus d'un contemporain. Sans coup férir, Charles le Gros avait reconstitué ce qu'une quarantaine d'années auparavant, son propre père, allié à son oncle Charles le Chauve, avait mis tant d'acharnement à détruire : l'empire de Charlemagne était réunifié, l'âge d'or semblait pouvoir renaître.

Pour une large part cependant, cette résurrection dépendait de l'aptitude du prince à conjurer les périls qui menaçaient ses peuples. En ces années 880, l'Occident chrétien était assailli de tous côtés. Jamais, au nord et à l'ouest, la pression des Vikings n'avait été aussi forte : leurs drakkars remontaient les fleuves toujours plus avant vers le « ventre mou » de l'Empire, semant l'effroi et la mort sur leur passage. Au sud, les Sarrasins menaçaient l'Espagne du Nord et l'Italie centrale. Saturée d'horreur, la chrétienté attendait de Charles qu'il déployât la vigueur et le courage de ses plus illustres ancêtres et qu'il conduisît l'ost [1] des Francs vers un nouveau Poitiers.

L'attente fut vaine : le Carolingien se révéla incapable d'assumer sa mission. Dès 882, une première campagne contre les Normands de la Meuse tournait court. Contre toute attente, Charles, pourtant en position de supériorité, avait traité avec l'adversaire et versé un lourd tribut en échange d'une vague promesse de conversion. Sous l'impulsion du meilleur chef de guerre du moment, le duc Henri d'Austrasie, ses armées remportèrent par la suite quelques succès qui suffirent, en juin 885, à concentrer sur sa personne les suffrages des grands du royaume occidental. Puis, vers la fin de l'année, on apprit, dans l'entourage de l'empereur, qu'une formidable armée normande, portée par sept cents navires, s'était massée sous les murs de Paris, exigeant le libre passage vers l'amont et la riche Bourgogne. Épaulé par les deux jeunes fils de Robert le Fort, le comte Eudes de Paris et son frère Robert, l'évêque de la ville, Gozlin, avait fait face et organisé la résistance.

Alerté, Charles le Gros s'était d'abord contenté d'envoyer en renfort un contingent sous les ordres de son prestigieux lieutenant, le duc Henri. Mais Henri ne put dégager Paris. Lorsque, près d'un an après le début du siège, l'empereur se présenta sur les hauteurs de Montmartre, ce fut pour y apprendre la mort de son général, massacré quelques jours plus tôt par l'ennemi. Livré à lui-même, incapable de conduire seul l'attaque, Charles versa de nouveau tribut, autorisa les Normands à remonter la Seine vers la Bourgogne et quitta sans délai le champ de bataille.

Sans doute la crainte des Normands n'est-elle pas l'unique raison de ce départ précipité que chroniqueurs et historiens auront beau jeu de lui reprocher comme une désertion : l'empereur était déjà atteint du mal qui bientôt l'emporterait. Souffrant de troubles cérébraux, il subissait en février 887 une opération crânienne, probablement une trépanation. Puis vint la longue agonie, tandis que se multiplièrent les défections. A l'est, la haute aristocratie de Germanie et de Lorraine finit par déposer Charles au profit de son neveu Arnulf, bâtard de son frère Carloman. A l'ouest, les grands eurent le meilleur goût d'attendre la mort de

1. *Ost :* armée.

leur souverain pour se donner un nouveau roi. Leur choix n'en fut pas moins surprenant. Un seul prince avait échappé à l'hécatombe qui, en moins de dix ans, avait emporté la descendance de Charles le Chauve. Mais ce survivant, le futur Charles III le Simple, fils posthume de Louis II le Bègue, n'était qu'un enfant de huit ans, trop jeune pour assumer la mission de défense du royaume à laquelle Charles le Gros avait failli. Les grands de France occidentale ne le choisirent donc pas. Ils ne firent pas non plus appel au nouvel homme fort de l'est, le Carolingien Arnulf : l'échec de Charles le Gros une fois consommé, l'idée d'unité de toute la Francie avait définitivement sombré, tout comme était mort le rêve impérial.

Pour succéder à Charles, l'anti-héros, les princes du royaume occidental élirent, sans se soucier de ses origines non royales, un authentique héros : le Robertien Eudes. Il leur suffit que le jeune comte de Paris fût le fils du glorieux vainqueur de Brissarthe, qu'il eût lui-même montré courage et valeur dans la lutte contre l'envahisseur normand et que son autorité fût bien assise, voire dominante, dans le nord du royaume.

Ainsi, en acclamant l'un des leurs, les grands abandonnèrent-ils le principe dynastique qui, trois années plus tôt, les avait conduits à diriger leurs regards vers le fils de Louis le Germanique. Leur choix consommait l'échec des Carolingiens et consacrait le triomphe d'une aristocratie autant que d'un lignage, celui des Robertiens.

L'ÉCHEC DES CAROLINGIENS

Un ensemble territorial homogène, façonné par plus d'un siècle de conquêtes et d'évangélisation, solidement tenu en main par un monarque investi d'un pouvoir d'essence divine, tel se présentait l'Empire carolingien vers 815, au lendemain de l'avènement de Louis le Pieux. Nul, dans l'entourage du nouvel empereur, ne se serait risqué à prédire le processus d'effondrement qui allait marquer son règne et celui de ses successeurs. Aux yeux des contemporains, l'accession de Louis à la royauté semblait avoir définitivement épargné à l'empire ce que le haut clergé qui gravitait autour du trône redoutait le plus : la fin d'une unité politique si longtemps rêvée, si difficilement retrouvée.

Sous les prestigieux prédécesseurs de Louis le Pieux, cette unité du *regnum Francorum* avait bien failli n'être qu'une réalité toute provisoire. Sans doute faut-il inscrire au crédit de Pépin le Bref, le premier roi de la dynastie, d'avoir introduit dans le cérémonial d'avènement du monarque franc le rituel du sacre, emprunté à la tradition hébraïque. Transcendant l'ordre du profane, la royauté était devenue une fonction sainte, une sorte de sacerdoce conféré par Dieu. Pourtant, sous Pépin comme sous Charlemagne, le pouvoir royal n'en avait pas moins conservé ses caractéristiques traditionnelles. Un chef entraînant ses fidèles vers l'enivrant jeu de la guerre et du pillage, considérant le royaume comme son bien propre, partageable entre ses héritiers tout comme l'on partage un champ, tel demeurait très profondément le roi carolingien.

Cette vision toute germanique aurait pu être mise en échec, dès l'an 800, par le couronnement de Charlemagne comme successeur des Césars romains. L'idée d'Empire ne sous-tendait-elle pas une autre conception du pouvoir qui faisait de l'empereur romain un magistrat au service de la *Res publica*, par essence extra-patrimoniale et indivisible ? Mais Charles ne se soucia pas d'une logique étrangère aux Francs. Lorsqu'en 806 il régla sa succession entre ses trois fils, il organisa un partage égalitaire du royaume, sans même désigner celui des trois qui hériterait du titre impérial. Sans doute l'empire survécut-il à Charlemagne. Mais seule la Providence semblait y avoir veillé : à sa mort, en 814, Louis le Pieux, l'ultime survivant de ses fils, fut par la force des choses son unique successeur.

Influencé par un entourage ecclésiastique soucieux de faire de l'empire universel le support de l'unité chrétienne, Louis le Pieux régla dès 817 sa propre succession en rompant avec la pratique des partages égaux. Il désigna son fils aîné, Lothaire, et l'associa à l'empire. Le haut clergé pouvait être satisfait : sa conception d'un État théocratique, tout entier subordonné à des fins religieuses, paraissait l'emporter. Avec elle triomphait aussi la nouvelle image du roi, ministre de la divinité, chargé de promouvoir justice et paix de Dieu au sein du peuple élu. Guider le genre humain vers sa rédemption, telle était l'exaltante mission que l'Église,

gardienne de la foi, avait ainsi assignée au chef de la nation
franque, métamorphosé en empereur romain, transfiguré en prê-
tre-roi de l'Écriture sainte.

Cet ordre politique imaginé et mis en œuvre par une poignée
d'intellectuels n'était pourtant qu'une façade plaquée sur un
monde demeuré profondément barbare. Peu à peu, le rêve des
clercs s'était dissipé. Cimenté par l'exceptionnelle personnalité
de Charlemagne, bâti à sa seule mesure, le bel édifice n'avait pas
tardé à vaciller sous son médiocre successeur. Ainsi se trouvait
condamnée à terme une tentative en trop réelle discordance avec
le milieu ambiant.

Et d'abord avec un environnement économique caractérisé
depuis bientôt quatre siècles par la quasi-disparition du grand
commerce, la lente sclérose des centres urbains, une agriculture
d'une productivité médiocre. Les chroniques des temps mérovingiens sont remplies de récits d'hécatombes provoquées au
sein de la petite paysannerie par la malnutrition, les épidémies de
peste qui scandent les VIᵉ et VIIᵉ siècles et les guerres consécutives
à l'anarchie politique. Dans ce monde où l'outillage et les tech-
niques de fertilisation sont rudimentaires, où la part du travail
humain demeure par conséquent primordiale, la dépression
démographique provoquée par ces fléaux a interdit de cultiver la
terre autrement que de façon extensive, empêché toute conquête
durable de nouvelles clairières sur une forêt dévoreuse d'espace
et favorisé la concentration de la terre au profit de la haute aristocratie.

Sans doute la paix civile rétablie par les premiers Carolingiens
a-t-elle eu des incidences positives sur l'activité économique. De
nombreux indices témoignent d'une certaine relance des échanges : ainsi l'usage, courant à travers tout l'empire, du denier
argent ; de même la fréquente mention, dans les textes officiels,
de négociants circulant de marché en marché ; ou encore la relative prospérité de pôles économiques traditionnels comme l'Italie du Nord, voire plus récents comme la Frise ou la région rhé-
nane. Dans cette conjoncture, certaines villes donnent l'impression d'une renaissance et commencent à déborder le cadre étroit
de leurs antiques murailles. Autour de quelques monastères
suburbains comme Saint-Martin de Tours ou Saint-Germain

d'Auxerre, apparaissent alors les premiers faubourgs peuplés d'artisans et de marchands.

Il est cependant difficile de considérer ces améliorations, d'ailleurs rapidement compromises par les invasions normandes, comme les signes d'une profonde mutation économique. Si l'on excepte quelques villes du Nord dont la croissance fut assurée par des échanges réguliers avec le royaume anglo-saxon, les vieux centres urbains de la Gaule ne retrouvèrent ni l'activité productrice ni la fonction commerciale qui avaient assuré leur richesse au temps de l'Empire romain. Pour l'essentiel, l'économie carolingienne conserva les traits dominants de l'époque précédente : la terre restait la principale source de richesse, mais ses rendements ne suffisaient pas pour permettre à l'écrasante majorité de la population de produire au-delà du seuil de subsistance. Au total, une économie semi-autarcique, où circulaient peu de produits et peu de monnaie, où les échanges se faisaient exclusivement au comptant, et qui, à l'évidence, n'était pas à la mesure des besoins d'un grand État.

De cette réalité, la royauté fut la première victime. Dépourvu de ressources en numéraire, riche des seuls domaines lui venant de ses ancêtres ou de la conquête, le monarque ne put rétribuer la fidélité de ses agents et de son élite guerrière par un système de gratifications régulières garantissant la dépendance de celui qui les recevait. Il dut concéder des terres, sources de richesses, de puissance et d'autonomie pour ceux qui en furent les bénéficiaires. Grâce aux conquêtes, grâce aussi aux spoliations auxquelles se livrèrent Charles Martel et Pépin le Bref sur l'immense patrimoine foncier des églises, les rois du VIIIᵉ siècle réussirent encore à récompenser leurs fidèles sans s'appauvrir eux-mêmes. Pépin et Charlemagne prirent au demeurant grand soin de réserver leurs droits sur les « bienfaits » accordés en pratiquant très largement la concession en précaire [2].

Mais dès le début du IXᵉ siècle, les conquêtes s'espacèrent, puis cessèrent complètement. Le monarque poursuivant, pour des raisons que l'on évoquera plus loin, une politique effrénée de

---

2. Terme désignant la convention en vertu de laquelle une terre est concédée à temps, en règle générale à titre viager. Le concédant abandonne son droit de jouissance du bien au précariste, mais en conserve la propriété

libéralités, celles-ci portèrent désormais sur son propre domaine. Plus grave encore : c'est bien souvent en pleine propriété, et non plus à titre précaire, qu'il fit ces concessions. Le pas fatal était franchi. A la mort de Charles le Chauve, à peine plus d'une décennie avant l'accession d'Eudes au trône de *Francia* occidentale, les libéralités avaient irrémédiablement appauvri la dynastie. La terre, avec tout le capital d'influence qu'impliquait sa possession, était passée des mains du roi en celles de cette haute aristocratie des titulaires de charges publiques, qui n'allait pas tarder à pousser l'un des siens vers le trône.

Le milieu économique n'est cependant pas seul en cause. L'échec découle surtout des mentalités, sources de l'incompréhension et des résistances qui se firent jour à tous les niveaux de la société franque à l'égard des principes sur lesquels devait reposer l'ordre carolingien.

Les résistances vinrent d'abord du monarque lui-même. La solution unitaire adoptée par Louis le Pieux en 817 ne survécut pas à la tardive naissance d'un dernier héritier, Charles, le futur Charles le Chauve, et aux intrigues de la belle impératrice Judith, seconde épouse de Louis et mère du jeune prince, impatiente d'assurer à son fils une part de la succession. En 829, un nouveau règlement successoral rendait caduc celui de 817 et revenait à la pratique des partages. Après une fin de règne confuse, l'unité impériale sombra définitivement au cours des luttes qui opposèrent les héritiers de Louis le Pieux. En 843, le traité de Verdun, imposé par Charles le Chauve et Louis le Germanique à leur aîné Lothaire qu'ils venaient de vaincre, sanctionnait le partage de l'empire en trois royaumes indépendants. A Charles revint la *Francia* occidentale, futur royaume de France [3] ; à Louis la *Francia* orientale, future Germanie. De son côté, Lothaire conservait, avec un titre impérial sans la moindre portée, la partie médiane incluant les deux capitales, Aix-la-Chapelle et Rome. L'unité de l'empire était morte de la main même de monarques incapables de renoncer à la conception personnelle et patrimoniale du pouvoir au profit de la trop abstraite notion d'État.

3. Formé des territoires de l'ancien empire, situés à l'ouest des quatre fleuves : Escaut, Meuse, Saône et Rhône.

Aussi n'est-il guère surprenant que ni l'aristocratie des hauts dignitaires, ni la masse des gouvernés n'aient été davantage en mesure d'accomplir une telle démarche. Depuis toujours les fonctionnaires — comtes des *pagi* [4] ou ducs des provinces frontalières — et les vassaux royaux avaient été habitués à servir le roi sur la base de la seule fidélité jurée. Soucieux de multiplier et de renforcer ces liens personnels, Pépin le Bref et Charlemagne utilisèrent très largement la vassalité — institution à base contractuelle et privée — pour intégrer à leur propre clientèle tout ce que le royaume franc pouvait compter de puissants. Étroitement liée au bénéfice, sorte de contrepartie du service rendu par le fidèle, l'institution vassalique devint donc un moyen de gouvernement. Elle s'intégra dans l'État, tout en conservant un caractère contractuel qui n'était sans doute pas sans danger pour la royauté : un vassal s'estimant lésé ou mal récompensé était en effet, vis-à-vis du roi comme de n'importe quel seigneur, enclin à se dérober à ses obligations ou à marchander son service. La vassalité encourageait ainsi une relation fondée sur la seule réciprocité. Elle créait une fidélité conditionnelle, non une adhésion sans faille à l'institution royale et au bien commun que celle-ci avait pour mission d'assurer.

Au surplus, un tel mode relationnel conférait aux institutions administratives du royaume franc une physionomie très particulière. Ici, point de délégation de pouvoir au sens moderne du terme : les hauts fonctionnaires étaient moins choisis pour leurs compétences que pour les liens étroits qui les unissaient, eux et leur lignage, à la dynastie. Leur *honor* [5] était perçu comme la contrepartie normale de leur attachement à la personne du roi. En principe aussi précaire qu'un simple pouvoir délégué, la fonction qu'ils exerçaient n'en tendait pas moins à prendre place parmi les avantages matériels qui conditionnent la fidélité et en déterminent le degré.

4. Le *pagus* (pays) est la circonscription administrative de base du royaume franc, correspondant parfois aux anciennes *civitates* de l'époque romaine. Dirigé par un comte, fonctionnaire nommé par le roi, assisté de *vicarii* (viguiers, voyers).
5. Désigne au haut Moyen Age toute fonction publique tenue du roi.

Sous Charlemagne, l'institution vassalique, vigoureusement tenue en main, donna de bons résultats. L'activité guerrière du monarque, son prestige personnel en firent le prolongement naturel du vieux compagnonnage germanique. Mais sous le faible Louis Le Pieux, le système tendit à se retourner contre l'autorité du roi. Souverain pacifique, Louis le Pieux fit peu de guerres. Aux yeux de vassaux livrés à l'oisiveté ou voués à des tâches intérieures, il perdit cette auréole prestigieuse qui, dans la mentalité franque, s'attache au chef victorieux et fonde toute autorité. Tant que parurent triompher l'idée d'Empire et s'accentuer la finalité religieuse du gouvernement royal, les fonctionnaires et les *vassi regales* [6] reçurent pour mission première de mettre en œuvre le programme de paix et de concorde dicté au roi par le haut clergé.

On peut imaginer qu'une telle orientation, maintenue avec constance, aurait pu modifier à la longue les mentalités et former l'aristocratie des titulaires d'*honores* à une vision nouvelle de son rôle dans l'État. Il n'en fut rien. La volte-face de Louis le Pieux, après la naissance de Charles, eut même l'effet diamétralement opposé. Le partage de 829, les querelles familiales qui suivirent, ponctuées d'autres partages au gré des alliances et des modifications du rapport de force, furent autant de facteurs d'affaiblissement du loyalisme de la haute aristocratie à l'égard du roi et de la dynastie. « Louis le Pieux, a-t-on pu écrire, s'est acharné à ruiner le caractère sacré, indéfectible, de la fidélité : il avait cru pouvoir à son gré, selon ses fantaisistes partages, disposer tour à tour en faveur de chacun de ses enfants de la fidélité des mêmes hommes. Il avait habitué ses sujets à l'idée que l'on pouvait sans scrupule changer de maître [7]. »

Ce sévère jugement est justifié : c'est sous le règne de Louis le Pieux, et à partir de 829, que la fidélité des grands commença à devenir intermittente et à s'acheter de plus en plus cher. C'est également sous son règne que commença à se faire jour l'idée que, si le roi manquait à ses devoirs, ses sujets n'étaient plus tenus de lui obéir. L'un des premiers effets de la contamination de l'État carolingien par le système vassalique fut donc

6. Les vassaux royaux.
7. L. AUZIAS, *L'Aquitaine carolingienne,* Toulouse-Paris, 1937, p. 184.

cette tendance du pouvoir royal à perdre son caractère discrétionnaire et absolu, à reposer de plus en plus sur cette idée de contrat qui devait être plus tard à la base des rapports féodaux.

Il est vrai que cette évolution ne résulte pas de la seule incurie du monarque. La *nobilitas* de l'époque, cette caste étroite et fermée qui, comme la noblesse du Bas-Empire qu'elle prolonge, englobe ceux dont les ancêtres ont acquis richesses et honneurs au service du prince, représente une force considérable et difficilement contrôlable sur laquelle, passé le VIᵉ siècle, la royauté n'a pu avoir prise que très épisodiquement, à la faveur de règnes exceptionnels.

Grâce à de récentes recherches, on entrevoit aujourd'hui plus nettement certains traits caractéristiques de cette classe, qui ont pu avoir une vigoureuse action centrifuge sur l'État carolingien. L'aristocratie franque semble avoir connu un type de structure familiale que l'on a qualifiée de « cognatique » : contrairement à la famille « agnatique » de type romain, elle accorde une large place à la parenté par alliance et intègre en son sein l'ensemble des descendants des ancêtres maternels. Elle constitue donc une sorte de nébuleuse au sein de laquelle coexistent des niveaux de fortunes très différents, et dont les membres les plus riches et les plus éminents sont au service du monarque.

Comtes, ducs, ou vassaux royaux, ceux-ci vont et viennent à travers tout l'empire au gré des ordres du prince. Ils détiennent des biens dispersés dans toutes les régions, contractent des alliances au hasard de leurs pérégrinations et confèrent ainsi au groupe familial cette allure cosmopolite qui a tant frappé l'historien. Autour d'eux se regroupent les membres plus modestes du clan qui forment leur clientèle et profitent en retour de l'influence et des richesses liées à leur réussite politique. Nul besoin, ici, de la prestation d'un serment vassalique : au IXᵉ siècle, la vieille solidarité familiale demeure profondément enracinée dans la mentalité franque ; la cohésion de la famille élargie fait encore de la fidélité quelque chose d'inné qui rend superflu tout engagement explicitement formulé.

L'on comprend qu'une telle structure d'accueil et de prise en charge de l'individu bien né ait pu constituer un obstacle au progrès de l'idée d'État dans la mentalité aristocratique. On peut aussi imaginer quels groupes de pression pouvaient représenter, face à l'institution royale, ces multiples réseaux de fidélités familiales. Sans doute n'en sont-ils pas encore, au VIIIe siècle et jusqu'au dernier quart du IXe siècle, à imposer à la royauté la transmission en ligne directe et patrilinéaire des *honores* détenus par les membres les plus en vue du clan. Pendant la plus grande partie du IXe siècle, les rois ont réussi à lutter contre l'hérédité directe des charges comtales et à conserver le choix de leurs titulaires. Il semble toutefois qu'une certaine forme d'hérédité plus large et plus souple, s'exerçant au sein du groupe familial tout entier, soit venue orienter le choix du roi tout en lui laissant encore une certaine liberté de manœuvre, notamment en lui permettant de jouer des rivalités qui pouvaient surgir entre membres de la même famille.

Le partage de 843, qui met fin à l'unité politique, compromet ce fragile équilibre. Des dispositions viennent interdire aux grands d'un royaume de détenir des bénéfices ou des *honores* dans un autre royaume. Cependant, tout en évoluant dans le sens d'un rétrécissement, la structure familiale aristocratique reste quelque temps encore calquée sur le modèle antérieur, avec ses ramifications interrégionales. Ce clivage entre le fractionnement politique et l'unité provisoirement maintenue du clan aristocratique fait que le roi a de plus en plus de mal à demeurer le maître du jeu, les grands n'hésitant pas à passer d'un royaume à l'autre, et d'un monarque à l'autre au gré des circonstances. En témoignent certains épisodes critiques du règne de Charles le Chauve, tel celui de 858 qui voit les principaux comtes du royaume de l'Ouest abandonner son parti pour celui de son frère Louis le Germanique. En témoigne aussi la politique de concessions de bénéfices à laquelle Charles se trouve sans cesse contraint pour acheter les fidélités. Nul doute que la solidarité des membres du groupe familial n'ait alors pleinement joué pour inverser un rapport de force encore favorable à la royauté, et pour permettre aux chefs de file de profiter à leur tour des rivalités qui surgissaient entre membres de la lignée carolingienne.

L'attitude de la haute aristocratie n'est cependant pas seule en cause. Il faut évoquer celle de l'ensemble des hommes libres, petits et moyens propriétaires ou tenanciers des grands domaines, qui représentent encore l'écrasante majorité d'une masse paysanne juridiquement séparée entre libres et serfs. Là aussi, le rayonnement de l'autorité monarchique rencontre d'insurmontables obstacles. D'abord celui des particularités régionales. En dépit d'une politique parfois vigoureuse, les Carolingiens ne parviendront jamais à faire disparaître les diversités ethniques et culturelles engendrées par la longue histoire de la Gaule, accentuées encore aux siècles mérovingiens par les divisions du *regnum Francorum*. Cette aspiration plus ou moins consciente des populations à conserver leur identité se traduit, au temps de l'Empire, par la persistance d'un certain nombre d'ensembles territoriaux appelés *regna* (Aquitaine, Neustrie, Bourgogne, Italie, Bavière), parfois même dotés d'un roi propre choisi par le monarque franc au sein de la lignée carolingienne. Elle explique enfin qu'au temps du déclin la première phase de la désintégration politique se soit opérée à l'échelle de ces larges groupements régionaux.

Mais le niveau régional est lui-même encore trop étendu pour délimiter l'espace de vie de l'immense majorité des habitants de l'État carolingien. Au sein du monde paysan, le cadre social par excellence reste celui, nécessairement étroit, où peuvent s'épanouir solidarité familiale et vie communautaire : le village, qui rassemble en un même groupement d'intérêts les petits alleutiers [8] libres d'un terroir ; le *vicus,* siège du marché local, mais aussi lieu où l'on vient plaider au sein du *mallus,* le tribunal présidé par le comte ou le viguier ; ou encore le *pagus,* héritier de l'ancienne *civitas* romaine, dont le chef-lieu est depuis longtemps le siège de l'administration du comte, et parfois aussi de l'évêque.

Or ce qui importe aux yeux de l'homme libre, c'est moins l'autorité lointaine du roi que celle, plus immédiate, que font peser sur lui l'administrateur local, comte ou viguier, et le grand propriétaire voisin. C'est là un trait de mentalité hérité d'une tradition germanique toujours bien ancrée au IXᵉ siècle : il n'existe pas, pour l'homme franc, d'autre mode d'expression du pouvoir que la parole. Un mot germanique à terminaison latine,

---

8. Détenteurs d'un « alleu », bien possédé en pleine propriété.

mundeburdium, exprime fort bien cette idée que seule compte l'autorité qui s'exerce par la bouche *(Mund).* Celle-là seule est efficace et protectrice parce qu'elle suppose un lien étroit, direct, personnel, entre celui qui l'exerce et celui qui la subit. D'où, pour l'homme du commun, la difficulté de concevoir une source d'autorité extérieure à son cadre de vie. L'insécurité permanente et le marasme économique qui ont marqué l'époque mérovingienne ont d'ailleurs contribué à pérenniser une telle conception des rapports d'autorité : pour améliorer ses conditions d'existence, ou plus simplement pour se sentir protégé, le paysan se trouve incité à lier sa fortune à celle d'un notable des environs, à se « recommander » à un grand, laïque ou ecclésiastique.

Cependant, ce mouvement d'assujettissement du monde paysan à la classe aristocratique ne s'est pas accompli de façon identique pour tous et n'a pas débouché sur un mode uniforme de dépendance. Dans les franges supérieures de la paysannerie, une telle subordination est bien souvent volontaire et vise à acquérir aisance et considération : aisance par le biais du bénéfice concédé par le seigneur en récompense du service rendu ; considération de par la nature même de ce service : un service militaire à cheval, le seul considéré comme honorable, car réservé à une élite guerrière. A ce niveau, le contrat de *commendatio* crée un ensemble d'obligations réciproques qui, toutes proportions gardées, établit entre le recommandé et son seigneur des rapports semblables à ceux qui lient les *vassi regales* au monarque. Au cours de l'époque carolingienne, la fréquence croissante de ces contrats vassaliques aboutit à la formation, au profit des grandes familles du *regnum Francorum,* d'importantes clientèles de guerriers qui viennent renforcer le réseau déjà dense des fidélités familiales.

D'une certaine manière, ce mouvement profite au roi. En ce temps où le combattant à cheval, à l'armement lourd et coûteux, s'apprête à supplanter le fantassin sur le champ de bataille, l'entrée de ces guerriers d'élite dans la clientèle d'un grand constitue pour l'armée royale un moyen de recrutement dont l'avantage économique est indéniable : au lieu d'imposer au monarque une rétribution directe de leur service, il en fait porter le poids sur la haute aristocratie. Sans doute une telle utilité explique-t-elle

pour une part la présence, dans les capitulaires [9] royaux du
IXᵉ siècle, de dispositions encourageant l'ensemble des hommes
libres à entrer dans la vassalité des grands, et ces derniers à veiller
à ce que leurs propres vassaux accomplissent scrupuleusement le
service du roi : l'objectif est d'intégrer le clientélisme à l'organisation militaire de l'État, de renforcer la monarchie par le biais
d'une hiérarchisation du monde vassalique.

Il reste qu'instruits par leur propre expérience — ils ont
conquis le trône grâce à leur clientèle vassalique — les Carolingiens n'ignorent pas les risques d'un phénomène qui tend à
subordonner la fidélité des vassaux privés envers le roi à celle,
bien précaire, de la haute aristocratie. En dépit de son immense
prestige personnel, Charlemagne lui-même dut faire face à des
révoltes, toujours dangereuses parce que, dans le sillage des chefs,
elles mettaient en mouvement un nombre considérable de ligna-
gers [10] et de recommandés [11]. C'est le signe que les liens qui unissaient le vassal à son seigneur étaient plus forts et plus exigeants
que ses devoirs envers le souverain.

Pour prévenir toute défection, Charlemagne rétablit en 789 le
vieux serment de fidélité prêté aux anciens rois mérovingiens par
l'ensemble des habitants libres du royaume. Pratiquées épisodiquement sous le contrôle direct des *missi dominici* [12], les presta-
tions générales de serment ne produisirent toutefois pas l'effet
escompté. Accentuant le caractère personnel de la relation entre
gouvernants et gouvernés, elles contribuèrent à ancrer dans les
mentalités l'idée que l'obéissance au monarque procédait, non
d'un devoir naturel de tout sujet envers son roi, mais du seul
engagement pris. Entre la fidélité due au roi et le service de son
senior, le sujet n'eut guère de mal à choisir : seul le service du

9. Règlements promulgués par les rois francs du haut Moyen Age.
10. Membres d'un même lignage, d'une même famille.
11. Ceux qui ont passé avec un seigneur le contrat de *commendatio* ou
« recommandation », qui fait d'eux des vassaux de ce seigneur.
12. « Les envoyés du maître », inspecteurs chargés par le roi carolingien de
contrôler la gestion administrative et l'activité judiciaire des comtes, au cours
de tournées périodiques. Ils allaient par groupes de deux (un laïque et un
ecclésiastique) au sein d'une circonscription d'inspection, le *missaticum,*
comprenant quatre à six comtés.

seigneur était assorti d'une contrepartie ; il fut donc seul perçu comme véritablement contraignant. A mesure que s'affaiblit l'autorité royale, la personne du seigneur tendit à éloigner les vassaux privés du monarque : toute décision royale les concernant dut désormais passer par son canal. La généralisation de la vassalité eut ainsi pour effet d'accentuer encore cette tendance à la « médiatisation » du pouvoir, depuis toujours caractéristique du monde franc.

Restent les classes inférieures qui, elles aussi, mais selon des modalités très différentes, semblent avoir échappé au contrôle de la royauté pour tomber sous la dépendance des grands propriétaires terriens. En dépit de conditions de vie qui les rapprochent dans une même précarité matérielle, les classes rurales sont loin de présenter un statut juridique homogène. Le monde carolingien connaît encore une masse résiduelle de non-libres, qui n'a certes plus rien des troupeaux d'esclaves de l'Antiquité. Au sein du grand domaine coexistent des esclaves domestiques, probablement peu nombreux, et des serfs qui ont reçu un « chasement », une tenure, à charge de fournir au maître des corvées. Comme le serf domestique, le serf « chasé » reste juridiquement un non-libre, atteint d'une incapacité héréditaire qui l'attache personnellement à son maître, le soumet à son arbitraire et exclut toute autre relation, notamment avec l'autorité royale. Mais la relative stabilité de sa condition de tenancier le distingue de moins en moins du colon, tenancier libre dont, tout au long du haut Moyen Age, la situation n'a cessé de se dégrader et la dépendance de s'accroître à l'égard du maître de sa terre. Au fur et à mesure que l'on avance dans cette période, le régime domanial repose toujours davantage sur une articulation étroite entre un système de tenures (manses) occupées par des familles paysannes, et la réserve du maître, exploitée grâce au travail forcé des tenanciers, libres ou serfs.

En somme, au sein de la petite paysannerie, seul celui qui détient un bien allodial [13], une terre possédée en propre, n'est pas en situation de dépendance. Mais la liberté n'est-elle pas illusoire lorsque la faible superficie de son alleu, amputé à chaque génération par les partages, interdit au petit propriétaire de s'enrichir

---

13. Bien personnel, qui a le caractère d'un « alleu ».

et d'améliorer ses conditions de vie ? Incapables de produire plus que le minimum nécessaire à leur subsistance quotidienne, les paysans libres sont en permanence à la merci d'une mauvaise récolte. En période de disette, il leur est difficile d'échapper à la pression économique qu'exercent sur eux des notables locaux à l'affût de tout enrichissement facile. C'est auprès de ceux-ci que le petit alleutier peut être acculé à contracter un emprunt. En cas d'insolvabilité, le grand propriétaire réduira son débiteur en servitude jusqu'à extinction de sa dette, ou obtiendra par voie de justice ou d'accommodement la propriété de sa terre. Il n'est pas rare, dans ce dernier cas, de voir le puissant maintenir l'ancien alleutier sur son bien et lui en laisser la jouissance à titre de colon. Tout en demeurant en principe juridiquement libre, celui-ci s'intègre alors dans le système domanial et peut se trouver astreint, au même titre qu'un colon ou un esclave chasé, à d'humiliantes corvées sur la réserve de son nouveau maître.

Au surplus, les notables locaux savent remarquablement jouer de la disparité existant entre la condition matérielle des petits alleutiers et les obligations qu'entraîne pour ceux-ci le statut d'homme libre. Tout paysan libre, dans la société franque, doit être disponible pour deux contraignantes fonctions : le service militaire dû au roi, d'autant plus lourd que, sous Pépin et Charlemagne, l'armée franque part en campagne chaque année et reste mobilisée durant de longs mois ; la fonction judiciaire, héritée de la vieille justice populaire propre à la tradition germanique, qui, sous les Carolingiens, se trouve réduite à l'obligation passive, mais pesante, d'assister aux sessions du tribunal du comte. Qu'un paysan, soucieux de ne pas compromettre sa récolte, se dispense de remplir l'une ou l'autre de ces obligations, et il tombe sous le coup d'une forte amende dont l'administrateur royal, le comte, s'empressera d'assurer le recouvrement. Qu'il soit incapable de payer, et il n'a d'autre solution que de vendre son bien, ou encore de perdre la pleine propriété de sa terre au profit d'un grand propriétaire qui la lui rétrocédera à titre de tenure.

De prime abord, cette dernière solution pouvait paraître un moindre mal et nombreux furent les petits propriétaires qui préférèrent acquérir le statut de colon. Leur nouveau maître forma écran entre eux-mêmes et tout ce que les institutions publiques avaient de contraignant. Désormais justiciables du seigneur de leur terre, les nouveaux colons furent dispensés, sauf en cas de crime grave, de fréquenter le tribunal public. De même ce fut, non plus le comte du *pagus,* mais leur maître qui se chargea dans un premier temps de les conduire à l'armée royale. Puis, celui-ci finit par racheter l'obligation militaire de ses dépendants qui furent dispensés de partir au loin, trop heureux d'acquitter en échange une taxe supplémentaire ou un surcroît de corvée sur la réserve dominicale.

Sans doute ne faut-il pas exagérer l'étendue du phénomène. A la fin du IXe siècle, il reste encore — plus nombreuses, il est vrai, dans le sud du royaume où le régime domanial a connu moins d'ampleur que dans les campagnes de Neustrie et d'Austrasie — des communautés de petits alleutiers qui résistent à l'attraction du grand domaine voisin. Il est néanmoins acquis que, si l'époque carolingienne a vu diminuer les effectifs de la classe servile, elle a vu au contraire s'accroître de façon importante le nombre des colons. Cet effet de balancier est révélateur : faute de main-d'œuvre servile, les grands propriétaires du haut Moyen Age ont mis en place une nouvelle forme de servitude qui, parce qu'elle recrute dans la catégorie des hommes libres, ne veut pas encore dire son nom. Sous les Carolingiens, les colons sont toujours considérés par les textes officiels comme des libres. Mais que reste-t-il de leur statut de franc lorsque la fonction militaire, critère de liberté par excellence, n'est plus guère exercée, lorsque les capitulaires royaux appliquent aux colons délinquants ou transfuges les peines corporelles réservées aux esclaves, lorsqu'enfin les colons, à l'instar des serfs, ne sont plus admis à prêter le serment de fidélité au roi ? Une nouvelle servitude est donc bien née, et le temps n'est guère éloigné où le mot même de « colon » viendra à disparaître du langage courant pour être remplacé par le mot *servus,* serf, celui qui, dans l'Antiquité, désignait l'esclave.

En dépit de multiples dispositions visant à alléger le service d'ost [14] et de plaid [15] des *pauperes* [16], Charlemagne et ses succes-

---

14. Service militaire.
15. Dérivé du mot latin *placitum,* réunion du tribunal du comte.
16. Les pauvres ; terme englobant au haut Moyen Age la petite paysanne-rie.

seurs n'ont pas su arrêter le processus de dégradation des conditions de vie, et partant, de la liberté juridique du monde paysan.
Là, peut-être, réside le plus grave échec. En laissant l'aristocratie prendre en main les destinées de la moyenne et petite
paysannerie, le roi carolingien a achevé de couper l'institution
monarchique de la majeure partie des gouvernés du *regnum
Francorum.*

Le constat est sans appel : du plus humble au plus grand, le
monde des laïcs était incapable de concevoir l'idée d'une « souveraineté » politique du roi, liée à la mission religieuse que le
sacre, et l'idéologie dominante au sein du haut clergé, lui avaient
assignée. L'ordre nouveau resta au stade des intentions.

A partir d'une telle situation, il est compréhensible que certains événements du IXᵉ siècle aient pu si facilement modifier le
rapport de forces au détriment de la dynastie. Les querelles familiales qui scandèrent les règnes de Louis le Pieux et de Charles le
Chauve furent à cet égard déterminantes. L'aristocratie put marchander son obéissance, exiger une participation accrue de ses
membres à la décision politique, s'habituer à l'idée qu'elle pouvait jouer un rôle dominant dans le mécanisme de dévolution de
la royauté. Il est cependant d'autres événements qui, conjugués
aux précédents, vont peser très lourd dans le face-à-face entre
le Carolingien et les titulaires d'*honores*, et précipiter le déclin :
les raids scandinaves qui touchent le monde franc à partir
des années 835. Au début du règne de Charles le Chauve,
Rouen et Paris sont pillées. Quarante ans plus tard, les bandes
normandes isolées sont devenues de véritables armées qui
portent la guerre et les dévastations jusqu'au cœur du royaume
occidental.

Il n'est guère facile de mesurer l'impact de cette vague d'invasion sur la vie du monde franc. Les historiens ont appris à se
méfier des témoignages apocalyptiques des clercs, qui nous ont
transmis les mêmes clichés de ravages, de massacres et d'horreur.
L'intérieur n'a pas été épargné. Paris, Sens, Reims, Meaux,
Auxerre..., jusqu'au cœur de la Bourgogne et de la Champagne,
longue est la liste des villes qui ont eu à subir un ou plusieurs
sièges en règle. Ce qui semble sûr, c'est que les contrées maritimes, depuis l'Escaut jusqu'à la Garonne, ont été très durement
atteintes dans leur économie et leur peuplement. Certaines ont

même fait l'objet d'occupations prolongées. L'exemple de la
région de Rouen, le plus connu parce que l'occupation y a été
suivie d'une colonisation durable, est loin d'être isolé. Entre 879
et 883, les Vikings ont occupé et ravagé sans merci la Flandre ; au
début du Xe siècle, l'estuaire de la Loire et le comté de Nantes
sont le théâtre de la constitution d'un éphémère État normand.
Monastères détruits, villes incendiées et pillées, campagnes
désertées, cadres administratifs et religieux en fuite, telle est la
triste image qu'offrent à la fin du IXe siècle les régions côtières du
royaume occidental.

Face aux Normands, passés maîtres dans l'art du coup de main
et de la guerre éclair, les rois carolingiens sont trop lents à réagir
et à mobiliser l'armée, trop absorbés aussi par leurs querelles
familiales pour riposter efficacement. Charles le Chauve n'est
certes pas inactif : il fortifie les ponts de la Seine, mène l'ost des
Francs vers l'Anjou et le Roumois [17], infestés par l'ennemi, place
les meilleurs chefs de guerre du moment — Robert le Fort,
Hugues l'Abbé — à la tête de la marche [18] bretonne, devenue
l'avant-poste de la défense antinormande. A partir de 869, la
lutte contre l'envahisseur semble toutefois passer au second plan.
Désormais, Charles va mobiliser l'essentiel de son énergie pour
réaliser un rêve manifestement au-dessus de ses moyens : restaurer à son profit la puissance de Charlemagne. Il croit tenir le
succès : en 869, il met la main sur la Lorraine ; six ans plus tard, il
est roi d'Italie et de Provence, et reçoit du pape Jean VIII la
couronne impériale. Mais cette réussite, toute factice, ne lui sur-
vivra pas. Charles le Chauve, sans doute le plus cultivé et l'un des
plus valeureux parmi les monarques carolingiens, n'en aura pas
moins finalement commis l'erreur de sacrifier à sa chimère ce
devoir primordial que constituait la défense de son royaume
contre les Normands.

Son fils, Louis II le Bègue, n'est guère actif. Quant à Louis III et
Carloman, ses petits-fils, ils ne manquent certes pas de courage.
La victoire de Saucourt, en 881, est l'œuvre du premier, célébré
comme un authentique héros par un poète contemporain.
Durant les années 882 et 883, on voit le second combattre sans

17. *Pagus* de Rouen.
18. Province frontalière, sous l'autorité militaire d'un marquis.

relâche, et non sans énergie, entre Somme et Meuse. Mais leurs règnes sont trop éphémères pour être marqués par une véritable politique normande.

Dans ce contexte d'inertie de la royauté et de veulerie assez générale, la défense s'organise localement, à l'initiative d'une poignée de grands, assistés de leurs vassaux. Lorsque vient le succès, ce sont les marquis et les comtes qui en sont crédités. C'est d'eux, et non plus d'un roi trop lointain, que les populations apeurées attendent une protection efficace ; c'est plus que jamais vers eux que convergent les actes d'allégeance. Leur autonomie d'action s'en trouve renforcée ; le pouvoir est en passe de changer de mains.

Tant que dure le règne de Charles le Chauve, la royauté réussit encore, non sans traverser de multiples crises, à contenir la pression de la haute aristocratie. Mais à sa mort, en 877, son successeur, Louis II le Bègue, est obligé de négocier avec les grands son accession au trône et d'accepter leurs exigences. Les comtes sont confirmés dans leurs *honores* d'une façon qui les rend inamovibles et ouvre la voie à l'hérédité. En outre, le roi doit s'engager à gouverner avec « l'aide et le conseil » de ses fidèles, ce qui signifie que la décision politique sera plus que jamais tributaire de l'adhésion consentie de son entourage. Enfin, pour la première fois, le sacre d'un roi de Francie occidentale se trouve subordonné à une promesse solennelle du souverain à l'intention du haut clergé : le nouveau roi s'engage à sauvegarder l'Église et à maintenir la loi. C'est donc, on le voit, sur une base contractuelle qu'a eu lieu l'accession de Louis à la royauté. En cette année 877, l'aristocratie — laïque et ecclésiastique — semble être désormais en mesure de poser ses conditions avant de consentir à l'élection du roi.

Mais là ne s'arrête pas l'effritement : deux ans plus tard, lorsque s'ouvre la succession de Louis II, il s'en faut de peu que ses jeunes héritiers, Louis III et Carloman, ne soient évincés au profit de leur cousin Louis le Jeune, fils de Louis le Germanique. Seule la fidélité intéressée d'une partie de l'aristocratie a permis de sauver le principe héréditaire. Pourtant, ce principe semble devenu bien fragile : dans le royaume de Provence, qui aurait dû revenir aux enfants de Louis le Bègue, le comte Boson, un non-Carolingien, rejette leur autorité et se fait acclamer roi par une assemblée d'évêques et de grands. Pour les Carolingiens, l'événement est grave. Ce n'est plus simplement le principe héréditaire qui est bafoué, c'est le principe dynastique lui-même qui disparaît au profit de l'élection.

Accueillie par de nombreux contemporains comme une anomalie odieuse et sacrilège, l'usurpation de Boson n'est-elle pas révélatrice d'une faille originelle ? Ne s'inscrit-elle pas, après tout, dans le cadre d'une certaine conception de la légitimité royale qui, depuis les origines, n'a cessé d'hypothéquer l'avenir de la dynastie ? L'ascendance royale ne suffit pas à conférer le droit de régner ; il faut aussi être apte, posséder les qualités morales et politiques qui distinguent le bon roi. Telle est la thèse qu'invoquèrent jadis les partisans d'un autre usurpateur, Pépin le Bref, en vue de préparer l'opinion à l'élimination du dernier Mérovingien. Il est vrai qu'une fois Pépin élu roi, on s'efforça d'en amoindrir la portée. En témoigne la fameuse *Clausula de unctione Pippini* d'après laquelle, en 754, lors du second sacre de Pépin, le pape Étienne II aurait défendu, sous peine d'excommunication, « d'oser jamais choisir un roi issu d'un autre sang » que celui de Pépin et de Berthe, son épouse.

Enrichie au IXe par de grands prélats, tels Jonas d'Orléans ou Hincmar de Reims, cette vision éthique de la royauté demeure cependant une constante de l'époque carolingienne. Il en résulte que le roi ne tient pas sa légitimité de sa seule appartenance à la lignée royale ; il la tient d'abord de lui-même, de sa force et de sa valeur personnelles, de la conformité de ses actes avec la finalité sociale et religieuse de sa fonction, de sa capacité à protéger son peuple contre tout danger. Voilà qui, en période de déclin de l'autorité monarchique au profit de l'aristocratie, peut justifier que tout homme fort ait vocation à prendre en main les destinées d'un *regnum* et puisse le faire au mépris des droits héréditaires d'un prince trop jeune ou incapable.

Ainsi poussée jusqu'à l'extrême, une telle conception porte en elle la négation même du principe dynastique. C'est sur cette base qu'en 879, renouvelant le geste de Pépin le Bref, le comte Boson, acclamé par le haut clergé de la région, peut s'emparer du trône de Provence au détriment de Louis III et Carloman, princes à peine sortis de l'enfance. De même, en 888, face à Charles le Simple, trop jeune pour défendre son royaume contre le péril normand, le marquis Eudes, guerrier modèle, détenteur de cette clientèle nombreuse qui, en la fin du IXe siècle comme en 751, conditionne la fortune politique d'un grand, peut à son tour prétendre à la royauté.

En légitimant son usurpation par le primat de l'aptitude à régner sur la naissance royale, Pépin le Bref avait bel et bien ouvert la voie à toutes les usurpations de la fin du IXe siècle.

LE FILS DE ROBERT LE FORT

Eudes et Robert, son jeune frère, figurent parmi ces personnages de l'Histoire sur l'origine desquels on s'interroge encore. La seule certitude tient à l'identité de leur père, Robert le Fort, marquis de Bretagne sous Charles le Chauve. Tout le reste ne peut faire et ne fera probablement jamais l'objet que de conjectures. On ignore l'année de la naissance d'Eudes, et l'on en est réduit à se contenter de l'information fournie par le chroniqueur Réginon de Prüm : à la mort de leur père, en 866, lui et Robert étaient encore de tout jeunes enfants *(parvuli)*.

La question de leur ascendance maternelle est loin d'être élucidée. D'après une chronique bourguignonne, Eudes et Robert auraient été les frères d'un illustre personnage nommé Hugues l'Abbé, et par conséquent les enfants d'une mère commune. Proche parent de Charles le Chauve par son père, le Welf [19] Conrad, frère de l'impératrice Judith, Hugues l'Abbé eut pour mère Aélis, fille du comte de Tours, Hugues le Méfiant. L'hypothèse d'un remariage d'Aélis avec Robert le Fort n'est pas invraisemblable. Au surplus, elle permettrait d'expliquer la transmission du nom « Hugues », usité dans la famille d'origine d'Aélis, aussi bien chez les Welf avec Hugues l'Abbé que chez les Robertiens avec Hugues le Grand et son fils Hugues Capet. Toutefois, la chronique qui fonde cette hypothèse, du reste très contestée de nos jours, est beaucoup trop tardive pour constituer un document irréfutable.

19. Lignage de la haute aristocratie carolingienne qui doit son nom à son premier représentant connu, le comte Welf (cf. tableau généalogique).

Enfin, la grande énigme concerne l'ascendance de leur propre père, Robert le Fort : l'un de « ces problèmes historiques que la science cherchera longtemps encore à élucider, sans jamais pouvoir aboutir à une solution décisive », notait jadis A. Luchaire [20], traduisant une résignation assez générale chez les meilleurs représentants de la science historique. Sans doute ceux-ci n'ignoraient-ils pas — le XIXe siècle venait tout juste de le redécouvrir — le témoignage de l'historien Richer qui, à la fin du Xe siècle, voyait en Robert un personnage de basse extraction, fils d'un « étranger germain » nommé Witukin, ni celui de l'hagiographe Aimoin de Fleury pour qui Robert était un Saxon d'origine *(saxonici generis vir)*. Certains historiens s'en contentaient, insistant sur les mérites particuliers de cet *homo novus* [21]. D'autres, s'appuyant sur une charte suspecte qui mentionne Robert le Fort comme étant le fils d'un autre Robert, rejetaient ces deux témoignages, jugés trop tardifs.

De nos jours, la première thèse paraît définitivement abandonnée. En revanche, des études menées depuis une cinquantaine d'années sur les structures familiales de l'aristocratie franque ont posé de nouveaux jalons. Certains indices laissent supposer que Robert le Fort pourrait appartenir à une grande famille du Rhin moyen, issue d'un personnage nommé Rupert ou Robert. Cette lignée compterait en son sein le fondateur de l'abbaye de Lorsch, Cancor, la première épouse de Louis le Pieux, l'impératrice Irmengarde, ainsi que deux autres Robert : l'un, le père, duc de Hesbaye sous Charlemagne, l'autre, le fils, comte de Worms, mort en 822. C'est ce Robert, comte de Worms, qui, pour certains, serait le père de Robert le Fort.

Cependant, divers éléments indiquent de façon très nette une proche parenté entre le père d'Eudes et une autre grande famille, celle des Gerold. Originaire elle aussi du Rhin moyen, elle aussi très proche de la famille impériale — la mère de Louis le Pieux, l'impératrice Hildegarde, est une « Gerold » — cette lignée a essaimé dans la partie occidentale de l'empire où elle est représentée autour des années 830 par deux frères, les comtes Eudes d'Orléans et Guillaume de Blois, et à la génération suivante par

20. *Histoire des institutions monarchiques,* t. 1, p. 1.
21. Homme nouveau, parvenu.

les fils de Guillaume, Eudes, comte de Châteaudun, et Robert Portecarquois. La transmission du nom « Eudes » dans la descendance de Robert le Fort, celle du nom « Robert » dans la famille des Gerold, sont de sérieux indices en faveur d'une parenté étroite et déjà ancienne entre les deux lignages. Mais il y en a d'autres : les centres de la puissance de Robert le Fort (Orléans, Blois, Châteaudun) ; ou encore l'entourage de ce personnage à la veille de sa mort, qui est à peu près le même que celui d'Eudes de Châteaudun vingt ans plus tôt.

Une conclusion semble donc s'imposer : loin d'être un « homme nouveau », Robert le Fort serait bien au contraire un grand aristocrate originaire de Francie orientale, voire un proche parent des fils de l'impératrice Irmengarde, Lothaire et Louis le Germanique. Il appartiendrait à l'un de ces groupes familiaux larges qui se caractérisent par leur puissance foncière, leur cosmopolitisme, la vocation de leurs représentants les plus illustres à exercer des charges comtales et celle de leurs filles à épouser les membres de la dynastie régnante, assurant ainsi au clan tout entier des appuis jusqu'aux marches du trône.

Très tôt orphelin, puisque son père supposé, Robert de Worms, mourut en 822, Robert le Fort aurait quitté la Germanie dans les années 830 et trouvé dans le futur royaume occidental, auprès de son parent Eudes de Châteaudun et d'un proche de celui-ci, le sénéchal Adalard, les appuis nécessaires à son ascension politique. C'est en 852 que nous le voyons pour la première fois investi d'un *honor* : il est alors abbé laïque de Marmoutier. Un an plus tard, en novembre 853, un capitulaire royal le mentionne comme *missus dominicus* pour le Maine, l'Anjou, la Touraine, le Corbonnais et le pays de Sées. Vraisemblablement, Robert est alors en possession du comté de Tours. Il est donc, dès cette époque, le principal personnage des pays riverains de la Basse-Loire, et ne voit sans doute pas d'un bon œil, en 856, la politique de Charles le Chauve visant à faire de son très jeune fils Louis (le futur Louis II le Bègue) le titulaire d'un haut commandement militaire dans la région du Mans, menacée par les Bretons. En 858, il se révolte contre Charles et rallie Louis le Germanique, son parent si l'on accepte sa filiation avec Robert de Worms. Il perd alors l'ensemble de ses *honores*.

Mais Robert est trop puissant pour disparaître politiquement.

En 861, il finit par se réconcilier avec son souverain, et Charles lui confie un vaste commandement militaire avec mission de défendre la région située entre Seine et Loire contre les Bretons. Il recouvre alors le comté de Tours et l'abbaye de Marmoutier. A la même époque ou peu après, Charles ajoute à cette dotation les comtés d'Anjou et de Blois ainsi que l'abbatiat de Saint-Martin de Tours. Exception faite d'un court passage à la tête de certains comtés bourguignons et de la « marche » d'Autun, c'est là, en Neustrie, que va s'achever la fulgurante carrière du père d'Eudes. Devenu le fidèle d'entre les fidèles et le plus ferme soutien de Charles le Chauve, Robert combat d'abord Salomon de Bretagne auquel s'est allié Louis le Bègue, en révolte contre son père. Puis, à partir de 863, il tourne ses forces contre l'envahisseur normand et lutte sans relâche jusqu'en ce jour d'automne de l'an 866 où, parachevant la victoire qu'il vient de remporter à Brissarthe, il est surpris et tué.

C'est là l'essentiel de ce que nous savons des origines et de la carrière du marquis Robert. Sa réussite politique et son incomparable prestige — l'auteur des *Annales* de Fulda l'appelle « le Macchabée de notre temps » — ne profiteront pas immédiatement à ses propres enfants. En 866, Eudes et Robert ne sont pas en âge de prétendre aux *honores* de leur père. En outre, le Carolingien est encore le maître du choix de ses comtes. C'est donc sans aucune difficulté que Charles le Chauve peut investir son propre cousin, le Welf Hugues l'Abbé, du grand commandement que détenait Robert ainsi que de la plupart de ses charges comtales et abbatiales.

Si, pour l'immédiat, elle prive Eudes de l'héritage paternel, la bonne fortune d'Hugues l'Abbé n'est probablement pas tout à fait étrangère au rôle futur des Robertiens en tant que marquis de Neustrie, puis comme ducs des Francs. Passé le règne de Charles le Chauve, Hugues, de simple défenseur de la marche occidentale du royaume, va en effet rapidement s'élever au rang de conseiller écouté et actif de Louis le Bègue, puis devenir le *mentor* des jeunes rois Louis III et Carloman. Pour eux, il mène en Provence la lutte contre l'usurpateur Boson, organise contre les Normands la défense des régions situées au nord de la Seine. Bref, Hugues s'impose comme une sorte de vice-roi, exerçant ce qu'un annaliste de l'époque appelle un *ducatus regni*, s'affirmant, selon l'expression même de Carloman, comme le « rempart » du royaume et le « tuteur » du roi. Si bien que lorsqu'Eudes, puis Robert, recueilleront les *honores* de leur père, cet héritage n'aura pu que s'enrichir du rôle primordial joué par Hugues à l'échelle du royaume tout entier. Après lui la vocation privilégiée de tout marquis de Neustrie sera d'être le premier à assister de ses conseils le titulaire de la royauté, et le cas échéant, de prétendre exercer une sorte de tutelle sur le royaume.

Il reste que, lorsque vers 882 ou 883, le fils aîné de Robert, âgé d'une vingtaine d'années, débute dans la carrière, Hugues l'Abbé est au faîte de sa puissance, et il ne peut être question d'investir Eudes de l'une quelconque des anciennes dignités de son père. Un comté qui n'a jamais appartenu aux Robertiens est alors vacant : celui de Paris, dont le dernier titulaire, le Welf Conrad, vient de mourir. C'est ce comté qui, peut-être grâce à l'intercession de l'archichancelier Gozlin, le futur évêque de Paris, mais très certainement avec l'accord d'Hugues l'Abbé, va être attribué par le roi Carloman au fils de Robert. Or, la personnalité du protecteur d'Eudes, Gozlin, est un élément décisif pour l'avenir. Ce personnage, qui fut l'homme de confiance de Charles le Chauve, est le grand rival d'Hugues l'Abbé. C'est lui qui, après la mort de Louis II le Bègue, a vainement tenté d'opposer à ses deux héritiers le roi de Germanie, Louis le Jeune. Il n'est donc guère surprenant que Gozlin, durant les règnes de Louis III et Carloman, ait dû laisser Hugues l'Abbé occuper le devant de la scène politique. En revanche, lorsque Carloman meurt, le 6 décembre 884, l'évêque de Paris passe au premier plan ; six mois plus tard, le parti qu'il dirige offre la couronne du royaume occidental à l'empereur Charles le Gros.

Dans ce contexte, on comprend que les liens unissant le jeune comte Eudes à l'évêque Gozlin aient pu être déterminants. Sa nomination à la tête du comté de Paris fait entrer ce Neustrien qu'est le fils de Robert le Fort dans le cercle des grands de la *Francia,* dont Gozlin est l'un des chefs de file. Aux yeux des Francs du Nord, du vieux pays carolingien d'entre Seine et Meuse, Eudes cesse d'être un étranger. En tant que comte de Paris, il tient en outre une place forte dont l'importance stratégique s'affirme à partir de la grande offensive normande déclenchée en 885. C'est de la qualité des fortifications des ponts de

Paris et de l'île de la Cité, de la vaillance de leurs défenseurs, que
va dépendre la sécurité de tout l'est du royaume, depuis la Champagne troyenne jusqu'à la Bourgogne. Le premier rendez-vous
d'Eudes avec l'Histoire, c'est donc le long siège que subit Paris
d'octobre 885 à septembre 886 qui va le lui offrir. Eudes sait ne
pas le manquer : les qualités de stratège et le courage sans faille
dont il fait preuve face aux Normands le désignent d'un coup
comme un grand chef de guerre, à l'égal de son père.

En outre, comme son protecteur, Eudes a été vraisemblablement l'un des principaux artisans de l'avènement de Charles le Gros comme roi des Francs de l'Ouest. Cette fidélité de la
première heure, Charles le Gros ne pourra l'oublier lorsqu'au
printemps 886 meurent, à moins d'un mois d'intervalle, l'évêque
Gozlin et le marquis Hugues, les deux rivaux qui avaient aussi
été, selon un annaliste de l'époque, « les deux grands chefs de la
Gaule, sur lesquels était fondé tout l'espoir des habitants de ce
pays contre les Normands ». Mais à nouveau, Eudes saisit sa
chance et force le destin. Aussitôt connue la nouvelle de la mort
d'Hugues l'Abbé, il sort en cachette de Paris assiégée pour aller
quérir l'aide militaire de l'empereur et des grands du royaume.
C'est du moins le but avancé par l'annaliste de Saint-Vaast
d'Arras aussi bien que par le moine Abbon de Saint-Germain-
des-Prés, auteur d'un poème latin consacré au siège de Paris. Il
est cependant très probable qu'Eudes, soucieux de se poser en
successeur potentiel d'Hugues l'Abbé à la tête de la marche de
Neustrie, en ait profité pour rappeler aux grands de la région son
droit virtuel aux *honores* de son père et s'assurer de leur fidélité.

Sans doute n'est-ce pas immédiatement à Eudes que va revenir
le grand commandement neustrien, mais au duc Henri, le fidèle
d'entre les fidèles de l'empereur et le chef de ses armées. Mais
Henri ne tarde pas à mourir, massacré par les Normands sous les
murs de Paris. Charles n'a dès lors plus le choix. Parce qu'il
appartient au parti qui l'a fait roi des Francs de l'Ouest, le Robertien est probablement l'un des rares grands en qui l'empereur ait
pleine confiance. Au surplus, sa stature de chef, la solidité des
appuis que son lignage possède encore en Neustrie ou que lui-
même est parvenu à reconstituer, le désignent naturellement à la
succession d'Hugues l'Abbé. C'est donc Eudes de Paris qu'en

septembre 886, au moment de quitter le royaume de l'Ouest
après avoir acheté aux Normands la levée du siège de Paris,
Charles va investir de la Neustrie : « la terre de son père
Robert », peut-on lire dans les annales de Saint-Vaast d'Arras,
qui mettent ainsi l'accent sur le droit virtuel qu'Eudes avait à la
succession paternelle ; « le *ducatus* que tint fermement Hugues »,
dira de son côté Réginon de Prüm, insistant sur cet autre aspect
de l'investiture qui fait d'Eudes l'homme de confiance de l'empereur et son lieutenant pour le nord du royaume occidental.

Dans les mois qui suivent l'investiture, le Robertien ne se
comporte d'ailleurs pas seulement comme le successeur de
Robert, mais comme le détenteur d'un pouvoir beaucoup plus
vaste, qui l'autorise à intervenir bien au-delà des limites de la
seule Neustrie. L'exemple de la dévolution de l'archevêché de
Sens est à cet égard significatif. A l'archevêque Evrard, mort
quelques mois plus tôt, succède en avril 887 un personnage
nommé Gautier, neveu de l'évêque Gautier d'Orléans, dont nous
savons depuis peu qu'il est proche parent du comte Eudes. Cette
parenté ne laisse aucun doute sur le rôle joué par le Robertien
dans la procédure d'élection : s'il est concevable que l'empereur
Charles, conformément à la tradition, ait eu à se prononcer sur le
choix de Gautier, il n'en paraît pas moins évident que l'influence
d'Eudes a été, en l'espèce, déterminante.

Or, pour Eudes, l'accession de Gautier à l'archevêché de Sens
est un fait essentiel, car une certaine tradition — vigoureusement
combattue, il est vrai, par Hincmar de Reims, l'un des plus éminents esprits du règne de Charles le Chauve — donne à l'archevêque de Sens compétence pour sacrer les rois francs : un prédécesseur de Gautier, Wénilon, avait sacré Charles le Chauve ; un
autre, Anségise, avait sacré en 879 les deux fils de Louis le Bègue.
A partir d'avril 887, le Robertien contrôle donc l'un des deux
sièges dont les titulaires sont reconnus aptes à faire un roi. Est-ce
le signe qu'il a déjà décidé d'être roi et de contourner ainsi l'obstacle que représente alors l'archevêque Foulque de Reims, Carolingien convaincu ? C'est probable, tout comme il est probable
qu'Eudes, dès cet instant, sait que sa royauté n'est plus qu'une
question de temps.

Pour Charles le Gros, la fin est alors toute proche. Affaibli par
la maladie, contesté au sein du royaume de l'Est, il disparaît de la

scène en novembre 887. Avec lui disparaît aussi l'illusion de l'empire réunifié. Sa déposition ne concerne que la Germanie et la Lorraine où est reconnu le Carolingien Arnulf. Ailleurs, l'apparente fidélité à l'empereur déchu qui se prolonge jusqu'à sa mort, en janvier 888, n'est qu'une solution d'attente. Le moment venu, elle permettra aux grands de chaque royaume de rejeter les prétentions d'Arnulf et de se donner légitimement leur propre roi. Ainsi la Bourgogne Transjurane — cette partie de l'ancien royaume de Bourgogne-Provence qui avait échappé à l'usurpateur Boson — élit-elle dès le mois de janvier le Welf Rodolphe, petit-neveu de l'ancienne impératrice Judith. De son côté, l'Italie choisit Béranger de Frioul qui, en dépit d'une ascendance maternelle carolingienne, ne tarde pas à se voir opposer un compétiteur soutenu par la papauté, le duc Guy de Spolète.

Au sein du royaume occidental, où nul ne songe aux droits du dernier fils de Louis le Bègue, le marquis Eudes n'est certes pas le seul à assumer de fait une tâche d'essence royale. La Bourgogne, l'Aquitaine, la Gothie découvrent à peu près au même moment qu'elles ont elles aussi des chefs qui, sans être des Carolingiens, n'en sont pas moins capables d'exercer l'autorité protectrice et les prérogatives des rois. Eudes est cependant le seul à détenir une sorte de primauté au cœur du vieux pays franc, et peut-être également le seul — ce serait l'héritage d'Hugues l'Abbé — à se considérer comme investi d'une fonction qui dépasserait le cadre restreint de la marche de Neustrie, qui serait un *ducatus regni*, une direction de l'ensemble du royaume occidental. Lui seul pourrait ainsi prétendre se substituer au Carolingien défaillant et le faire pour tout le royaume. Aussi bien, celui que le chroniqueur Réginon de Prüm décrit comme « un homme énergique, l'emportant sur les autres par sa beauté, sa prestance physique, sa grande puissance et sa sagesse », prendra-t-il le titre de roi.

LE ROI DES FRANCS

« Les Francs délibérèrent au sujet de la nomination d'un roi, non pas comme des traîtres, mais comme des gens soucieux de combattre l'ennemi. » Ainsi s'exprime, un siècle plus tard, l'historien Richer, mettant l'accent sur les raisons profondes du recours à l'élection qui écartait le jeune Charles le Simple, et sur ce que l'on attendait du nouveau roi : l'aptitude à combattre l'envahisseur normand et à protéger le peuple. Mais Richer, soucieux de donner d'Eudes l'image qui est sienne à la fin du Xe siècle, celle d'un roi pleinement légitime, en aucun cas coupable d'une usurpation comme le sera son frère Robert, oublie de dire que cette désignation ne fut pas unanime.

L'assemblée des évêques et des comtes qui, en ce jeudi 29 février de l'an 888, acclame Eudes et assiste à son sacre, est bien loin de représenter toute la haute aristocratie du royaume occidental. A coup sûr, aucun grand du Sud n'est présent. Proche parent et protecteur du jeune Charles, le puissant comte de Poitiers Ramnulf II est hostile à Eudes et songe même un instant à se faire élire roi. Ni le comte d'Auvergne Guillaume le Pieux, ni Wilfred, comte de Cerdagne et d'Urgel, ne se sont déplacés : l'événement ne les concerne pas. La Bourgogne est à peine mieux représentée. On ne saurait dire si son chef, Richard le Justicier, a assisté au sacre. Par contre, certains grands de la région, un court instant soutenus par l'archevêque Foulque de Reims, ont vainement tenté d'opposer à Eudes un autre candidat en la personne de Guy de Spolète, membre d'une puissante famille franque qui avait tenu des *honores* en Bretagne avant de se fixer en Italie centrale. Guy a même été sacré roi par l'évêque de Langres, avant de comprendre qu'il avait mieux à faire en Italie, face à Béranger de Frioul, qu'en Francie occidentale face au trop puissant marquis de Neustrie.

Seuls donc — en dehors, peut-être, de quelques évêques bourguignons, tel celui d'Autun — les Francs du Nord ont élu Eudes. Encore n'étaient-ils pas tous là. Car c'est dans le Nord que semble s'être déclarée la principale opposition, orchestrée par trois des plus grands personnages de la région : le comte Baudouin de Flandre, carolingien par sa mère, son parent Raoul, abbé de Saint-Vaast d'Arras et de Saint-Bertin, enfin et surtout, l'archevêque Foulque de Reims qui, après avoir un instant tenu pour Guy de Spolète, va tenter d'opposer à Eudes un compétiteur autrement plus sérieux en la personne d'Arnulf de Germanie. Sans doute Eudes a-t-il quelques partisans au nord et à l'est de la

Neustrie : à Soissons, Senlis, Troyes, et bien sûr à Sens, dont l'archevêque, Gautier, lui est tout dévoué. Mais il lui manque la caution morale de celui qui, traditionnellement, sacre les rois : le métropolitain de Reims. Ainsi élu par un entourage en majorité neustrien, Eudes ne sera pas sacré à Reims par l'archevêque, mais à Compiègne par le métropolitain de Sens, lui aussi neustrien d'origine. Un simple roi de Neustrie, un *regulus* (roitelet) à peine moins dérisoire que Louis de Provence, le fils de Boson, ou que Rodolphe de Transjurane, tel apparaît Eudes au lendemain de son sacre. Cette tare originelle, le nouveau roi va s'attacher à l'effacer en cherchant à s'imposer comme le roi de l'ensemble des Francs de l'Ouest.

Les premières années du règne furent prometteuses. Le 24 juin 888, Eudes réalisait un coup d'éclat en écrasant une armée normande à Montfaucon-en-Argonne. Événement considérable : depuis la brillante victoire remportée six ans plus tôt à Saucourt par le jeune Louis III, aucun souverain franc n'avait osé s'en prendre de front à la « grande armée » normande qui dévastait le nord de l'ancien empire. Eudes, lui, avait osé et réussi. Mieux encore, il avait livré bataille en un lieu situé en Lorraine, sous la domination au moins théorique du Carolingien Arnulf, s'affichant ainsi comme le défenseur de l'ensemble des Francs.

Aussitôt connue la nouvelle du combat de Montfaucon, Arnulf, alors sur le point d'accepter la couronne que lui proposait l'archevêque de Reims, rompait toute négociation avec Foulque et proposait à Eudes une rencontre. Celle-ci eut lieu à Worms, probablement dans le courant du mois d'août 888. Fort de son prestige, Eudes y obtint sa légitimation comme roi des Francs de l'Ouest, mais non sans contrepartie : il est probable qu'il dut reconnaître la prééminence d'Arnulf, peut-être en prêtant à celui-ci un serment de fidélité. Élu par l'aristocratie neustrienne, Eudes recevait ainsi du dernier Carolingien régnant l'autorisation de gouverner lui-même un royaume qui, en droit, demeurait une composante de la monarchie carolingienne. Le Robertien n'est d'ailleurs pas le seul à s'être incliné devant les prétentions d'Arnulf : Rodolphe de Transjurane et Béranger d'Italie durent faire de même. Mais l'essentiel réside dans le fait qu'Eudes, en cette année 888, soit parvenu à désamorcer une grave crise qui aurait pu le conduire à un affrontement direct avec le Carolingien.

A l'intérieur aussi, la position d'Eudes s'en trouve confortée. Aussitôt après la victoire de Montfaucon, le comte Baudouin de Flandre se soumettait au Robertien et lui prêtait serment de fidélité. Au lendemain de la rencontre de Worms, Foulque de Reims, ses suffragants de Beauvais et de Noyon et l'abbé Raoul de Saint-Vaast d'Arras se soumirent à leur tour. Au terme de la première année du règne, l'assise de la royauté d'Eudes dépassait largement la Neustrie pour s'étendre sur toute la partie du royaume située au nord de la Loire. Hautement significatif est à cet égard l'événement qui, au dire des annales de Saint-Vaast d'Arras, se produisit le 13 novembre, dans l'église cathédrale de Reims. Là, Eudes revêtit solennellement les insignes royaux envoyés par Arnulf de Germanie. Ce second couronnement, célébré au cœur de la métropole religieuse du royaume occidental, consacrait l'apparente soumission du vieux pays franc jusqu'alors si indissolublement lié à la dynastie carolingienne.

Dès les débuts de l'année suivante, ce fut au tour de Ramnulf II de Poitou de reconnaître le Robertien. Alors le mouvement d'adhésion au nouveau roi semble s'amplifier. En juin 889, Eudes octroie des diplômes de protection et de confirmation de biens à des églises situées en Limousin, dans la région de Brive, en Carcassès, voire jusqu'aux confins du royaume, dans les *pagi* de Gérone et d'Ampurias dépendant de la marche d'Espagne. Le comte et l'évêque de Nîmes se déplacent à sa cour. Enfin, des diplômes expédiés au profit des évêchés d'Autun et de Langres, des abbayes de Vézelay, Tournus, Saint-Germain d'Auxerre, témoignent de l'adhésion des églises de Bourgogne. Bref, si l'on s'en tient aux textes officiels, à la fin de l'année 890, la royauté d'Eudes semble bien établie sur la majeure partie du royaume occidental. A l'image de ses prédécesseurs carolingiens, il protège les églises, est en relation avec les prélats les plus éloignés, convoque des plaids généraux et des assemblées d'évêques : en témoigne le synode réuni au printemps 891 à Meung-sur-Loire, où sont présents les métropolitains de Sens, Bourges, Tours, Narbonne et nombre de leurs suffragants.

Pourtant, la réussite n'est qu'apparente. Si l'Église, ou tout au moins la majorité de ses représentants, paraît s'être rangée aux côtés du roi, la plupart des grands laïcs ne font que le tolérer. Pour Richard de Bourgogne, Guillaume d'Aquitaine, voire même pour Baudouin de Flandre, Eudes n'est qu'un « partenaire », non un supérieur que sa fonction habilite à les contrôler. Quant au maître de la marche d'Espagne, Wilfred de Cerdagne, il l'ignore et persiste à dater ses actes, non du règne d'Eudes, mais de celui du Christ « dans l'attente d'un roi ». Plus inquiétante encore est la réserve dont témoigne l'archevêque de Reims. Le fait que Foulque, imité par les évêques de sa province, se soit abstenu de paraître au synode de Meung-sur-Loire, est assez révélateur d'une opposition larvée au sein du clergé du Nord.

Soutenue par son seul prestige guerrier, la royauté d'Eudes est au total bien fragile, et semble à la merci de la moindre défaillance de sa part dans la lutte contre les Normands. Or, des défaillances, Eudes en eut. En 889, lors du second siège de Paris par les Normands, il fut conduit à acheter leur départ, comme l'avait fait trois ans plus tôt son prédécesseur. L'année suivante, en novembre 890, il ne peut empêcher la concentration d'une « grande armée » normande à proximité de la ville de Noyon, ni les ravages qui en résultent dans tout le nord du royaume. L'année 891 n'est guère plus heureuse et s'achève sur un désastre : Eudes est surpris alors qu'il traverse le Vermandois, et son armée mise en déroute par le chef normand Hastings.

Il est probable que cette défaite, qui survint pourtant au cours de l'une des dernières actions menées durant son règne par la « grande armée » normande sur le continent, ternit l'image prestigieuse gagnée à Montfaucon et encouragea les défections. L'une des premières fut celle de Baudouin de Flandre, à qui Eudes avait refusé les abbatiats de Saint-Vaast d'Arras et de Saint-Bertin, vacants depuis la mort de l'abbé Raoul au début de 892. Fort de complicités jusqu'à Laon dont le comte, un parent d'Eudes, a embrassé sa cause, Baudouin entre en dissidence au printemps de cette année. Eudes riposte en s'emparant de Laon, fait supplicier le comte félon, mais ne peut rien contre Baudouin. A peu près à la même époque, son propre archichancelier, Ebles, abbé de Saint-Denis et de Saint-Germain-des-Prés, fait à son tour défection. Celui-ci, frère du comte de Poitiers Ramnulf II, mort à la fin de 890, n'accepte pas le rapprochement survenu entre le roi et un comte Adhémar, rival traditionnel des Ramnulf et prétendant au comté de Poitiers. Eudes doit intervenir en Poitou contre Ebles, qui est tué presque aussitôt.

C'est alors qu'il commet une lourde faute en tentant d'installer à Poitiers son propre frère, Robert, dont il a déjà fait un marquis de Neustrie. Le geste est maladroit, non seulement parce qu'il favorise de façon trop insolente l'unique intérêt robertien, mais aussi parce qu'il bouleverse cet équilibre politique qui, depuis Louis II le Bègue, s'impose au roi lui-même. La riposte ne tarde pas. Ulcéré, le comte Adhémar se jette sur Poitiers et en chasse Robert. De son côté, le comte d'Auvergne Guillaume le Pieux, parent et protecteur du jeune fils de Ramnulf II, entre en dissidence et fait main basse sur le comté de Bourges.

Pour Eudes, l'aventure poitevine s'achève donc sur un échec cuisant qui déclenche de redoutables retombées politiques. Dans le Nord, l'opposition relève la tête : rejetant l'autorité du Robertien, Foulque de Reims prend fait et cause pour le prétendant carolingien, le jeune Charles III le Simple, qui vient d'atteindre ses treize ans.

Le 28 janvier 893, Charles est sacré à Reims. La Francie occidentale a maintenant deux rois : l'un, Eudes, n'exerce désormais de véritable autorité qu'entre Seine et Loire après s'être un temps bercé de l'illusion qu'il contrôlait l'ensemble du royaume. L'autre, Charles, peut sans doute compter sur un fort parti comprenant, outre Foulque de Reims et plusieurs de ses suffragants, de puissants ecclésiastiques, tels les évêques Thibaud de Langres et Anscheric de Paris, et de grands laïques comme le comte Herbert, un Carolingien, détenteur de plusieurs comtés au nord de l'Oise. Mais Charles n'a de chances de vaincre l'impressionnante force que représente la clientèle vassalique d'Eudes que s'il entraîne dans la coalition Bourguignons, Aquitains et Flamands. Or cette alliance, Eudes, par ses maladresses, l'a rendue possible, tout au moins auprès des princes du Sud. En février ou mars 893, le comte d'Auvergne Guillaume le Pieux, Adhémar comte de Poitou et le marquis bourguignon Richard le Justicier ont en effet conjugué leurs forces, probablement dans l'intention de rallier les contingents de la *Francia* commandés par le comte Herbert.

Eudes a aussitôt réagi en marchant contre les trois princes. Mais au lieu d'engager le combat, il semble avoir réussi à rompre la coalition en s'assurant la neutralité des deux princes aquitains, et, plus difficilement peut-être, celle de Richard de Bourgogne. Dès cet instant, le Robertien, malgré l'intervention d'Arnulf de Germanie, puis de son fils Zwentibold de Lorraine en faveur de Charles, ne cessera de détenir la supériorité des armes. A l'opposé, le parti de Charles ne cessera de fondre jusqu'à ce jour de 897 où, vainqueur sur le terrain mais soucieux de négocier, Eudes fera finalement la paix avec le jeune Carolingien. Il en sortira, non pas à proprement parler un partage du royaume, comme on a pu le croire, mais plus vraisemblablement la concession au Carolingien de la ville de Laon, et sa reconnaissance comme successeur du Robertien ; en contrepartie, Charles renoncera à revendiquer le trône du vivant d'Eudes.

La fin du règne est alors proche. Le Nord du royaume en son entier reconnaît de nouveau l'autorité du Robertien. Baudouin de Flandre, longtemps hostile à Eudes tout en restant en marge de la coalition, a fait à son tour sa soumission. Pourtant, au moment de mourir, au début de l'année 898, Eudes, respectant les termes de l'accord passé quelques mois plus tôt avec le Carolingien, a la sagesse de demander aux grands du royaume, et en tout premier lieu à son propre frère, Robert, d'accepter Charles le Simple comme roi.

LE TEMPS DES PRINCIPAUTÉS

Ce dénouement le suggère : le règne d'Eudes, à bien des égards, ne fut qu'une simple parenthèse, un incident sur la trajectoire qui allait mener la dynastie jusqu'à son ultime terme, en 987. A la fin du Xe siècle, une interprétation évidemment fausse, qu'illustre assez bien le passage cité plus haut de Richer, ira même jusqu'à voir en Eudes « le serviteur fidèle des Carolingiens, qui avait accepté la couronne seulement pour la garder à Charles III, mineur [22] ». Certaines considérations aident néanmoins à comprendre que la période s'entendant de 888 à 898 fut déterminante pour l'avenir même de la royauté.

22. K.F. WERNER, « Les sources de la légitimité royale à l'avènement des Capétiens (X[e]-XIe siècles) », dans *Les Sacres royaux,* Colloque de Reims, 1975, Paris, Les Belles-Lettres, 1985, p. 55.

En premier lieu, il est à peu près acquis que la présence d'un non-Carolingien sur le trône, les réserves émises çà et là sur sa légitimité, les difficultés rencontrées vers la fin du règne face au jeune Charles, ont encore accéléré le déroulement du processus de désintégration politique engagé à la fin du règne de Charles le Chauve. C'est à un historien belge, Jan Dhondt, que l'on doit les expressions « prince territorial, principauté territoriale », aujourd'hui couramment employées pour désigner les puissances nouvelles qui naissent à la fin du IXe siècle sur les ruines de la monarchie carolingienne. Cette terminologie découle de l'observation des sources. A partir des années 890, le titre romain de *princeps* (prince), jusque-là réservé au seul roi carolingien, commence à être utilisé dans les actes juridiques ou dans les chroniques pour désigner une poignée de très hauts personnages, détenteurs d'un pouvoir quasi royal au sein de certaines régions du royaume franc.

Le sens du mot est par lui-même suffisamment explicite. Celui qui se prévaut d'une telle titulature prétend à une primauté identique à celle des rois. A la fin du IXe siècle et durant la majeure partie du Xe siècle, il y prétend d'ailleurs dans le cadre d'un *regnum,* c'est-à-dire d'un territoire du grand royaume franc *(totum regnum Francorum)* qui, à un moment ou à un autre de son histoire, a eu un roi à sa tête et qui, même si ce roi a disparu, a conservé au sein de l'Empire carolingien son ancienne appellation de *regnum.* Le royaume occidental issu du partage de Verdun englobe ainsi, outre la *Francia,* cette portion de l'ancienne Austrasie située au nord de la Seine, l'ancien *regnum* de Neustrie qui deviendra la principauté des Robertiens, celui de Bourgogne, amputé de la Provence et de sa partie transjurane appelées à former des royaumes à part, enfin le *regnum* d'Aquitaine, unique en principe depuis la Loire jusqu'aux Pyrénées, mais écartelé en fait entre l'Aquitaine du Nord axée sur l'Auvergne et le Poitou, et les « marches » du Sud englobant Toulouse, la Septimanie et la marche d'Espagne.

C'est donc à l'échelle de ces *regna* qu'en cette fin du IXe siècle vont apparaître les nouveaux princes. Cependant — et cette précision est essentielle pour comprendre les flottements que l'on remarque jusqu'au XIe siècle dans la titulature des plus grands — ni leur titre de *princeps,* ni même celui de *dux* auquel ils prétendent souvent et qui traduit tout autant la prééminence politique, ne sont alors des titres officiels, reconnus par le monarque carolingien ou robertien. Longtemps encore, le roi ne reconnaîtra à ceux dont il aura admis la primauté au sein d'un *regnum* que le titre de marquis, le seul acceptable à ses yeux parce que, de par son origine même [23], il traduit une subordination à l'égard du trône que n'explicitent ni le titre ducal ni celui de *princeps*.

Avant d'envisager la part prise par le règne d'Eudes dans le processus d'éclosion de ces nouveaux pouvoirs, il n'est pas inutile d'établir une sorte de profil juridique et politique du « prince ». Un profil sans doute bien théorique, comparé à ce que furent dans la réalité certains pouvoirs princiers, mais qui a du moins l'avantage de traduire les aspirations d'un grand qui se prétend tel. Car être *princeps* ou revendiquer cette qualité, c'est se considérer comme détenteur de l'autorité royale, non plus par délégation du roi, mais à titre patrimonial et héréditaire ; c'est par conséquent exercer pour son seul profit, sans contrôle supérieur et à l'exclusion de tout autre, une prééminence politique sur tous ceux qui vivent sur son territoire. Il faut souligner qu'une telle autorité ne peut prétendre se manifester de façon parfaitement uniforme d'une frontière à l'autre de la principauté. Contrairement au roi carolingien, le nouveau prince tient en propre un nombre variable de comtés, sorte de noyau dur où il peut exercer une autorité directe sur l'ensemble des hommes du commun en s'appuyant sur ses vicomtes et viguiers. Derrière le « prince » de la fin du IXe siècle se profile donc un magnat de l'époque précédente qui, grâce à la faveur du monarque, a pu cumuler plusieurs *honores* comtaux. A côté de ce noyau dur, on trouve des *pagi* administrés par des comtes qui, tout en possédant leurs *honores* à titre quasi héréditaire, sont devenus ses fidèles et se comportent comme tels à son égard.

Mais le nouveau prince ne fait pas que se substituer au roi comme bénéficiaire des serments d'allégeance des principaux membres de l'aristocratie locale, comtes et *vassi regales* ; il le remplace comme protecteur, tant des monastères royaux dont il

---

23. Sous Charles le Chauve, le *marchio* était chargé de la défense d'une « marche », circonscription militaire englobant plusieurs comtés.

détient parfois l'abbatiat à titre héréditaire, que des évêchés dont les titulaires sont élus sous son contrôle et avec son accord.

A l'époque précédente, évêchés et monastères de fondation royale avaient reçu des privilèges d'immunité qui les mettaient à l'abri de l'autorité des comtes et de leurs délégués. Les diplômes royaux interdisaient à ceux-ci de pénétrer sur les domaines de ces églises pour y rendre la justice, se saisir de leurs dépendants, percevoir amendes et taxes. L'exterritorialité ainsi acquise avait pour corollaire le droit, pour l'évêque ou l'abbé, d'exercer par l'intermédiaire d'un mandataire laïque, l'avoué ou le vidame, les prérogatives habituellement dévolues aux comtes : la justice publique, à l'exception de celle des grands crimes qui restait de la compétence du *mallus* comtal, le commandement des contingents militaires, la perception des taxes et impôts.

D'où, pour un *princeps,* comme d'ailleurs pour tout titulaire d'une charge comtale, l'intérêt de détenir une grande abbaye ou de contrôler l'élection d'un évêque. Comme abbé, il ne profite pas simplement de l'immense patrimoine foncier et humain — vassaux, tenanciers libres et serfs — que détient tout monastère royal. Son autorité en tant qu'abbé commençant là où s'arrête sa juridiction comtale, l'immunité dont bénéficie le monastère devient par le fait inopérante à son encontre. C'est donc lui qui rendra la justice, percevra amendes et taxes, exercera le ban [24] militaire et la contrainte sur les dépendants du monastère. La maîtrise d'une élection épiscopale est tout aussi avantageuse. Pour l'élu, l'*honor* épiscopal et les richesses qui en dépendent sont la récompense d'une fidélité à toute épreuve envers le maître de l'élection, qui se prolongera par la mise au service de ce dernier d'un potentiel militaire non négligeable, et par la garantie que l'autorité morale et religieuse de l'évêque relaiera le pouvoir temporel du prince à travers tout le diocèse.

Reste enfin l'aspect externe : maître de ses alliances, détenteur du pouvoir de fortification qui, encore à l'époque de Charles le Chauve, n'appartenait qu'au monarque carolingien, le prince est en mesure de décider de la guerre et de la paix en fonction de ses seuls intérêts. Cette prérogative vaut aussi bien à

24. Pouvoir de commandement ; ici, pouvoir de convocation des vassaux et dépendants pour le service d'ost.

l'égard de l'autorité royale qu'à l'encontre de n'importe quel autre puissant : « Seul, note J. Dhondt, un fragile lien de pure forme, l'hommage, qui dans la plupart des cas n'entraîne même point l'exécution par le prince des devoirs vassaliques, rattache la principauté à la couronne. » Cette vision est un peu schémati-que, tout au moins si l'on considère les relations qui se noueront au début du Xe siècle entre le successeur d'Eudes au trône et les princes de Neustrie et de Bourgogne. Du moins a-t-elle le mérite de mettre l'accent sur la totale liberté politique qui sera celle du prince par rapport au monarque.

Cela dit du « profil » du *princeps,* il faut considérer plus en détail ce que J. Dhondt définissait comme « l'élimination de la monarchie centralisée au bénéfice des princes territoriaux ». Il n'est pas douteux qu'avant même l'avènement d'Eudes le mou-vement est lancé. Déjà sous Charles le Chauve, de très hauts personnages, titulaires de plusieurs comtés et de grands com-mandements régionaux, détiennent une puissance considérable que le monarque ne peut leur retirer sans aussitôt provoquer une révolte. Outre Robert le Fort et Hugues l'Abbé, on peut ainsi citer Boson, duc en Provence, Bernard, marquis de Gothie, Ber-nard Plantevelue, cousin du précédent, tout-puissant en Auver-gne et Toulousain, ou encore Baudouin Bras-de-Fer, gendre du monarque, détenteur de plusieurs *pagi* dans les Flandres. Après la mort de Charles, les révoltes se succèdent. D'abord celle, redoutable mais sans lendemain, de Bernard de Gothie dont les multiples *honores* vont échoir aux autres magnats qui, contre le rebelle, ont prêté main forte à Louis le Bègue ; puis celles, plus durables, de Boson en Provence et de Bernard Plantevelue qui rejette la royauté de Carloman et se rallie à Charles le Gros.

Toutes ces révoltes, qui ont pour cadre les régions méridiona-les du royaume, ne sont somme toute que l'illustration des diffi-cultés qu'ont toujours connues les rois francs du haut Moyen Age dans leur domination du sud de la Gaule. Il n'est donc guère étonnant qu'avant même le règne d'Eudes l'Aquitaine ait été le théâtre de regroupements territoriaux et de comportements qui sont ceux de princes indépendants. A partir de l'Auvergne et du Toulousain, un Bernard Plantevelue qui a soutenu Louis le Bègue contre Bernard de Gothie, puis Carloman contre l'usur-pateur Boson avant de l'abandonner pour Charles le Gros, a pu, à la faveur de ces différentes prises de position, étendre son influence vers le Berry au nord, le marquisat de Gothie au sud, s'implanter même dans le sud de la Bourgogne, en Lyonnais et Mâconnais où, bien des années plus tard, son fils Guillaume le Pieux fondera l'abbaye de Cluny. Il est probable qu'en 885 ou 886 Charles le Gros reconnut la primauté de Bernard en Aquitaine et lui conféra le titre de marquis.

Une primauté certes contestée par d'autres grandes familles : les Ramnulf à Poitiers, les Vulgrin en Aunis, Saintonge et Périgord, la dynastie des Raymondins qui, exclus de Toulouse dans les années 870, ne tardent pas à s'y réinstaller. Après 886, Guillaume le Pieux perd rapidement pied en Septimanie-Gothie au profit des comtes de Toulouse, et le succès d'autres lignages dans le Sud (les Garcia-Sanchez en Gascogne, les Wilfred-Borrel au sein de la marche d'Espagne) tend à limiter son influence aux régions septentrionales et orientales du pays. Cela n'empêchera pas Guillaume le Pieux et son successeur, son neveu Guillaume le Jeune, de se considérer, quarante ans durant, comme « ducs et princes » des Aquitains, revendiquant ainsi le même rôle directeur que Bernard Plantevelue sur l'ensemble du *regnum Aquitaniae*.

En Aquitaine donc, le règne d'Eudes n'est pas à proprement parler la cause immédiate de la montée des princes. Simplement, la rupture dynastique de 888 a peut-être fort bien servi les ambitions d'un personnage comme Guillaume le Pieux. S'emparer des biens du fisc royal, détacher les vassaux royaux du service du monarque pour les intégrer à sa clientèle, tout cela, grâce à la présence sur le trône d'un roi à la légitimité douteuse, est sans doute devenu plus facile qu'auparavant. On sait que le fils de Bernard Plantevelue ne s'est pas privé de le faire : « Guillaume, de plein droit duc des Aquitains, insistait de manière pressante, sans menace toutefois, pour que Géraud se détachât du service du roi et se recommandât à lui. » Ainsi s'exprimera beaucoup plus tard l'abbé Eudes de Cluny, biographe d'un comte aquitain, Géraud d'Aurillac. Ce comte, qu'Eudes célèbre comme un modèle de vertus, résista aux pressions du duc, ce qui ne l'empêcha pas d'introduire dans la vassalité ducale « son neveu Renaud ainsi qu'un grand nombre de compagnons d'armes ».

Il est certes difficile de comparer ce qui s'est produit en Aquitaine, avant même le règne d'Eudes, à l'évolution de régions traditionnellement plus proches du monarque et mieux intégrées au monde carolingien. En Bourgogne, ou tout au moins dans la partie de l'ancien *regnum* de Bourgogne située au sein du royaume occidental, la révolte de Boson, très influent dans le pays, n'a pas eu dans l'immédiat de graves conséquences sur l'autorité royale. En 880, Boson a échoué dans sa tentative de réunir sous son sceptre l'ensemble de l'ancien royaume de Bourgogne-Provence, et il est à peu près sûr que l'influence royale ne s'est pas amenuisée aussi vite en Bourgogne qu'en Aquitaine. Elle demeure encore importante sous Carloman, et probablement même sous Charles le Gros tout comme dans les premiers temps du règne d'Eudes.

Il reste que le capital d'influence acquis par Boson en cette contrée n'a pas disparu. Il se maintient au contraire, non pas directement au profit de Boson, mais au profit de son jeune frère, Richard le Justicier, qui, dès 880, est attesté comme son successeur à la tête du plus important des comtés bourguignons, celui d'Autun. Richard est-il alors en possession de cette « marche d'Autun » que les auteurs ont cru apercevoir au travers des sources de la seconde moitié du IXe siècle, et qui lui donnerait un titre à exercer une suprématie sur les autres comtes bourguignons ? Ce n'est pas sûr. En revanche, il est incontestable que Richard doit aux alliances de son lignage avec la dynastie carolingienne — sa sœur Richilde avait épousé Charles le Chauve et son frère aîné a lui-même épousé une Carolingienne — d'être le plus haut personnage de la région. En outre, vers 888-890, son mariage avec Aélis, nièce d'Hugues l'Abbé et sœur de Rodolphe de Bourgogne Transjurane, lui donne un droit virtuel aux *honores* autrefois détenus par le lignage des Welf dans le nord-ouest (Auxerre, Sens) de la Bourgogne. Enfin, lorsque meurt, en 887, son frère Boson, Richard devient le tuteur du fils de ce dernier, Louis l'Aveugle, et administre le royaume de Provence pendant plusieurs années. En 890, le procès-verbal de l'élection du jeune Louis à la royauté le mentionne comme *dux* et *princeps,* un titre qu'il porte en tant que régent de Provence, mais qui n'est sans doute pas non plus étranger à l'extension de son autorité en Bourgogne. Il est probable que, dès ce temps, Richard a acquis une stature lui permettant d'exercer à partir de l'Autunois une influence incontestée sur d'autres comtes qui, tel ce Manasses qui possède pourtant beaucoup plus de comtés que lui (Langres, Beaune, Dijon, Attuyer, etc.), sont devenus ou en passe de devenir ses fidèles.

Pourtant, le règne d'Eudes va être déterminant pour le futur maître de la Bourgogne. Le conflit qui oppose le Robertien au jeune Charles le Simple fournit en effet à Richard l'occasion d'une fulgurante expansion. Avec une habileté diabolique, le Bourguignon sait remarquablement jouer de la neutralité qu'il adopte après avoir un instant paru soutenir Charles. Escomptant avec justesse que ni Eudes ni son compétiteur ne seraient en mesure de réagir et de risquer une guerre contre lui, il en profite pour conquérir de nouvelles positions au détriment de l'un et de l'autre. A une date que l'on ignore, à coup sûr avant le début du Xe siècle, il met la main sur le comté d'Auxerre et la puissante abbaye Saint-Germain. Mais ses deux actions les plus spectaculaires se situent au plus fort de la lutte entre les deux rois. En 894, son lieutenant, le comte Manasses, fait supplicier l'évêque Thibaud de Langres et le remplace par une créature du prince bourguignon. Le malheureux était un actif partisan de Charles le Simple. Un an plus tard, Richard s'empare de la ville de Sens, jette en prison son archevêque, Gautier, et prend le titre d'abbé de Sainte-Colombe de Sens. La cité archiépiscopale relevait d'Eudes, et Gautier, on le sait, était celui qui avait sacré le Robertien. Derrière ces deux coups de force s'en dissimulent d'autres, tout aussi révélateurs des immenses ambitions du personnage. S'il s'attaque à Thibaud de Langres, c'est que ce dernier avait fait condamner en cour de Rome la nomination d'un de ses partisans à l'évêché d'Autun ; s'il prend Sens et maltraite son archevêque, c'est parce que celui-ci a tenté de faire échouer ses prétentions sur Troyes et son évêché.

Le règne d'Eudes a donc fourni à Richard l'occasion de s'emparer de Sens, d'Auxerre, d'étendre son influence jusqu'à Troyes, et surtout de renforcer son emprise sur l'ensemble des évêchés de la région (Autun, Langres, Troyes). Au terme de cette expansion, Richard assume lui-même l'autorité royale sur toute l'étendue du *regnum Burgundiae* inclus dans le royaume des Francs de l'Ouest. Il s'est substitué au roi comme bénéficiaire des serments de fidélité des principaux membres de l'aristocratie locale. Il l'a remplacé comme protecteur des monastères royaux, dont certains lui sont directement soumis : il en détient l'abbatiat laïque et dispose à ce titre des immenses domaines fonciers qui s'attachent à cette dignité. De même, il « protège » et contrôle les églises épiscopales dont les titulaires sont désormais élus avec son accord.

Le pouvoir public ne disparaît donc pas dans cette anarchie qu'ont trop souvent décrite les historiens. L'ordre public demeure en Bourgogne, tout comme il demeure en Aquitaine en dépit de luttes d'influences entre diverses grandes dynasties comtales (maisons d'Auvergne, de Toulouse, de Poitiers) qui rendent sans doute plus précaire la primauté d'un Guillaume le Pieux. Simplement, il s'adapte aux circonstances, à la situation d'un État obligé de faire face sur toutes ses frontières aux périls qui le menacent, et incapable d'y parvenir sans fractionnement de l'autorité publique, sans le transfert d'une grande partie des droits royaux à des princes aptes à les exercer. Le fait qu'ils y prétendent au niveau d'un *regnum* traduit d'ailleurs leur volonté de maintenir à leur profit le cadre public traditionnel, et d'œuvrer pour *l'utilitas regni* [25].

Au temps d'Eudes, ce transfert paraît s'être effectué contre la volonté du roi. Mais une fois passé son règne et restaurée en la personne de Charles le Simple la dynastie carolingienne, il recevra l'aval de la royauté : dès 898, Richard de Bourgogne est auprès de Charles le Simple et porte en cette occasion le titre de « marquis ». Il n'est pas le seul : à la même époque, Robert, le frère d'Eudes, est « marquis » en Neustrie ; Guillaume le Pieux l'est en Aquitaine. Le roi leur reconnaît ce titre et c'est le signe qu'il a pris son parti d'un nouvel ordonnancement du *regnum Francorum* qui fonde en droit la primauté d'une poignée de très hauts personnages, véritables vice-rois sur les *regna* le composant, permettant ainsi à ces derniers d'exercer en son nom mais en toute liberté le gouvernement royal au sein de leurs principautés respectives. Dès 898, Guillaume le Pieux se prétend « duc » des Aquitains ; vers 918-920, Richard, à son tour, se dit *dux Burgundionum*. L'un et l'autre sont fréquemment mentionnés sous le titre de *princeps* dès la fin du IXe siècle. L'un et l'autre

25. L'utilité, le bien du royaume.

se présentent donc comme les chefs légitimes de leur *regnum* au sein duquel le roi n'intervient plus qu'à leur demande et de façon ponctuelle, ce qui explique la disparition, effective dès le règne d'Eudes, voire dès celui de Charles le Gros, de cette législation à caractère général qui avait marqué l'époque des grands Carolingiens. Une telle évolution était sans doute en marche dès le début des années 880. Dans une région comme l'Aquitaine, elle était probablement même en voie d'achèvement. Mais en Bourgogne, elle n'a pu parvenir si rapidement à son terme qu'à la faveur des crises qui ont jalonné le règne d'Eudes.

Les principautés d'Aquitaine et de Bourgogne ne sont pas les seules puissances que le règne du Robertien a pu favoriser ou confirmer. Sans avoir pour cadre un *regnum* préexistant, la réussite d'un personnage comme le comte Baudouin II de Flandre est impressionnante, et doit aussi son caractère irréversible aux crises de la fin du siècle. Pour Baudouin II, Carolingien par sa mère (son père, Baudouin Ier Bras-de-Fer, avait enlevé, puis épousé Judith, fille de Charles le Chauve), qui hérite en 879 des comtés tenus par son père au nord de la Canche, le règne d'Eudes ne marque certes pas le point de départ de l'autonomie et de l'expansion. La première est, dès le début des années 880, la résultante de la grande offensive scandinave qui chasse de la région la quasi-totalité des fonctionnaires royaux. Une fois l'invasion passée (883), Baudouin, qui est l'un des rares comtes à s'être maintenu, peut à loisir se lancer dans une vaste entreprise d'annexion des *pagi* désertés. Cette expansion l'a conduit au nord jusqu'à l'Escaut. Mais la présence d'Eudes sur le trône et les difficultés rencontrées par celui-ci à partir de 891 vont lui permettre de se tourner aussi vers le sud, de mettre la main sur un grand monastère, celui de Saint-Vaast d'Arras, d'élever des prétentions sur Saint-Bertin, de s'emparer provisoirement des comtés de Ternois et de Vermandois, bref, de consolider ou de préparer son emprise sur l'ensemble des *pagi* riverains de la Canche.

La liberté d'action dont fait preuve Baudouin face à Eudes, et qui se prolongera sous Charles le Simple, est donc bien d'une certaine manière celle d'un prince. Sans doute moins spectaculaire, et assurément plus modeste que celle d'un Richard de Bourgogne ou d'un Bernard Plantevelue, la réussite de Baudouin, qui ne s'intitule ni *dux*, ni *princeps*, ni *marchio*, constitue un cas limite, lié au contexte très particulier d'insécurité que connaît le nord du royaume, et à une complète désintégration de l'administration royale en cette région. Elle témoigne de l'extraordinaire déliquescence de l'autorité monarchique au sein d'une *Francia* livrée dans un premier temps aux ravages des hordes vikings, puis déchirée par les querelles entre grands ou entre rois.

Il est enfin une autre conséquence majeure du règne d'Eudes qui, elle, s'inscrit à l'actif du personnage : le rôle désormais capital qu'après lui tout chef de la Neustrie sera appelé à jouer vis-à-vis de l'institution royale. Dans l'héritage d'Eudes figure d'abord une puissance territoriale propre qui va échoir à son frère Robert, cantonnant aux régions situées au nord de la Seine, entre Neustrie et Flandre, la capacité du roi d'agir directement sur les principaux titulaires d'*honores*. Mais surtout, la royauté d'Eudes constitue un précédent, générateur d'un droit potentiel des Robertiens à parvenir à la royauté, qui suffit à modifier très profondément le jeu politique. Il imposera au Carolingien de gouverner sans heurter de front les intérêts robertiens ; il permettra au Robertien de se prévaloir d'un rôle de gardien et de protecteur du trône, d'une vocation privilégiée à seconder le roi par *l'auxilium* et le *consilium* : l'aide, de nature essentiellement militaire, et le conseil, qui s'analyse davantage comme source d'obligation pour le monarque, tenu de suivre les avis de son entourage, que comme élément de l'obligation du fidèle. Conseiller privilégié du roi carolingien, le Robertien se considérera en toute logique comme habilité à juger ses actes, à pallier ses carences, voire même à assurer la relève en cas de défaillance.

Ainsi, avec Eudes, le centre de gravité autour duquel s'ordonnait la vie politique du royaume a soudainement changé. Des rives de la Marne et de l'Austrasie carolingienne, il s'est déplacé vers celles de la Seine, vers les confins de la Neustrie robertienne et vers Paris. La ville dont Eudes fut le comte sera désormais l'observatoire privilégié des maîtres de la Neustrie face au pays carolingien, face à la « montagne de Laon », ultime et dérisoire refuge d'une dynastie sur le déclin.

CHAPITRE II

Robert

Au moment où Charles le Simple succède à Eudes, le second fils et homonyme de Robert le Fort occupe déjà une place éminente sur la scène politique du royaume occidental. Sous le prédécesseur d'Eudes, Charles le Gros, Robert détenait un *honor* comtal, dont on ignore le siège, ainsi que la charge d'abbé laïque de Marmoutier, acquise aux lendemains de la mort d'Hugues l'Abbé. Après l'accession d'Eudes au trône, il semble que, soucieux de respecter la tradition voulant que le monarque n'administre en propre aucun *pagus,,* le nouveau roi ait abandonné à Robert l'intégralité de ses *honores :* des comtés parmi lesquels figurent ceux de Paris, Blois, Tours, Angers et Orléans ; des abbayes aussi, dont celles de Saint-Martin de Tours et de Saint-Aignan d'Orléans ; enfin et surtout, la marche de Neustrie : le soin de défendre ce *regnum* aussi bien contre l'expansion bretonne que contre l'envahisseur normand, avec prééminence au moins d'ordre militaire sur tous les comtes de la région.

En 888, Robert est donc devenu marquis entre Seine et Loire, ce qui ne signifie pas qu'il se comporte à l'égard du roi comme un « prince » entièrement libre de sa politique et de ses alliances. Au contraire, Robert agira tout au long du règne d'Eudes comme son fidèle, le suivant dans la totalité de ses entreprises militaires : ainsi lors de la longue campagne de 892-893 contre le chancelier Ebles et Guillaume le Pieux, au cours de laquelle Robert reçoit de son aîné le Poitou auquel il doit presque aussitôt renoncer ; ou encore lors de la lutte qu'Eudes doit soutenir contre les partisans de Charles le Simple de 893 à 897. Cette remarquable entente suffit à montrer que l'action de Robert en tant que marquis n'est rien d'autre que le prolongement de l'autorité de son royal frère. En Neustrie, Robert est donc un marquis au sens premier du terme, non un prince territorial. Tout montre cependant qu'il joue auprès de son aîné le rôle d'un conseiller privilégié pour les affaires du royaume ; et d'un conseiller fort utile, si l'on en croit le témoignage d'après lequel il aurait été, en 897, l'artisan de la réconciliation d'Eudes et de Baudouin de Flandre.

Par conséquent, il est difficile d'imaginer que la paix conclue en 897 entre le Carolingien et Eudes ait pu l'être sans son concours et son accord. Aussitôt après la mort de son frère, Robert a d'ailleurs reconnu Charles comme roi et lui a prêté hommage. L'historien Richer, qui écrit près d'un siècle plus tard, affirme que le Carolingien le fit alors « duc de la Gaule Celtique » (la Neustrie), « et le constitua à l'intérieur de ces limites ordonnateur de toutes choses ». Peut-être faut-il éviter de prendre à la lettre certains des renseignements fournis par Richer : Robert ne portera jamais le titre ducal que son propre fils, Hugues le Grand, ne revêtira lui-même qu'à partir de 936. Mais ce que dit le chroniqueur sur la nature de l'autorité qu'exerce Robert après 898 semble bien correspondre à la réalité politique du temps.

Plusieurs indices montrent ainsi que le frère de l'ancien roi est effectivement devenu « ordonnateur de toutes choses » en Neustrie. En 892, le comte Béranger du Mans, fidèle du roi Eudes, voyait simplement en Robert son *amicus*. En revanche, dans les années qui suivent l'avènement de Charles, le marquis de Neustrie est en mesure de nommer le titulaire du comté du Mans qui sera son fidèle. C'est probablement le signe d'un abandon par le roi, au profit du Robertien, du droit de nommer les titulaires d'*honores* de la région, ainsi que des fidélités que, vers 880 encore, les Carolingiens étaient en droit d'attendre de ces derniers. Il en est de même des terres du fisc, des palais royaux situés en Neustrie, voire même des grandes abbayes royales dont, de son vivant, Eudes avait eu la disposition en tant que roi. Dès 903, un texte nous montre ainsi Robert en possession de Saint-Denis, l'abbaye funéraire des rois où reposent côte à côte le Carolingien Charles le Chauve et le Robertien Eudes, qui tous deux la possédèrent. Vers la même époque, on le voit intervenir comme déten-

teur des abbayes de Saint-Germain-des-Prés et Saint-Benoît-sur
Loire.

Autant de signes de la reconnaissance par Charles le Simple de
ce nouvel ordonnancement du royaume dont, à la même époque,
profitent aussi Richard de Bourgogne et Guillaume le Pieux
d'Aquitaine. En 898, une principauté est donc bien née au profit
du Robertien. Ce changement n'est en somme que la conséquence logique des accords conclus un an plus tôt entre Eudes et
Charles, dont l'une des clauses devait être l'obligation faite au
Carolingien de reconnaître la primauté robertienne sur le *regnum*
de Neustrie, préalable nécessaire à la reconnaissance de Charles
comme successeur d'Eudes.

Pour l'heure, ce « transfert » de la puissance publique au profit
du prince robertien n'implique en aucun cas rupture entre celui-
ci et le roi. Au contraire, les relations qui vont se nouer entre
Charles et Robert comme d'ailleurs entre Charles et Richard de
Bourgogne témoignent, au moins jusqu'aux années 918-920, du
fonctionnement satisfaisant d'une nouvelle forme de gouvernement fondée sur l'entente.

ENTENTE ET COLLABORATION

Le nombre des diplômes de Charles le Simple mentionnant le
marquis Robert comme intercesseur est impressionnant : de 898
à 920, ils sont plus de vingt à attester la présence du Robertien
aux côtés du roi et certains d'entre eux sont éloquents. En 904,
Charles, dans un acte pour Saint-Martin de Tours dont Robert
est abbé, considère celui-ci comme son « très cher » *(admodum
dilectus)* ; onze ans plus tard, en 915, il l'appelle son *executor
fidelissimus,* son exécuteur très fidèle. En 918, le ton est encore
plus enthousiaste : Robert n'est rien moins que le *regni consilium
et juvamen,* « le conseil et le secours du royaume », un qualificatif
unique qui n'a d'égal que celui que, quelque trente ans plus tôt,
Carloman accordait à son protecteur, un autre marquis de Neustrie.

Ces égards exceptionnels ne trompent pas. Durant près de
vingt ans, Charles et Robert se sont bien entendus. Sans doute

a-t-il fallu dans un premier temps faire taire des préjugés, voire des rancœurs. Une brouille passagère survenue en 900 montre que les premières relations ne furent guère faciles : le roi Charles avait prêté une oreille complaisante à des propos injurieux tenus sur Robert par le comte Manasses, lieutenant de Richard de Bourgogne. Apprenant cela, Robert avait aussitôt quitté la cour. La rupture avait été suffisamment grave, ou suffisamment longue, pour que l'annaliste de Saint-Vaast d'Arras trouvât un intérêt à relater l'incident, lequel a surtout le mérite de suggérer que les premières années du règne furent marquées par une sourde lutte d'influence entre le prince bourguignon et le marquis de Neustrie, et qu'en tout état de cause Neustriens et Bourguignons fréquentaient assidûment l'entourage de Charles le Simple.

Quoi qu'il en soit, dès 903, tout semble être rentré dans l'ordre et l'active collaboration qui marque les années suivantes va se traduire par la participation du Robertien aux deux grandes entreprises du règne de Charles III.

La première concerne la solution du problème normand, car l'avènement de Charles a coïncidé avec une recrudescence des raids danois sur le royaume occidental. En 898, l'envahisseur s'aventure jusqu'au cœur de la Bourgogne où il pille les monastères de Bèze et de Saint-Vivant de Vergy. Dans les années suivantes, les Normands consolident leur implantation de part et d'autre de l'embouchure de la Seine avant de se lancer, sous le commandement de Rollon, dans de nouvelles razzias qui, à travers la Neustrie, vont les conduire jusque sous les murs d'Auxerre et de Bourges.

Cette fois pourtant, le monde franc, longtemps paralysé, va savoir réagir, et dans cette riposte, l'ordre politique issu du règne d'Eudes va montrer son efficacité. En décembre 898, Richard de Bourgogne remporte non loin de Tonnerre une éclatante victoire sur les bandes normandes qui viennent de mettre la Bourgogne à feu et à sang. L'événement est considérable : pour la première fois, la riposte s'est produite, non plus dans la dispersion et l'improvisation, mais sous l'égide d'un prince capable d'unir sous sa bannière ses grands vassaux et leurs clientèles de guerriers d'élite, capable aussi d'adopter une stratégie permettant de localiser en permanence et de prendre de vitesse un adversaire jusqu'alors insaisissable.

La leçon est désormais claire. Sans doute le roi n'est-il pas mis à l'écart de toute action de défense : le rôle qu'on le verra bientôt jouer dans la pacification normande paraît bien montrer que la *tuitio regni,* la protection du royaume contre l'ennemi du dehors, demeure l'attribut par excellence de la royauté. Au surplus, Charles III semble remplir en Francie du Nord la tâche défensive qu'assume Richard en Bourgogne : en l'an 900, il est sur l'Oise en compagnie de ses grands et organise la ligne de défense face aux Normands de la Basse-Seine. Il reste qu'en Neustrie et Bourgogne, c'est aux princes que revient l'impulsion première. L'illustration la plus remarquable de cette nouvelle réalité apparaît dans les événements qui surviennent en l'an 911. Au début de l'été, les Normands de Rollon attaquent en masse la ville de Chartres, défendue par son évêque, Jousseaume. Pour faire face à l'invasion de son État, le marquis Robert n'est cette fois pas seul : Richard de Bourgogne et son principal fidèle, le comte Manassès, sont là, entourés de leurs guerriers ; le comte de Poitou Ebles-Mancer a aussi répondu à l'appel. Sous les murs de Chartres, le 20 juillet, la coalition des princes va faire merveille : leur cavalerie taille en pièces l'armée normande, et Rollon doit précipitamment battre en retraite, laissant sur le terrain des milliers de morts.

Charles le Simple et les contingents de la *Francia* n'ont pas participé au combat. La victoire de Chartres est celle des princes, non du roi : des princes, qui ont su faire taire leurs rivalités pour montrer, par une action concertée, que l'agresseur normand ne pouvait rien face à l'union des forces du royaume. Pourtant, au lendemain de la bataille, les princes, et en tout premier lieu le marquis Robert, vont accepter que leur roi prenne en main la question normande. C'est à Charles que va revenir, en vertu de cette *tuitio regni* qui n'appartient qu'à lui, le soin de la résoudre politiquement. De leur propre initiative et en toute liberté, les princes ont fait la guerre pour la défense de leur terre ; en plein accord avec eux, Charles va faire la paix pour la défense du royaume.

Quand et comment ? Sur ces deux questions, l'historien n'a aucune véritable certitude et doit se contenter, pour le détail, du récit tardif (début XIe siècle) du chanoine Dudon de Saint-Quentin, biographe et flagorneur patenté des ducs normands. De ce

récit très orienté où il est bien difficile de faire la part du vrai et
du faux, il ressort qu'aux lendemains de la victoire de Chartres,
Charles le Simple, assisté par le marquis Robert, entama avec
Rollon des pourparlers qui, on le sait, débouchèrent sur le traité
de Saint-Clair-sur-Epte : en échange de son baptême, d'un serment de fidélité au roi et de la promesse de ne plus porter la
guerre en pays franc, Rollon recevait de Charles plusieurs comtés
situés entre l'Epte, l'Eure, la Dives et la mer. On connaît la façon
plutôt cavalière dont, au dire de Dudon, le chef normand aurait
fait acte de soumission. Répugnant à baiser, selon la coutume, le
pied du monarque en signe d'allégeance, Rollon en aurait laissé le
soin à l'un de ses compagnons. Celui-ci fit mine de se prosterner,
s'empara du pied royal et se releva brusquement, le pauvre Charles se retrouvant le dos à terre et la jambe en l'air ! Nul ne le
conteste : l'épisode est de l'invention de l'imaginatif chanoine,
conscient que le meilleur moyen d'atténuer la portée de la soumission de Rollon était de mettre les rieurs de son côté, de
recourir au burlesque et à la caricature afin d'écorner quelque peu
l'image de marque du Carolingien et de ses Francs.

Compte tenu des libertés que prend Dudon à l'égard de l'histoire, les spécialistes n'ont pas manqué de se demander si l'entrevue de Saint-Clair-sur-Epte avait réellement eu lieu. Aucun texte
contemporain ne le confirme. Il est cependant à peu près sûr
qu'un accord a été conclu peu après la bataille de Chartres entre
Charles et les Normands, bien qu'il soit difficile d'en préciser la
date et d'affirmer que, du côté des Vikings, le chef Rollon fût
l'unique interlocuteur du roi, Un diplôme royal du 14 mars 918
fait incidemment état d'une abbaye concédée par Charles aux
« Normands de la Seine, c'est-à-dire à Rollon et à ses compagnons ». De son côté, Flodoard, qui commence quelques années
plus tard la rédaction de ses *Annales*, parle de « la terre concédée
aux Normands » en mentionnant Charles comme donateur et
suggère que la question de la conversion avait effectivement été
au centre des négociations entre Francs et Normands. Nous
savons d'ailleurs, grâce aux récents travaux d'O. Guillot, que
c'est à Reims, sous l'égide de l'archevêque Hervé, le propre chancelier de Charles, que fut par la suite activement préparée l'entreprise de conversion. La trame générale du récit de Dudon semble
donc assez proche de la vérité.

Peut-on en dire autant du rôle de premier plan que Dudon assigne au marquis Robert, véritable incitateur, présenté aussi comme le parrain de Rollon lors de son baptême ? On chercherait vainement un texte contemporain confirmant ces assertions, mais on imagine assez mal que l'abandon de comtés, dont certains relevaient de la Neustrie, ait pu avoir lieu sans une étroite concertation entre le roi et le marquis. Celle-ci, du reste, découlait d'une autre nécessité : celle du gouvernement par conseil. Mais l'essentiel n'est-il pas de constater qu'aux lendemains de sa victoire de Chartres, le marquis de Neustrie a accepté qu'un acte politique de première importance, intéressant la sécurité du royaume, mais d'abord celle de la Neustrie, puisse être revêtu de l'autorité exclusive du roi ? Si Robert consent ainsi à ce que Charles agisse en souverain dans cette région, c'est peut-être parce que lui-même entend remplir auprès du monarque une fonction à part, qui le situe à l'échelle du *regnum Francorum* et le place très au-dessus de n'importe quel grand du royaume.

Reste le rôle joué par Robert dans l'autre entreprise majeure du règne de Charles III : la reprise en main de la Lotharingie, abandonnée en 880 par ses aînés, Louis III et Carloman, aux rois de Germanie. Le Carolingien y songe sans doute dès son avènement, notamment en soutenant activement, puis en accueillant à sa cour de grands aristocrates lorrains qui, tel le comte de Hainaut Rainier-au-Long-Col, se sont exilés dans le royaume de l'Ouest par refus de l'autoritarisme déployé par Zwentibold, le fils d'Arnulf. La Lorraine, c'est le berceau de la dynastie, le pays franc par excellence, englobant la prestigieuse Aix-la-Chapelle ainsi que les riches cités de Cologne, Trèves, Metz, Verdun, Liège et Cambrai. Pour Charles, recouvrer ce pays qui avait au moins partiellement appartenu à son aïeul, Charles le Chauve, ce n'est pas simplement retrouver ses racines, c'est aussi se donner de nouveaux moyens, compenser vers l'est une autorité défaillante au sein du royaume occidental.

Cependant, tant qu'un Carolingien régnera à l'est, Charles ne réussira pas à s'implanter en Lorraine. C'est ainsi qu'après la chute de Zwentibold, en l'an 900, les Lorrains lui préfèrent le dernier fils d'Arnulf, Louis IV l'Enfant. Sous le règne nominal de ce dernier, la Lorraine va passer pour dix ans sous la domination de la puissante famille des ducs de Franconie dont le chef, le duc

Conrad, exerce une régence de fait sur le royaume germanique. Puis, d'un coup, la chance sourit à Charles. En 910, le Franconien Gebehard que son frère Conrad avait installé en Lorraine avec le titre ducal, meurt dans une bataille contre les Hongrois. Rainier, l'ami de Charles, redevient le principal personnage du pays. Un an plus tard, en 911, c'est au tour du roi Louis l'Enfant de disparaître. Se produit alors en Germanie ce que, vingt ans plus tôt, le royaume occidental avait connu avec l'avènement d'Eudes : un non-Carolingien, Conrad de Franconie, devient roi.

C'est le moment choisi par Rainier pour rejeter la domination franconienne et faire appel à Charles, le dernier des Carolingiens. Vers la fin de 911, celui-ci est accueilli à Aix-la-Chapelle par les grands de Lorraine qui l'acclament comme roi, et l'un de ses premiers gestes est de faire de Rainier son représentant dans ce royaume avec le titre de marquis.

On ne saurait dire quelle part exacte Robert a pris à ce succès. Mais il est certain que cette affaire n'a rien changé, tout au moins dans l'immédiat, à l'influence dominante du Robertien à la cour du roi. Que Charles fasse campagne en Lorraine et Alsace, comme en 913 et 915, et l'on voit Robert remplir ses obligations vassaliques à la tête des contingents de Neustrie. C'est d'ailleurs à cette époque, en 914, qu'il requiert et obtient du roi la reconnaissance des droits de son fils Hugues à sa succession ; c'est à cette époque aussi que Charles, dans ses diplômes, lui confère les qualificatifs les plus élogieux. En 918 encore, l'entente semble parfaite.

Pourtant, depuis déjà un an, le Carolingien a commencé de subir l'influence néfaste d'un homme d'origine lorraine, Haganon, qui ne va pas tarder à faire le vide dans son entourage et provoquer à terme la rupture avec le Robertien.

VERS LA RUPTURE

Destin à la fois étonnant et dérisoire que celui de ce roi qui, en pleine ascension, soutenu dans son entreprise de *renovatio regni Francorum* par le plus puissant prince de son royaume, Robert de Neustrie, et par l'un des plus remarquables prélats de son temps, Hervé de Reims, se laisse soudainement emporter par une passion immodérée au point d'en perdre toute clairvoyance et tout sens politique. « Par amour pour Haganon » — *ob Haganonis amorem*, dira l'annaliste Flodoard —, Charles, prince jusqu'alors avisé et audacieux, va brusquement tout détruire de ce qui avait fait sa force.

La première grave crise au sein du royaume occidental nous est connue grâce à Flodoard : « L'an de l'incarnation du Seigneur 920, presque tous les comtes de la *Francia* rassemblés à Soissons abandonnèrent Charles parce qu'il ne voulait pas se défaire de son conseiller Haganon, homme d'origine médiocre dont il avait fait un puissant. » Cette laconique relation ne révèle qu'à demi-mot le véritable motif de ce face-à-face dramatique entre Charles et ses grands. Ces derniers lui reprochent d'avoir enfreint ce qui, depuis le règne de Charles le Chauve, est devenu un impératif absolu : le gouvernement par le conseil des plus grands du royaume, dont la *sanior pars,* la partie la plus saine, doit pouvoir s'exprimer plus haut que toute autre et orienter la décision royale. Or la faute de Charles est d'avoir cessé de requérir les conseils de cette *sanior pars,* c'est d'avoir prétendu gouverner le royaume occidental en se contentant des conseils d'un seul, d'un parvenu, d'un personnage qui — et c'est peut-être le plus grave — n'appartient pas au royaume franc.

Pour Charles, la crise ouverte par la dramatique réunion de Soissons est d'autant plus périlleuse que, par ailleurs, sa position s'est brusquement détériorée en Lorraine. Rainier-au-Long-Col, son allié, est mort quelques années plus tôt. Maladroitement, Charles a refusé la fonction de marquis à son héritier, Gilbert, dont il s'est fait un redoutable adversaire. Depuis 919, Gilbert mène en Lorraine sa propre politique, débauche les fidèles du roi en leur concédant des terres d'Église et finit par s'allier à Henri de Saxe, qui vient de succéder à Conrad sur le trône de Germanie.

Charles le Simple, en cette année 920, est donc un homme seul. Sans doute le silence de Flodoard concernant Robert laisse-t-il à penser que ce dernier n'assistait pas à la réunion de Soissons, où n'étaient probablement présents que les seuls grands du Nord. Mais son inaction en dit long sur sa propre position. A en croire Flodoard, la crise se prolongea plus de sept mois durant lesquels

Charles, roi sans réels pouvoirs, eut pour unique protecteur
l'archevêque Hervé de Reims.

Le 11 juin 921, Robert et Charles sont à nouveau réunis au
palais royal d'Attigny. Agissant en fidèle apparemment respectueux de l'autorité de son roi, le marquis de Neustrie y requiert
un diplôme royal au profit du monastère de Saint-Amand dont il
est abbé. Pourtant, un événement qui se produit vers la même
époque témoigne du profond changement qui affecte alors les
relations entre les deux hommes. Flodoard relate qu'en cette
année 921 Robert, après avoir assiégé pendant plus de cinq mois
les Normands de la Loire, « reçut d'eux des otages et leur concéda
la Bretagne qu'ils avaient dévastée, ainsi que le *pagus* de Nantes ». L'annaliste ajoute que les Normands commencèrent alors
« à recevoir la foi du Christ ». Robert réitère ainsi, au profit des
Normands de la Loire, la politique suivie dix ans plus tôt à
l'égard de Rollon et des Normands de la Seine. L'ultime précision de Flodoard semble d'ailleurs indiquer que la conversion
des Normands au christianisme figure, comme en 911, parmi les
conditions de la paix proposée par le marquis de Neustrie.
Dix ans auparavant, le traité de Saint-Clair-sur-Epte avait été
conclu par le roi lui-même, ou tout au moins sous le sceau de son
autorité. Rien de tel en 921 : c'est Robert, et lui seul, qui traite.
Dans des circonstances apparemment analogues, le Robertien ne
s'est pas préoccupé d'associer Charles le Simple à une décision
pourtant capitale. Ce camouflet à l'autorité royale donne la
mesure du chemin parcouru en une décennie.

Il reste que la présence de Robert auprès du Carolingien, le
11 juin 921, laisse supposer que Charles a accepté d'éloigner son
favori et de remettre de nouveau le traitement des affaires du
royaume occidental à son entourage de grands. Dès lors, le roi
paraît avoir retrouvé assez d'autorité pour résoudre à son avantage la question lorraine. Vers la fin de l'année a lieu sur le Rhin,
non loin de Bonn, une rencontre entre Charles et le nouveau roi
de Germanie, Henri Ier l'Oiseleur. Charles accepte de reconnaître
la royauté d'Henri, ce qui vaut de sa part renonciation à l'héritage
germanique auquel il pouvait prétendre en tant que dernier
représentant de la dynastie carolingienne. Mais en échange, il se
voit reconnaître par Henri la possession de la Lotharingie et
reçoit la soumission du duc Gilbert. En somme, grâce au soutien

actif de l'archevêque de Reims, et probablement aussi du marquis de Neustrie, le Carolingien a pu redresser une situation qui, quelques mois plus tôt, paraissait désespérée.

Pourtant, presque aussitôt, Charles va commettre l'irréparable. Croyant sans doute avoir pleinement rétabli sa position, il rappelle Haganon et tente à nouveau de l'imposer aux grands du royaume occidental. Pour qu'Haganon puisse intervenir dans les affaires du royaume de l'Ouest, il faudrait que le roi lui concède un *honor* en son sein. C'est ce que va faire Charles : au printemps de l'année 922, il retire à sa tante Rothilde la riche abbaye de Chelles pour la donner à son favori. Le geste est doublement maladroit. D'abord parce qu'il est acquis depuis longtemps que le roi ne peut, sauf cas de trahison ou de forfaiture, retirer sans compensation un *honor* à l'un quelconque de ses fidèles. Ensuite et surtout parce que l'affront fait à Rothilde est loin d'être neutre : Rothilde, fille de Charles le Chauve et épouse du comte du Maine, est aussi la belle-mère d'Hugues, le fils du marquis Robert. C'est donc tout le clan robertien qui se trouve concerné par l'affront et qui va y répondre par l'insurrection. Une insurrection d'autant plus grave que Robert et Hugues vont entraîner dans leur sillage de très nombreux grands, ulcérés par le comportement du roi : presque tous les comtes de la *Francia,* pourtant vassaux directs du Carolingien, le duc de Bourgogne Raoul, fils et successeur de Richard, qui a épousé une fille de Robert de Neustrie ; enfin, plus grave encore, les vassaux de l'archevêché de Reims, et peut-être même cet archevêque Hervé qui, un an plus tôt, avait seul secouru le monarque abandonné.

Au total, c'est une formidable coalition qui, en cette année 922, va rejeter l'autorité de Charles et se donner un nouveau roi : le marquis Robert.

L'USURPATION

Grâce à Flodoard, témoin des événements, nous pouvons reconstituer jusque dans ses moindres détails le drame qui se joue à partir du mois d'avril 922. Aussitôt connue la nouvelle de la dépossession de Rothilde, le fils de Robert, Hugues, a gagné à sa cause les vassaux de l'église de Reims et certains comtes de *Francia*. A la tête d'une armée de deux mille guerriers, il a fait mouvement vers Laon, obligeant Charles et Haganon qui y résidaient à se replier précipitamment vers la Lorraine en compagnie du comte Herbert de Vermandois. Hugues a poursuivi Charles jusqu'à la Meuse, où il s'est assuré l'alliance de Gilbert de Lorraine. De son côté, le marquis Robert a fait sa jonction avec l'armée bourguignonne commandée par son gendre, le duc Raoul. Les combats ont alors commencé.

Prenant l'offensive, Charles et sa poignée de Lorrains se sont jetés sur le Rémois, détruisant le château d'Omont, s'emparant de celui d'Épernay, livrant au pillage les possessions de l'église de Reims. Puis, le jour de la Pentecôte, l'ost royal a tourné ses armes contre Reims. En vain, car les habitants de la cité épiscopale lui ont infligé des pertes considérables, l'obligeant à rompre le combat. Peu après ce premier revers, Charles a pris connaissance d'un autre désastre : Laon, sa capitale, n'a pas résisté à l'assaut donné par le marquis Robert. Un instant, le Carolingien a songé à se porter contre la ville. Mais voyant son armée démoralisée, laminée par les défections, il s'est résolu à abandonner la lutte et à franchir la Meuse pour se réfugier chez ses derniers fidèles lorrains.

Robert est désormais maître du terrain et sa position n'a jamais été aussi forte. Là où Eudes, trente-quatre ans plus tôt, ne pouvait compter que sur l'appui de la Neustrie, Robert, lui, est parvenu à tisser autour de sa personne un solide réseau d'alliances. En Lorraine, où Charles garde encore quelques partisans, le duc Gilbert lui est favorable ; la Bourgogne de Raoul lui est tout acquise ; quant à la *Francia*, autrefois si hostile à Eudes, elle a cette fois remarquablement soutenu Robert contre son propre maître. Sans doute l'un de ses principaux comtes, le Carolingien Herbert II, a-t-il pris le parti de Charles, comme l'avait fait trente ans plus tôt son père Herbert Ier. Mais Herbert est à double titre très proche du marquis de Neustrie : il a épousé une fille que Robert a eue d'un premier mariage, et Robert, de son côté, a épousé en secondes noces une sœur d'Herbert. La soumission d'Herbert n'est donc qu'une question de temps ; peut-être même est-elle déjà faite au lendemain de la prise de Laon.

Restent les autres princes. Arnould de Flandre est indifférent.

Les Aquitains n'approuvent guère : après le sacre de Robert, les *scriptoria* [1] ecclésiastiques de Poitiers, Limoges, Brioude, Conques, persisteront à dater leurs actes du règne de Charles le Simple. Quant aux Normands de Rouen, ils voient d'un très mauvais œil la fortune abandonner le roi qui avait légitimé leur installation dans les *pagi* de la Basse-Seine : « Ton seigneur veut galoper trop vite et outrepasser le droit. Qu'il se contente de ruiner les affaires du roi ; je ne veux pas qu'il ait la royauté. » Ainsi aurait répondu, selon le témoignage plus que douteux de Dudon de Saint-Quentin, le comte Rollon à l'émissaire de Robert venu sonder les intentions du chef normand.

Cependant, personne, à l'exception peut-être des Normands eux-mêmes, ne semblait prêt à marcher au secours de Charles. Vraie ou apocryphe, la repartie de Rollon illustre assez bien ce mélange d'hostilité à l'égard des ambitions de Robert, et d'indifférence au sort du Carolingien, qui semble avoir dominé chez les principaux grands étrangers à la *Francia*. C'est donc fort de l'alliance des uns et de l'inertie des autres que Robert peut, le 29 juin 922, faire ce que son aîné n'avait pas osé tenter : prendre la place d'un Carolingien encore bien vivant.

« Les Francs, relate Flodoard, élirent Robert comme leur seigneur et se commandèrent à lui ; c'est pourquoi, poursuit-il, celui-ci fut institué roi à Saint-Remi de Reims par les évêques et les grands du royaume. » Peut-être est-ce par fierté froissée que l'annaliste de Reims tait le nom du prélat consécrateur, qui n'est pas son archevêque, alors à l'agonie, mais l'archevêque Gautier de Sens, rival traditionnel du métropolitain de Reims, le même qui, trente-quatre ans plus tôt, avait sacré le premier roi robertien. Cela, toutefois, n'empêche pas Flodoard de noter ce qui fait de l'usurpation de Robert une royauté légitime : l'élection par les grands, plus forte que le principe héréditaire ; le sacre de Reims en présence des évêques et des grands. Flodoard est un réaliste : il a accepté le changement de roi comme une solution que la conjoncture politique a rendue inévitable et, somme toute, normale.

Soixante-dix ans plus tard, Richer, à l'instar d'autres chroniqueurs de son époque, préférera s'apitoyer sur le sort du malheu-

---

1. Atelier d'écriture (singulier : *scriptorium*).

reux Charles et présenter Robert comme un vassal félon et un usurpateur. Mais Richer vit à une époque où l'imaginaire collectif a commencé de s'emparer d'un thème qui semble au cœur des préoccupations de ses contemporains : celui du respect de l'engagement pris par serment, de la fidélité du vassal à l'égard de son seigneur. Son œuvre est pleine d'allusions critiques à la félonie et il n'y a en cela rien de fortuit : son époque est par excellence celle des trahisons, du non-respect de la parole donnée érigé en principe d'action. Mais ce n'est pas la seule explication. Comme l'a montré tout récemment K.F. Werner, l'idée d'une légitimité dynastique des Carolingiens est paradoxalement plus forte à la fin du Xe siècle, au temps d'Hugues Capet, qu'elle ne l'était à l'époque de la déchéance de Charles. En condamnant l'usurpation de Robert, Richer se fait l'écho de ce phénomène, sur lequel nous aurons l'occasion de revenir.

Il reste que, si l'on se place à l'époque des événements, c'est la façon de voir de Flodoard qui prévaut : acclamé par les Francs, sacré selon la tradition, Robert est bien aux yeux de ses contemporains, de ceux que concerne son usurpation, un roi à part entière. Reconnu par le pape Jean X, il va l'être aussi par Henri Ier de Germanie lors d'une rencontre qui a lieu au début de 923 sur les bords de la Ruhr. Henri ne s'est d'ailleurs pas contenté de reconnaître Robert comme roi des Francs de l'Ouest : il l'a reconnu aussi comme roi de Lotharingie en renouvelant à son profit les termes du traité conclu un an plus tôt avec Charles. Vaincu et abandonné, le Carolingien n'est donc plus rien.

La royauté de Robert sera de courte durée. En un ultime sursaut d'énergie, Charles, moins d'un an plus tard, va tenter avec ses derniers partisans lorrains un audacieux coup de main contre son adversaire qui a commis l'imprudence de licencier son armée. Le 15 juin 923, se déroule non loin de l'abbaye Saint-Médard de Soissons une bataille confuse, dont l'issue n'est certes pas favorable à Charles, contraint à la retraite. Mais au cœur de la mêlée, le roi Robert a trouvé la mort « transpercé par des lances », précise Flodoard, terrassé « par le jugement de Dieu », corrige une chronique hostile au Robertien, « tué par Charles de ses propres mains », renchérit le continuateur de Réginon de Prüm.

Ces versions dramatiques, tout comme les récits légendaires

forgés par la suite sur le roi Robert, sont significatives : l'histoire a rendu son jugement. La mort de Robert est inséparable de son usurpation : elle est châtiment et l'on ne doutera pas, à la fin du Xe siècle, qu'elle n'ait été conforme à une juste sentence de la divinité. Son règne, l'un des plus courts de l'histoire de France, n'en a pas moins constitué une étape de plus dans l'altération du principe dynastique, déjà si malmené par l'avènement d'Eudes, trente-cinq ans plus tôt. A deux reprises, en 920 et 922, les grands du royaume de l'Ouest se sont érigés en juges des actes et de la capacité d'un roi régnant, d'un roi qui ajoutait à la légitimité tirée de l'élection et du sacre une légitimité fondée sur la naissance. Cette double légitimité, que seul un Carolingien était en droit d'invoquer, n'a pas permis à Charles de sauver son trône. Reconnu « sous conditions » au lendemain de la mort d'Eudes, Charles a été déposé pour avoir tenté de rompre l'équilibre politique qui s'imposait à lui. Dès lors, la légitimité a changé de nature et de fondement. En 922, un roi n'est légitime qu'autant qu'il accepte le principe du gouvernement « par conseil » et qu'il n'entreprend pas de remettre en cause le nouvel ordre politique : cet ordre des princes qui est désormais celui de Dieu.

CHAPITRE III

Hugues le Grand

La mort de Robert ne devait rien changer à la situation du Carolingien. Les grands de France refusèrent de se rallier, et c'est peut-être alors que Charles commit sa plus lourde faute. Pour vaincre la rébellion, il n'hésita pas à appeler à son secours le chef viking Rögnvald qui occupait avec ses Normands païens l'estuaire de la Loire. C'était pactiser avec le Diable. Et de la part d'un roi, même déchu, ce geste équivalait à une trahison : la mission d'un roi n'était-elle pas de lutter sans relâche contre les ennemis de Dieu ? Charles le Simple s'était donc définitivement disqualifié et les grands n'hésitèrent plus. Une fois de plus, ils élirent un roi non carolingien en la personne du duc bourguignon Raoul, le fils de Richard le Justicier.

Ce choix qui paraissait exclure la solution robertienne et ne pas tenir compte des droits éventuels du fils de Robert, Hugues, n'est surprenant qu'en apparence. Si Hugues n'est pas devenu roi, ce n'est pas, comme on a pu le croire, par hostilité des grands à l'égard d'un retour de l'hérédité au profit d'une nouvelle lignée royale. Vraisemblablement, Hugues a lui-même refusé la royauté, et la raison en est simple : comme l'a montré K.F. Werner, son élection l'aurait obligé à gouverner selon la tradition royale, c'est-à-dire à renoncer à posséder en propre les comtés et les abbayes que, conformément à cette même tradition, son père Robert lui avait abandonnés au moment de devenir roi. Or, contrairement à Robert, contrairement aussi à Eudes, Hugues n'a ni frère ni fils à qui confier ses *honores* et son commandement neustrien : il lui faudrait disperser ceux-ci entre ses propres fidèles, ce qui impliquerait l'éclatement et, à terme, la dislocation de la puissance que représente alors la maison robertienne. Cela, Hugues ne l'a pas voulu, et c'est probablement pour cette seule raison qu'il n'est pas devenu roi, préférant laisser le champ libre à Raoul de Bourgogne, son beau-frère, pour qui le problème ne se pose pas : Raoul a plusieurs frères en âge de lui succéder à la tête de la principauté bourguignonne, et c'est l'un d'eux, Hugues le Noir, qui va recueillir l'intégralité de ses *honores*.

Au surplus, l'accession de Raoul à la royauté, le 13 juillet 923, n'est peut-être pas étrangère à sa qualité de gendre du précédent roi. Comme l'avaient fait les monarques du IXe siècle pour nommer leurs comtes, comme l'avaient aussi fait, en 885, les grands en élisant l'empereur Charles le Gros, les princes du Xe siècle se contentaient somme toute de désigner au sein d'une même famille large leur candidat à la royauté, un candidat qui, en outre, offrait une garantie fondamentale : prince territorial, Raoul ne pouvait, sans risquer de détruire les bases de sa propre puissance, rompre l'équilibre politique et menacer cet ordre des princes dont son élection, après celle de Robert, consolidait le triomphe.

C'est dire que, bien que Flodoard n'en ait soufflé mot, il ne fait pas l'ombre d'un doute qu'Hugues a participé à l'élection de Raoul, lui a prêté serment et s'est vu confirmer par lui ses *honores* neustriens et d'abord la primauté sur la région située entre Seine et Loire. Sans doute ces *honores* ne représentent-ils pas la totalité de ceux que Robert avait possédés au temps où il était marquis de Neustrie. Parmi ceux-ci, il en est qui, selon toute vraisemblance, ont déjà échappé aux Robertiens ou sont sur le point de passer en d'autres mains : ainsi l'abbaye de Saint-Amand qui, en 925, relève pour quelque temps du comte Roger de Laon. Il n'est pas impensable que le roi Robert en ait fait le prix de la fidélité de ce personnage, chargé de la lourde responsabilité de garder Laon contre Charles et ses partisans. Il est vrai qu'Hugues a hérité les principales abbayes tenues traditionnellement par le maître de la Neustrie : Saint-Martin de Tours, Marmoutier, Saint-Denis, Morienval, Saint-Aignan d'Orléans, Saint-Germain-des-Prés, Saint-Maur-des-Fossés. Et celles-ci, avec leurs immenses domaines fonciers éparpillés dans toute la Neustrie, renforcent encore l'assise de son pouvoir là où sont situés ses principaux comtés (Paris, Étampes, Tours, Orléans), auxquels s'ajoutent les *pagi* de Blois, Chartres et Châteaudun. Cependant, un comté d'une importance stratégique capitale paraît tout près d'échapper à Hugues, si ce n'est pas déjà fait : celui d'Angers dont le vicomte, Foulques le Roux, s'emparera du titre comtal avant la fin des années 920. Cette réussite d'un simple vicomte qui, il est vrai, a été un temps comte de Nantes face aux Normands, constitue un signe précurseur. Elle annonce celles d'autres vicomtes installés dans les *pagi* moins excentrés qui ne semblent pas a priori devoir échapper aux Robertiens : Tours, Blois, Chartres, Châteaudun. Elle préfigure la dissociation prochaine de la principauté robertienne selon un processus qui ne sera pas sans rappeler celle qu'avait subie, deux générations plus tôt, le *regnum Francorum*.

Mais, en ces années 920, la réussite de Foulques le Roux est encore quelque chose d'exceptionnel, tout au moins dans le cadre de la principauté robertienne. Sans doute y a-t-il entre Loire et Seine d'autres territoires qui échappent à Hugues : les *pagi* normands de la Seine, tenus pour quelques années encore par Rollon avant d'échoir à son fils Guillaume Longue-Épée ; le pays de Nantes, perdu au profit des Normands de la Loire ; celui du Mans, possédé par une dynastie comtale, puis concédé en 923 par Raoul à Hugues qui en disposera un an plus tard au profit des Normands. Partout ailleurs, il semble que le nouveau marquis exerce soit une autorité directe, soit une suprématie sur les comtes locaux qui sont ses fidèles. La *terra Hugonis* [1], c'est ainsi que Flodoard appelle la région d'entre Seine et Loire, et c'est bien comme telle qu'elle apparaît au lendemain du couronnement de Raoul.

Le fils du roi Robert en sera le détenteur pendant plus de trente ans, jusqu'à sa mort en 956. Doué d'un remarquable sens politique, Hugues « le Grand » va élargir les assises de sa primauté au point d'apparaître un temps comme l'arbitre des destinées de la royauté, et consolider encore ce capital de puissance et d'influence grâce auquel son fils Hugues Capet, prince pourtant sur le déclin, sera en mesure de se saisir du trône et de le transmettre à sa descendance.

1. La « terre d'Hugues ».

Pour Hugues, cependant, la période correspondant au règne de Raoul paraît avoir été celle des seconds rôles. Un autre grand, Herbert, comte de Vermandois, occupe l'avant-scène et, durant près de dix ans, impose son rythme aux autres acteurs : au roi Raoul d'abord, mais aussi au chef de la Neustrie qui mettra quelque temps à s'affirmer comme personnage central du jeu politique.

A L'OMBRE D'HERBERT DE VERMANDOIS

Relatant les événements qui se déroulent en cette année 923, Flodoard, après avoir laconiquement mentionné l'élection et le sacre du roi Raoul à Soissons, devient soudain très prolixe sur ce que l'Histoire ne va pas tarder à retenir comme l'archétype de la trahison. Agissant sans doute en plein accord avec le nouveau roi, Herbert de Vermandois a imaginé de s'emparer de la personne de Charles le Simple en lui faisant croire qu'il ralliait sa cause alors qu'il l'attirait dans un guet-apens. Le plan réussit et l'on sait que le malheureux Charles passera la majeure partie des six dernières années de son existence enfermé à Château-Thierry, puis à Péronne où il mourra en 929.

Lorsqu'il relate l'événement, Flodoard ne s'indigne pas, mais la longueur inhabituelle du récit témoigne de l'intérêt et de la curiosité qu'il éveille chez lui. Les chroniqueurs qui n'ont pas sa sobriété ont en revanche stigmatisé la perfidie du personnage. Comme pour l'usurpation de Robert, il fallait que la morale fut sauve, et l'idée d'un juste châtiment de Dieu s'est fait jour dans l'imaginaire collectif ; les chroniqueurs plus tardifs, tels Folcuin, l'anonyme de Laon ou Guillaume de Nangis, accueilleront très largement la légende selon laquelle Herbert, traître comme Judas, serait mort par pendaison sur l'ordre du roi Louis IV, le fils du prisonnier de Péronne.

Qui était ce personnage inquiétant ? Et quel but poursuivait-il ? Herbert est l'un des rares grands du Xᵉ siècle sur l'origine duquel les historiens savent à peu près tout. La raison en est simple et tient à la qualité même de cette origine : Herbert est un authentique Carolingien, issu en droite ligne du premier fils de

Charlemagne, Pépin d'Italie. Curieuse destinée que celle de cette branche aînée de la dynastie, qui aurait pu avoir sa part d'empire si Pépin d'Italie n'était mort encore jeune, avant Charlemagne lui-même. Sans doute laissa-t-il un fils, Bernard. Mais lorsque Charlemagne mourut, en 814, Bernard, alors âgé de seize ans, fut évincé par son oncle Louis le Pieux et dut se contenter du royaume lombard. Il fut assez téméraire pour revendiquer l'empire, puis crédule au point de s'imaginer que Louis le Pieux, qui lui avait promis son pardon, tiendrait parole : il vint se constituer prisonnier à Aix-la-Chapelle. Le châtiment n'en fut pas moins terrible : peu soucieux de la parole donnée, Louis lui fit crever les yeux. Trois jours après, le malheureux mourait, laissant un fils, Pépin, père d'Herbert Ier de Vermandois et aïeul du geôlier de Charles le Simple. Telles sont les origines d'Herbert, illustres et tragiques à la fois, qui ont pu faire croire à certains qu'en infligeant le traitement que l'on sait à Charles le Simple, descendant de Louis le Pieux, le comte de Vermandois exerça son « droit de vengeance » sur la branche régnante de la dynastie.

C'est dans le royaume de l'Ouest, au service de Charles le Chauve et de ses successeurs, que s'est enracinée la descendance de Bernard. Certains indices semblent montrer que Pépin, son fils, posséda un ou plusieurs comtés dans la région parisienne. D'autres laissent supposer que l'héritier de Pépin, Herbert Ier, allié par sa mère à plusieurs comtes de la région, sut remarquablement jouer de cette pratique royale, constante sous les Carolingiens et encore en vigueur à la fin du IXe siècle en France mineure, de transmettre les *honores* au sein de la famille cognatique : sous le règne d'Eudes, Herbert Ier est ainsi entré en possession de plusieurs comtés formant un arc de cercle au nord de Paris. Parmi ces comtés figurent le Vexin, le Beauvaisis, les comtés de Soissons et de Meaux, ainsi que le *pagus* d'Omois dont Château-Thierry — la première prison de Charles — est la principale forteresse. La puissance d'Herbert Ier est donc déjà imposante et fait de lui le premier des comtes de la *Francia* en même temps que le chef de la ligne de défense sur l'Oise et la Seine inférieure face à l'envahisseur normand.

Or, cette puissance, Herbert Ier, qui avait jusque-là servi Eudes, la met en 893 au service du jeune Charles le Simple, probablement avec l'arrière-pensée de profiter de sa position de chef des partisans du Carolingien pour se tailler une principauté entre Oise et Meuse. Peut-être est-ce pour mener à bien ce projet que, son parti ayant été vaincu par Eudes, il finit en 896 par rallier le Robertien qui lui donne, avec le comté de Vermandois, la mission d'arrêter la progression de Baudouin II de Flandre vers le sud. La rivalité qui, à partir de ce moment, oppose Baudouin à Herbert est inexpiable. Baudouin, qui s'est débarrassé de l'archevêque Foulque de Reims en l'an 900, n'est pas économe d'un assassinat : Herbert Ier en sera victime entre 900 et 907.

C'est par conséquent au plus tard en 907 qu'Herbert II hérite les *honores* de son père : une puissance certes secondaire, comparée aux principautés de Flandre, de Bourgogne ou de Neustrie ; la plus importante, néanmoins, de cette France d'entre Seine et Meuse, carolingienne par tradition, qui a jusque-là échappé aux grands regroupements politiques de l'extrême fin du IXe siècle. En 923, la chute de Charles III, qu'Herbert a un instant soutenu contre Robert, laisse sans véritable maître — en dehors d'un roi étranger à la région — les pays de Laon, de Reims et de Châlons. Or Herbert, dont les possessions jouxtent celles des Carolingiens, est le mieux placé pour se les approprier, et toute sa politique va tendre à faire du vieux pays franc le centre d'une principauté égale en puissance à celle des Robertiens.

Dans un premier temps, Herbert semble vouloir jouer la carte bourguignonne. Dès 923, il acquiert un rôle privilégié dans l'entourage du roi Raoul, en même temps qu'une position dominante en *Francia* du Nord : jusqu'en 925, associé à l'archevêque de Reims Séulf et parfois à Hugues le Grand, il se dépense sans compter à défendre la ligne de fortifications de l'Oise contre les Normands qui ont pris le parti de Charles le Simple. A deux reprises il accompagne le roi jusqu'aux confins de l'Aquitaine insoumise. En 926, il est encore aux côtés de Raoul en Artois : son intervention durant la bataille de Faucambergues contre les Normands de Rollon sauve la vie du roi, blessé et sur le point d'être assailli par l'ennemi.

Bref, Herbert a su se rendre indispensable : il est devenu le meilleur soutien de Raoul, et entend bien se faire payer en échange. Lorsque meurt l'archevêque Séulf, en 925, le roi est contraint d'accepter une succession peu ordinaire qui fait de son

allié le maître de Reims et le chef des milices épiscopales : à Séulf
succède le fils du comte de Vermandois, un enfant âgé de cinq
ans appelé à demeurer longtemps encore sous la tutelle paternelle, ce qui permet à Herbert de s'adjuger l'administration des
biens de l'archevêché.

L'ambition du comte de Vermandois ne s'arrête pas là. Deux
ans plus tard, en 927, profitant de la mort du comte de Laon,
Roger, Herbert réclame la ville royale pour son fils Eudes. Mais
pour Raoul, céder Laon équivaudrait à la perte de toute influence
directe en *Francia,* à une sorte de repli de sa royauté sur la seule
Bourgogne. Le roi refuse tout net et concède l'*honor* comtal au
fils et homonyme de Roger. C'est donc la rupture : Herbert se
tourne vers le roi Henri de Germanie auquel il prête hommage.
Plus grave encore : après avoir vainement tenté de s'emparer de
Laon, il utilise son ultime moyen de pression. Il sort Charles le Simple de sa résidence surveillée, fait mine de le reconnaître et s'allie aux Normands. Le chantage réussit : Laon est abandonné par sa garnison royale et Herbert peut s'y installer, replacer le Carolingien dans sa prison de Péronne et faire la paix avec
le roi Raoul. En 929, lorsque meurt l'infortuné Charles, son geôlier est parvenu à ses fins : Laon et Reims sont à lui, les principaux évêques du Nord, notamment ceux de Soissons, d'Amiens
et de Chalons, lui sont entièrement dévoués ; la principauté vermandisienne est née.

Tel est l'étonnant personnage qui domine la vie du nord du
royaume entre 923 et 929, et dont la puissante stature paraît à
première vue éclipser celle du marquis de Neustrie. Beaucoup
plus jeune, Hugues le Grand n'a pas, du moins en apparence,
l'expérience politique d'Herbert. Au surplus, ses attaches familiales peuvent le gêner dans le choix de ses alliances. Il est le
beau-frère du roi Raoul, mais il est aussi par sa mère, Béatrix de
Vermandois, le neveu d'Herbert en même temps que son beau-
frère, Herbert ayant épousé Adèle, fille d'un premier lit du roi
Robert.

Dans les tout premiers temps, Raoul a été conduit à associer
Hugues au même titre qu'Herbert à la défense de la *Francia.*
Ainsi, lorsque, l'année même de son avènement comme roi des
Francs de l'Ouest, le Bourguignon entreprend de se faire recon-
naître comme roi de Lorraine, il confie aux deux comtes le com-

mandement de la ligne de l'Oise contre les Normands demeurés
fidèles à Charles le Simple. L'année suivante, alors que Raoul
tente vainement de s'opposer à la mainmise du roi de Germanie
Henri Ier l'Oiseleur sur la Lotharingie, c'est encore sur Hugues et
Herbert que repose tout le poids de la lutte contre Rollon et les
siens. De même, ce sont eux qui, de concert avec l'archevêque de
Reims Séulf, négocient au nom du roi avec les Normands de la
Seine et leur concèdent Le Mans et Bayeux.

Il semble cependant qu'aux lendemains de la paix avec Rollon,
vers la fin de l'été 924, le climat d'entente se soit alourdi avec
l'offensive de Rögnvald, chef des Normands de la Loire, contre la
Neustrie. En cette circonstance, Hugues se retrouve seul pour
défendre sa terre. Retenu en Bourgogne par la révolte d'un de ses
vassaux, Raoul ne fait pas un geste pour venir à son secours.
Quant à Herbert, il reste dans le Nord où se réunit à la même
époque un synode des évêques de la province de Reims. Le
comte de Vermandois y assiste, entouré de nombreux comtes de
la *Francia,* et y fait figure d'unique porte-parole du roi et de chef
du pays. Il est vraisemblable qu'Hugues, qui a déjà accepté de
payer fort cher la paix avec les Normands — Le Mans, concédé à
Rollon, relevait de lui — n'apprécie ni d'être obligé de faire face à
Rögnvald avec ses seules forces, ni de voir se resserrer, entre
Raoul et Herbert, une alliance dont risquent de faire les frais les
intérêts robertiens en *Francia.* Il le montre par un geste lourd de
sens : de concert avec le duc d'Aquitaine Guillaume le Jeune, il
traite afin que les Normands de la Loire cessent leurs pillages en
Neustrie et en Aquitaine, et les laisse prendre la direction de la
Bourgogne de Raoul !

Le fait qu'en 925 Herbert ait réclamé et obtenu pour son fils
l'archevêché de Reims a sans doute définitivement convaincu le
Robertien que l'alliance entre la maison de Vermandois et la
royauté bourguignonne avait rompu le traditionnel équilibre des
forces en *Francia.* Il est probable qu'Hugues a tenu rigueur au roi
Raoul d'avoir cédé aux exigences du geôlier de Charles le Simple,
car presque aussitôt, le Robertien entreprend de mettre sur pied
son propre système d'alliances. Veuf de sa première femme, il
épouse en 926 Eadhild, sœur du roi Athelstan de Wessex et
d'Ogive, la dernière épouse de Charles le Simple. Alliance hautement significative, qui apparaît comme un double avertisse-

ment adressé à Raoul et à Herbert : elle vise d'abord à empêcher une mainmise durable de la maison de Bourgogne sur le trône royal en suscitant pour l'avenir une alternative en la personne du fils de Charles ; elle vise sans doute aussi à faire peser sur la réussite d'Herbert cette même hypothèque d'une restauration carolingienne, qui ne manquerait pas d'impliquer une redistribution du jeu en *Francia*.

Dès le début du conflit qui éclate en 927 entre Raoul et Herbert à propos de Laon, le Robertien adopte une attitude ambiguë consistant à soutenir discrètement Herbert, tout en évitant soigneusement de se brouiller avec le roi. En 927, il accompagne le comte de Vermandois auprès du roi de Germanie Henri l'Oiseleur, alors en lutte contre Boson, le frère de Raoul, qui tente de se maintenir en Lorraine. Cependant, Hugues n'imite pas Herbert dans son allégeance envers Henri, ce qui lui permet, peu après que Charles a été sorti de sa prison, de se porter au-devant du roi Raoul qui a pénétré en *Francia* à la tête de ses contingents bourguignons, pour jouer les médiateurs et tenter de le convaincre d'abandonner Laon. Un peu plus tard, au lendemain de la cession de Laon au comte de Vermandois, Hugues est de nouveau présent en compagnie d'Herbert lors d'une rencontre avec les Normands, puis, vers la fin de l'année 928, lors d'une entrevue avec Henri l'Oiseleur, qui vient de vaincre définitivement le frère de Raoul et d'anéantir l'espoir qu'avait le roi des Francs de posséder un jour la Lorraine. C'est probablement sur les conseils du marquis de Neustrie, ou tout au moins avec son accord, qu'Herbert entreprend presque aussitôt de faire la paix avec Raoul et de renvoyer Charles en prison.

Malgré son alliance avec la maison de Wessex, il est en effet difficile d'imaginer que le Robertien ait pu un instant songer à concourir activement à la restauration de Charles le Simple. Hugues n'a pas reconnu Charles et s'est contenté de laisser Herbert utiliser à ses fins propres le roi déchu. Son souci majeur semble bien avoir été de rester présent en *Francia* en jouant, au mieux de ses intérêts, de la rivalité entre Herbert et un roi Raoul dont il ne souhaitait pas voir la puissance s'étendre durablement au nord de la Seine.

On ne peut en outre comprendre la prudence dont a fait preuve Hugues le Grand dans cette affaire, sans tenir compte de la grande incertitude qui, durant l'année 927 et une bonne partie de l'année suivante, a pesé lourdement sur la légitimité du roi Raoul. Alors même qu'Herbert venait de libérer Charles de sa prison, la papauté avait en effet pris parti en faveur du roi déchu. Le pape Jean X était intervenu auprès d'Herbert, allant jusqu'à le menacer d'excommunication, pour l'inciter au rétablissement effectif de Charles sur le trône. Au début de l'année 928, Herbert, qui s'était rendu à Reims en compagnie du Carolingien, avertit le pape qu'il œuvrait en vue de ce rétablissement. Sans doute la fin tragique du pontificat de Jean X a-t-elle presque immédiatement remis en cause le processus de restauration carolingienne. Mais le soutien romain qu'Herbert avait su remarquablement utiliser contre Raoul, notamment pour se faire livrer Laon, n'en a pas moins dû inciter Hugues le Grand à suivre cette ligne ambiguë qui présentait un grand avantage : celui de réserver l'avenir...

Tout en soutenant discrètement Herbert, Hugues le Grand paraît d'ailleurs avoir entendu poser des limites à l'expansion vermandisienne. Il accepte certes une extension de la puissance d'Herbert vers l'est, vers les régions de la Marne et de la Meuse : encore en 929, il accompagne Herbert dans une guerre contre Boson, le frère de Raoul, et laisse son allié s'emparer de Vitry-en-Perthois. En revanche, il entend bien renforcer les positions déjà acquises par les Robertiens dans les riches régions maritimes situées au nord de la Somme, en Ponthieu, en Artois, à Douai dont le châtelain, Ernaud, est son vassal. Cette politique ne va pas tarder à envenimer les relations entre nos deux personnages : en 929, le fils du comte de Ponthieu, Hélouin, qu'Hugues et Herbert avaient peu auparavant assiégé dans son château de Montreuil-sur-Mer, prête hommage à Hugues, au grand dam d'Herbert qui réplique en débauchant deux vassaux du Robertien, le comte Hilduin de Montdidier et le châtelain de Douai.

En 930, la rupture est consommée, Hugues et Herbert sont en guerre l'un contre l'autre. Dès l'année suivante, un rapprochement spectaculaire intervient entre le marquis de Neustrie et un roi Raoul tout auréolé de l'éclatante victoire qu'il vient de remporter en Aquitaine sur les Normands de la Loire, et qui, par ailleurs, n'a plus à craindre le moindre chantage de la part d'Herbert, Charles étant mort en 929. Au printemps de l'année 931, Hugues et Raoul passent à l'offensive. Ils n'auront de cesse

d'avoir détruit de fond en comble la puissance vermandisienne.

Après avoir enlevé Denain à Herbert et assiégé Arras, les deux
alliés marchent sur Reims et s'en emparent. Aussitôt, Raoul y
fait élire par le peuple un nouveau prélat, Artaud. Laon est
reprise peu après ; l'année suivante, c'est au tour de l'abbaye
Saint-Médard de Soissons, d'Amiens, de Saint-Quentin et de
Châlons-sur-Marne de tomber aux mains de Raoul, toujours
secondé par Hugues. Enfin, en 933, Château-Thierry tombe à son
tour, prise par trahison.

L'exceptionnelle vitalité d'Herbert et les alliances qu'il parvient à se ménager en Lorraine et jusqu'en Germanie vont lui
permettre de limiter l'effondrement. Saint-Quentin sera provisoirement reprise dès 933 ; Château-Thierry changera périodiquement de main. Mais l'alliance de Raoul et d'Hugues l'empêchera de reconstituer l'ensemble politique créé entre 925 et 929.
Aussi lorsqu'en 935 Herbert, en échange de sa soumission, rentre
en possession d'un certain nombre de domaines perdus, ni
Reims, ni la cité de Laon, ni Château-Thierry ne lui seront res-
titués. L'étroite entente entre le roi et le marquis de Neustrie a
porté ses fruits : le roi a récupéré les évêchés de Reims et de
Châlons ainsi que la ville royale de Laon. Si Hugues l'a accepté,
c'est parce que lui-même s'est attribué la garde d'autres forteresses d'Herbert, telles Château-Thierry ou Saint-Quentin. En
outre, il a consolidé ses positions dans d'autres régions, comme le
Ponthieu ou l'Artois. Ainsi réalisé, le partage des dépouilles
d'Herbert garantissait le marquis, comme le roi, contre toute
rupture dans l'équilibre des forces.

Raoul ne devait pas profiter longtemps de la restauration de
son autorité sur le pays carolingien. Il mourut quelques mois plus
tard, le 15 ou 16 janvier 936. Plus encore que ne l'avait fait
Eudes, ce monarque opiniâtre et courageux avait dû batailler
durant la plus grande partie de son règne pour faire accepter sa
royauté sur l'ensemble du pays. Reconnu en 924 par Guillaume
d'Auvergne en échange de la cession du *pagus* de Bourges, il ne
fut accepté dans le reste de l'Aquitaine qu'en 930, au lendemain
de son éclatante victoire sur les Normands de la Loire qui infes-
taient la région. La fidélité à Charles le Simple dura plus long-

temps encore dans l'extrême Sud (Toulousain, Albigeois, Gothie, Roussillon) où Raoul ne fut reconnu — s'il le fut — qu'autour des années 931-932, comme si le rétablissement de son autorité sur les deux cités royales de Reims et de Laon avait contribué à convaincre les plus récalcitrants de la réalité de sa royauté. Conséquence de cette persistance du Sud à considérer Raoul comme un usurpateur : la chancellerie du roi ne délivra presque aucun diplôme pour les sanctuaires de ces régions.

Jamais cependant cette fidélité apparente envers la dynastie carolingienne n'a pris la forme d'entreprises hostiles au roi bourguignon. Elle n'a donc pas présenté de véritable danger, ses manifestations les plus courantes étant, soit l'absence pure et simple de relations avec Raoul, soit, dans les rédactions d'actes juridiques, des formules de datation persistant à faire référence au règne de Charles III, puis, après sa mort, à ignorer Raoul en adoptant l'expression : *« Christo regnante, regem expectante »* sous le règne du Christ, dans l'attente d'un roi...

Il en alla tout autrement dans l'ouest du royaume. Après plus de dix années d'accalmie, la chute de Charles le Simple avait été suivie d'une recrudescence de la guerre normande, marquée par de nombreux raids des Normands de la Seine et de la Loire jusqu'au cœur du royaume. Au moins du côté des Normands christianisés de Rouen, le prétexte en fut la fidélité au Carolingien déchu. Grâce à Flodoard, on sait d'ailleurs qu'en 927, lorsqu'Herbert fit semblant de libérer Charles, le successeur de Rollon, Guillaume Longue-Épée, prêta hommage à ce dernier. La fidélité normande dura donc bien au-delà du principat de Rollon, et il fallut attendre l'année 933 pour que le comte de Rouen fît sa soumission au roi Raoul.

Pour les Normands de la Seine, cette longue guerre, durant laquelle ils n'hésitèrent pas à appeler en renfort des Danois païens, fut à l'origine d'une foudroyante expansion. Dès 924, une paix éphémère conclue par Hugues et Herbert au nom du roi Raoul leur reconnaissait la possession du Maine, qu'ils n'allaient pas tarder à perdre, mais aussi du Bessin, des pays d'Exmes et de Sées, annexés durablement à l'État normand. Après 924, l'expansion semble s'être poursuivie au-delà de l'Orne et de la Vire, à la faveur de la désintégration de la principauté bretonne. Flodoard relate qu'en 933, lors de sa soumission au roi Raoul, Guillaume

Longue-Épée reçut « la terre des Bretons située en bordure de la mer » — c'est-à-dire le Cotentin et l'Avranchin autrefois cédés par Charles le Chauve à la Bretagne —, et qui, pour l'heure, restait à conquérir sur les Normands païens de la Loire, alors installés en Bretagne. Quelques années plus tard, au moment même où les Bretons, sous la conduite de leur duc Alain Barbe-Torte, se libéraient de la domination des Normands de la Loire, l'expansion de ceux de Rouen atteignait les rives du Couesnon. De 911 à 937, le territoire normand avait ainsi plus que doublé en surface. Au moment où mourait le roi Raoul, l'expansion était achevée, et la Normandie à peu près fixée à l'intérieur de frontières définitives. C'est dans ces limites que, sous Richard Ier, le fils de Guillaume, et sous ses successeurs, le comte de Rouen rehaussera son pouvoir au point de devenir un prince territorial au même titre que ceux de la première génération.

Du règne de Raoul, on serait tenté de ne retenir que les éléments négatifs pour l'unité du royaume. Une fois de plus, le vieux pays des Francs, celui qui a vu naître et s'enraciner la dynastie carolingienne, a offert le désolant spectacle d'une longue guerre de coups de main n'opposant plus seulement Francs et Normands, mais les Francs entre eux. Les forteresses reconstruites à la hâte pour lutter contre l'envahisseur païen ont changé de destination : désormais peuplées de milices armées à la solde des princes, elles sont devenues des éléments essentiels de la puissance de ceux-ci et autant de points de cristallisation de l'incessante lutte pour le pouvoir qui marquera le reste du Xe siècle. Cet autre spectacle, odieux et inouï, d'un enfant de cinq ans promu successeur d'Hincmar, de Foulque et d'Hervé à la tête du plus prestigieux évêché du royaume, donne aussi la mesure de l'effondrement moral qui a suivi la chute de Charles III. En rendant leur verdict de déchéance contre un roi indigne et en élisant coup sur coup deux princes territoriaux, les grands du Nord ont porté un grave coup à l'institution royale : celle-ci, désacralisée, a pour longtemps cessé de symboliser l'ordre et l'unité du royaume franc. L'ordre des rois appartient désormais au passé ; celui des princes, de leurs chefs de bandes et de leurs guerriers d'élite peut s'épanouir sans entraves.

Paradoxe de cette période d'effondrement : Raoul, ce roi qui ne fut à bien des égards qu'un prince territorial, a su, mieux que de nombreux monarques des IXe et Xe siècles, se comporter en roi pour une tâche essentielle, celle de la défense de son royaume contre l'ennemi païen. Il faut lui rendre cette justice d'avoir en maintes occasions fait prévaloir cette nécessité sur ses intérêts propres et combattu avec courage Normands et Hongrois.

ÉCHEC AU ROI

Il ne faut pas s'illusionner sur la signification politique de la restauration carolingienne qui suit la mort du roi Raoul. Elle est l'œuvre du seul marquis de Neustrie. Sa participation aux côtés de Raoul à la lutte contre Herbert a contribué à restaurer tout le capital d'influence que son lignage avait acquis au sein de la *Francia* au temps de son père Robert. En 936, c'est Hugues le Grand, et non plus Herbert, qui fait figure de chef de file de ces grands du Nord qui, de tout temps, ont joué le rôle majeur dans la désignation du roi. Le vide politique laissé en *Francia* par la mort de Raoul, lui seul est en mesure de le combler, et cette position hors pair suffit à le désigner comme l'arbitre de la dévolution du titre royal. Si le Robertien, qui aurait eu la faculté de le faire, ne s'est pas emparé de la couronne, c'est probablement pour des raisons analogues à celles qui, treize ans plus tôt, l'avaient incité à ne pas succéder à son père Robert : en 936, il n'a toujours pas d'héritier légitime à qui confier son commandement neustrien, si bien que son accession à la royauté rendrait inévitable la dispersion de ses *honores* et l'effondrement de la puissance robertienne.

Peut-on dès lors se passer d'un roi ? Bien des princes le pensent sans doute. En dépit d'une fidélité formelle à la dynastie carolingienne, ceux du Sud sont habitués à ne plus obéir à un monarque lointain et ne s'intéressent guère à ce qui se passe au nord de la Loire. Le marquis bourguignon Hugues le Noir, frère de Raoul, n'a probablement pas cherché à s'emparer du trône laissé vacant par son aîné. Mais le vide créé par l'absence d'un roi sert ses intérêts, et il en profite aussitôt pour faire main basse sur la cité de Langres. De son côté, Herbert de Vermandois ne peut que se réjouir de la vacance du trône : elle laisse de nouveau sans maître

...oyales de Laon et de Reims et lui offre une chance de
...rdue.

...isons qui ont incité le marquis
...pat qui, lui, demeure toujours
...titution, à donner au plus vite
...franc : il faut empêcher Hugues
...'emparer des dépouilles de la
...elles-ci un titulaire dont le droit
...que va entreprendre Hugues le
...légitimité. Il lui est certes facile
...que politique qu'avait consacrée,
...vec Eadhild de Wessex, la belle-
...'union de Charles et d'Ogive, fille
...l'Ancien, est né vers 921 un fils,
...s jeune âge à la cour d'Angleterre,
...thelstan. Quoi de plus naturel et
...des Francs au dernier survivant de
...plus prometteur aussi pour Hugues
...taurateur de la lignée carolingienne,
...e influence tutélaire sur cet adoles-
...de diriger de fait les affaires du

...êché des ambassadeurs outre-Manche
...ur du jeune prince. Cinq mois presque
...ort du roi Raoul, Louis IV « d'Outre-
...age de Boulogne. Ainsi qu'il en a été
...yés du marquis de Neustrie et le roi
...utres grands de *Francia* sont venus l'y
...aussitôt le serment de fidélité. Puis ils
...où il est sacré le 19 juin par l'archevêque

Le couronnement de Louis IV inaugure une courte période de bonne entente entre le nouveau roi et le marquis de Neustrie. Hugues n'est pas simplement le conseiller privilégié de Louis IV. Entre ses mains, ce roi créé par lui, sans véritable assise politique, n'est qu'un pion dont il va user au mieux de ses propres intérêts.

Aussitôt achevées les cérémonies du sacre, le Robertien a facilement convaincu le jeune roi de l'accompagner en Bourgogne où s'agite Hugues le Noir. Ensemble ils mettent le siège devant la cité épiscopale de Langres. Ayant reçu la soumission de la ville, ils gagnent ensuite Auxerre, puis Paris, cité dont Hugues est le maître. La diplomatique royale témoigne des relations privilégiées existant alors entre Louis IV et son *mentor :* dans un diplôme rédigé le 26 juillet à Auxerre, le roi appelle celui-ci « notre très aimé et très cher Hugues, *duc des Francs* ». Plus significatif encore est un autre diplôme du 25 décembre, délivré sur les conseils de « notre très aimé Hugues, *duc des Francs,* qui est *notre second dans tous nos royaumes* ». Une telle formule parle d'elle-même et interdit de réduire au cadre de la seule *Francia* du Nord la portée territoriale de ce titre de *dux Francorum* qui, pour la première fois, apparaît dans la titulature d'un prince robertien.

La réalité est sans commune mesure avec une telle interprétation : profitant de l'ascendant qu'il exerce sur le jeune roi, Hugues le Grand s'attache à établir un nouvel ordre institutionnel, à faire prévaloir l'idée d'un gouvernement direct du royaume, non plus par le roi, mais par lui-même en tant que chef de tous les Francs. Cela suppose bien sûr une mise en tutelle de l'institution royale, ce qui semble chose faite en 936. Mais cela suppose aussi qu'Hugues exerce une primauté sur l'ensemble du *regnum Francorum,* impliquant une suprématie sur tous les princes et autres grands du royaume.

L'exemple bourguignon et, dans une moindre mesure, celui de l'Aquitaine illustrent cette ambition. Dès juillet 936, en plein conflit avec Hugues le Noir, le nouveau *dux* s'est fait investir par Louis IV du titre d'abbé de Saint-Germain d'Auxerre, un monastère traditionnellement tenu par les princes bourguignons. Quelques mois plus tard, Hugues le Grand prend seul l'initiative de traiter avec Hugues le Noir : il lui impose un partage de la Bourgogne, se réservant les comtés de Sens et d'Auxerre. Si le Robertien traite ainsi directement avec le Bourguignon, sans intégrer le roi à la négociation, c'est parce qu'il se considère désormais comme habilité à le faire en tant que chef des Francs du royaume tout entier.

Certains indices permettent d'envisager la possibilité d'une politique analogue en Aquitaine. En 937, à la mort du comte de Poitou et d'Auvergne Ebles-Mancer, qui prétendait à la primauté sur l'Aquitaine depuis la disparition (927) de la maison d'Auvergne issue de Bernard Plantevelue, Hugues le Grand a probablement tenté d'installer en son nom à Poitiers le comte Hugues du Mans, son beau-frère. La présence de ce dernier en Poitou est en effet attestée par deux chartes contemporaines. La tentative a très vite échoué puisque, dans les années qui suivent, le fils d'Ebles-Mancer, Guillaume Tête-d'Étoupe, était installé à Poitiers et avait repris les prétentions de son père à l'échelle du *regnum* d'Aquitaine. Être *dux Francorum,* c'est donc bien prétendre à la suprématie sur l'ensemble du royaume franc ; une suprématie qui a pour conséquence l'établissement d'un échelon intermédiaire entre la royauté et les grands du royaume, l'apparition d'un écran qui semble désormais devoir exclure toute relation directe entre le monarque et ceux-ci.

On a toujours hésité à faire le rapprochement entre la titulature d'Hugues le Grand et celle qu'avaient portée les premiers Carolingiens avant leur accession au trône. Pourtant le titre de *dux Francorum* que lui confèrent les actes royaux de 936, celui de *princeps Francorum* que lui reconnaît un peu plus tard le pape auquel, tel un roi, Hugues a envoyé une ambassade, n'ont pas d'autre équivalent dans l'histoire du peuple franc que celui de *dux et princeps Francorum* porté deux cents ans plus tôt par Charles Martel et Pépin le Bref. En adoptant cette titulature, Charles et son fils s'étaient désignés comme les véritables chefs politiques d'un royaume franc encore gouverné, au moins nominalement, par un Mérovingien. En reprenant la même titulature, Hugues le Grand, tout en conservant l'institution royale, a de la même façon tenté de s'approprier la prérogative des rois francs, de s'imposer comme le tout-puissant substitut d'un roi sans réel pouvoir. A deux siècles d'intervalle, les deux démarches sont identiques, tout au moins quant à leur finalité.

A peine renaissante, la monarchie carolingienne serait-elle ainsi condamnée à ce rôle de pure figuration qu'avaient tenu deux siècles plus tôt les débiles descendants de Clovis ? Rien n'est moins sûr. Le « protégé » d'Hugues le Grand n'a rien de commun avec Childeric III, ce fantôme de roi rétabli par Pépin le Bref en 742, puis déposé définitivement en 751. Louis IV est résolu, opiniâtre, courageux. Parvenu au seuil de ses seize ans, le roi va brusquement secouer la tutelle du Robertien. Au début de 937, il quitte son protecteur et gagne Laon où — geste lourd de sens — il accueille sa mère Ogive, la veuve de Charles, le roi autrefois renversé par le propre père d'Hugues. Aussitôt le ton change dans les actes royaux : le 1ᵉʳ février, Louis IV délivre un diplôme à la requête de ses « fidèles le comte Hugues et l'évêque Gautier de Paris ». C'en est bien fini des formules élogieuses et des titres exceptionnels : Hugues vient de rentrer dans le rang de par la volonté d'un monarque soucieux de paraître politiquement majeur. Mais que vaut la volonté d'un roi sans pouvoir ?

Dans ses propres actes et aux yeux des siens, le maître de la Neustrie n'en restera pas moins « duc des Francs par la grâce du Dieu tout-puissant ». Flodoard lui-même, au moment où Hugues perd aux yeux du roi son titre de *dux,* se met à lui donner dans ses annales le titre de *princeps* qu'il conserve jusqu'à sa mort en 956. L'annaliste de Reims, qui ne confère pas de titre à la légère et qui n'avait jamais auparavant donné celui de *princeps* à Hugues, sait donc que les circonstances dans lesquelles s'est produit le retour d'un Carolingien sur le trône ont fondamentalement et durablement modifié la nature du pouvoir qu'exerçait jusque-là Hugues le Grand. Celui-ci, même après 937, demeure l'homme fort du royaume et détient toujours l'autorité au sein de la *Francia.*

Les faits n'en sont pas moins là : Hugues, au début de l'année 937, semble bien avoir provisoirement échoué dans sa tentative de mise en tutelle de la personne du nouveau roi. Désormais le jeune souverain va s'attacher, avec une rare énergie, à asseoir davantage son autorité. A l'opposé, la politique du duc des Francs va consister à faire systématiquement échec aux entreprises du Carolingien.

Sans doute la fin de la tutelle d'Hugues ne s'est-elle pas traduite par une rupture immédiate entre le duc et le roi. Certes, l'événement a eu des retombées : d'un côté, Louis IV a choisi de nouveaux conseillers, au premier rang desquels figure l'archevêque Artaud de Reims, devenu son archichancelier. De l'autre, Hugues s'est réconcilié avec son ennemi d'hier, le comte Herbert, et l'a laissé reprendre possession de l'important point stratégique que constitue, face à Reims, la forteresse de Château-Thierry. Mais rien de décisif ne se produit avant le milieu de l'année 938.

Hugues le Grand semble vouloir attendre que se précise la politique royale et va même jusqu'à œuvrer auprès de Louis IV en vue d'une réconciliation qui se produit au début de 938 : celle du jeune roi avec le geôlier de son père, Herbert de Vermandois.

Le geste n'est pas dépourvu d'habileté : Hugues sait bien que toute entreprise d'expansion de l'autorité royale ne peut faire l'économie d'un conflit avec le comte de Vermandois. Celui-ci tient encore en Rémois et Laonnois trop de points fortifiés acquis aux détriments du fisc royal ou — c'est le cas du château de Coucy — de l'église de Reims. Herbert est même présent à l'intérieur de Laon : à l'antique citadelle tenue par le monarque, fait face une puissante tour, érigée entre 928 et 931 par le comte de Vermandois, d'où le roi Raoul n'était jamais parvenu à le déloger. Ainsi, en intercédant avec succès auprès de Louis IV en faveur de son nouvel allié, Hugues croit peut-être avoir trouvé un moyen de circonscrire toute ambition royale.

Peine perdue, car, dans les semaines qui suivent, le roi passe à l'action. Par d'audacieux coups de main dans les environs de Laon, il entreprend une vigoureuse politique de reconstitution du domaine royal, dont la principale victime n'est autre que le comte de Vermandois. Sans doute l'action de Louis IV frappe-t-elle d'autres grands, tel l'ancien comte Roger de Laon. Vis-à-vis d'Herbert, qui doit notamment abandonner au roi la tour de Laon, elle n'en constitue pas moins une rupture délibérée du pacte conclu.

Dès cet instant, les actes de guerre se multiplient de part et d'autre, tandis que chaque camp met en place son système d'alliances. Devenu veuf de sa seconde épouse anglo-saxonne, Hugues s'unit à Hadwige de Saxe et se ménage ainsi une double alliance qui prend à revers le Carolingien : celle d'Otton Ier, le nouveau roi de Germanie dont Hadwige est la sœur ; mais aussi celle du duc Gilbert de Lorraine, marié à une autre sœur d'Otton. De son côté, Louis IV s'attache à nouer des liens directs avec les plus grands du royaume. Il se rend d'abord en Flandre auprès du comte Arnoul, puis en Bourgogne auprès d'Hugues le Noir. Celui que le Robertien a dépouillé d'une part de l'héritage paternel prête alors hommage au jeune souverain, reçoit de lui le titre de marquis et devient son plus fidèle soutien.

Or faire d'Hugues le Noir un marquis, c'est, de la part du roi, lui restituer le gouvernement de la Bourgogne concédé deux ans plus tôt à Hugues le Grand ; c'est remettre radicalement en cause la primauté du Robertien au sein de ce *regnum,* et par conséquant au sein du royaume tout entier. La réponse ne tarde pas : vers la fin de l'année 938, Hugues le Grand entre en rébellion ouverte. En compagnie d'Herbert de Vermandois et de Gilbert de Lorraine, son beau-frère, il met le siège devant Pierrepont, forteresse du Laonnois qui appartient à Louis, et s'en empare. Hugues s'est donc fait à l'idée que la lutte contre ce roi, qui a osé prétendre jouer pleinement son rôle de souverain, supposait une étroite alliance avec la maison de Vermandois et un actif soutien des prétentions d'Herbert sur Reims et Laon.

Au début de l'année 939, une série d'événements extérieurs au royaume franc vont venir aider Hugues et Herbert dans la réalisation de leur projet. Une formidable révolte vient d'éclater en Germanie contre l'autorité du roi Otton Ier. Le propre frère du monarque, Henri de Saxe, est au premier rang des conjurés. En font aussi partie le duc Eberhard de Franconie, et surtout ce même duc Gilbert de Lorraine qui, dix-sept ans plus tôt, avait rejeté l'autorité de Charles le Simple et permis à la dynastie saxonne de s'emparer de la Lotharingie. Ironie de l'Histoire, c'est vers l'héritier de Charles que, dès les premiers mois de l'année 939, se tourne le traître d'hier : Gilbert et les grands de Lorraine offrent leur soumission au Carolingien. Louis refuse d'abord, par « amitié » pour Otton, nous dit Flodoard. Mais l'offre est tentante : la Lorraine est riche en villes florissantes et en milices armées ; n'est-ce pas là l'unique chance de redonner prestige et autorité à sa vacillante royauté ? Comme son père trente ans plus tôt, le jeune roi des Francs de l'Ouest se laisse prendre au rêve lorrain et accepte la couronne que lui offre le duc Gilbert.

Probablement Louis est-il conscient d'avoir pris, ce faisant, un risque énorme : il vient d'offrir à Hugues et à Herbert l'occasion d'un rapprochement avec Otton Ier, désormais son rival en Lotharingie. Vers le milieu de l'année 939, a lieu une première rencontre entre Otton et les deux princes. Mais le plus grave est qu'Hugues et Herbert ne sont pas venus seuls au-devant du roi de Germanie ; Arnoul de Flandre et Guillaume Longue-Épée les accompagnent, reconnaissant ainsi explicitement la primauté du duc des Francs. Louis IV joue donc gros jeu : pour une large part, sa fortune est liée à celle des révoltés de Germanie, car en France même, il ne peut compter que sur la fidélité des Bourguignons et de leur chef, Hugues le Noir.

Encore ce rapport de force ne va-t-il pas tarder à se modifier au détriment du Carolingien. En octobre 939, le duc Gilbert de Lorraine meurt au cours d'une expédition contre Otton, dont le triomphe est désormais assuré. Aussitôt, Louis IV intervient en Lorraine pour tenter de rallier à sa personne les vassaux du défunt. Il va même jusqu'à épouser Gerberge, sa veuve. Le geste est habile, puisqu'il vise tout à la fois à mieux asseoir dans l'immédiat l'autorité carolingienne sur le pays et à réserver pour l'avenir une possibilité de rapprochement avec Otton Ier, frère de Gerberge. Mais il est insuffisant : privé de son chef, le parti lorrain favorable au Carolingien s'est subitement évanoui. Avant même la fin de l'année 939, Otton de Germanie n'a eu aucun mal à pénétrer en Lorraine et à contraindre à la soumission les derniers partisans de Louis.

Ainsi s'achevait le rêve lorrain du Carolingien. Celui-ci sortait affaibli et plus isolé que jamais d'une aventure au cours de laquelle, seul parmi les grands du royaume, Hugues le Noir l'avait fidèlement servi. Pour ses adversaires, le moment était venu de passer à l'offensive. Forts de l'alliance d'Otton, Hugues le Grand, Herbert et Guillaume Longue-Épée vinrent mettre le siège devant Reims, défendue par l'archevêque Artaud. A en croire Flodoard, les chevaliers et miliciens chargés de la défense de la ville désertèrent massivement et passèrent au parti d'Herbert. Le sixième jour du siège, la cité ouvrait ses portes aux coalisés. Artaud fut immédiatement déposé au profit d'Hugues de Vermandois, le fils d'Herbert chassé huit ans plus tôt. Puis les trois princes tournèrent leurs armes contre l'ultime réduit tenu encore par le roi en France mineure [2] : la citadelle de Laon.

Louis IV, qui vient d'obtenir le ralliement du comte de Poitou et d'Auvergne, Guillaume Tête-d'Étoupe, réagit aussitôt. Accouru à marche forcée de Bourgogne en compagnie de Guillaume et d'Hugues le Noir, il contraint Hugues le Grand et Herbert à lever le siège. Succès sans lendemain, car, à la tête d'une

2. La partie du royaume située au nord de la Seine.

puissante armée, Otton a franchi la Meuse et gagné le palais royal d'Attigny. Là, Hugues le Grand et Herbert de Vermandois lui ont prêté le serment de fidélité et ont joint leurs forces aux siennes. Après avoir ravitaillé Laon, Louis doit précipitamment rebrousser chemin vers la Bourgogne, poursuivi par l'armée germanique. Flodoard relate qu'Otton s'est avancé jusqu'à la Seine, probablement dans la région de Troyes, et que le prince bourguignon Hugues le Noir n'a pu éviter une invasion de sa principauté qu'en livrant des otages et en promettant par serment « de ne plus nuire à Hugues ni à Herbert, qui s'étaient soumis à Otton ».

Durant plus d'une année, le roi en fut réduit à errer entre la Bourgogne où Hugues le Noir, tout en s'abstenant de lui fournir l'aide militaire, continua de l'accueillir, et la cité de Laon, toujours menacée par l'ennemi. C'est non loin du Laonnois, dans la région de Rethel, qu'en 941 son ost fut surpris et taillé en pièces par celui du duc des Francs. Un événement survenu aux lendemains du désastre témoigne de la situation désespérée dans laquelle se trouvait alors le Carolingien : Artaud, l'archevêque déchu qui n'avait cessé, depuis la chute de Reims, de suivre Louis IV dans ses déplacements, fit sa soumission à Hugues et à Herbert et se retira à l'abbaye Saint-Basle de Verzy. C'est probablement le signe qu'à la fin de 941 personne ne croyait plus à un retournement de situation en faveur du jeune Louis IV. Hugues et Herbert paraissaient avoir définitivement gagné la partie en *Francia* où, tôt ou tard, Laon, l'ultime réduit, était voué à tomber entre leurs mains.

L'hiver 941-942 marque pourtant un tournant dans le conflit. Louis IV n'est pas demeuré inactif. Flodoard nous le montre en visite à Vienne, chez le comte Charles-Constantin, petit-fils de l'ancien roi Boson. Là, poursuit le chroniqueur, les grands d'Aquitaine sont venus à lui et lui ont prêté le serment de fidélité. Enfin, un diplôme royal daté du 5 janvier 942 nous montre le roi séjournant à Poitiers, chez ce comte Guillaume Tête-d'Étoupe qui l'avait soutenu deux ans plus tôt. Contesté, voire vaincu dans le Nord, Louis IV s'efforçait ainsi de nouer des liens plus étroits avec les grands du Sud. En même temps, sa diplomatie s'activait en vue d'obtenir des appuis jusqu'à Rome. Au début de 942, un légat du pape Étienne VIII se présenta devant les grands de Francie, porteur de lettres pontificales leur ordonnant, sous peine d'excommunication, de « recevoir leur roi Louis ». Cette semonce eut un premier résultat positif : des pourparlers s'engagèrent avec le prince normand Guillaume Longue-Épée ; ils aboutirent à une réconciliation. Guillaume, relate Flodoard, « reçut Louis à Rouen comme roi ».

Au printemps 942, Louis IV avait ainsi réussi à rompre son isolement et à mettre sur pied une puissante coalition formée des comtes de Rouen et de Poitiers, voire même de certains grands de Bretagne, parmi lesquels figurait le duc Alain Barbe-Torte. La campagne militaire décidée par le roi et ses alliés s'acheva, avant même d'avoir débuté, par des pourparlers entre les chefs des deux camps, puis par une pacification opérée sous le haut patronage d'Otton Ier de Germanie. « Otton, s'étant beaucoup activé en vue de la paix entre le roi Louis et Hugues, ramena Hugues dans la fidélité du roi ; de même, Herbert se soumit au roi Louis avec son fils du même nom. » Ainsi s'exprime Flodoard, montrant incidemment que le véritable maître du jeu de la guerre et de la paix, en cette année 942, était le roi de Germanie. Pour prix de ses bons offices, Otton avait dû obtenir du roi des Francs l'assurance qu'il ne revendiquerait plus le trône de Lorraine : jamais, par la suite, Louis IV ne devait réaffirmer ses prétentions.

Ainsi s'achevait un premier conflit qui avait duré près de quatre années. Louis n'en est pas sorti vainqueur. Reims est perdue ; Laon, sa ville, se retrouve isolée au cœur d'un vaste territoire entièrement contrôlé par le comte de Vermandois. Mais sa royauté, à l'origine confisquée au profit d'un seul, est désormais reconnue par la plupart des princes que compte le *regnum Francorum*.

Quant à Hugues le Grand, s'il est parvenu, en soutenant activement les ambitions d'Herbert de Vermandois, à empêcher la formation d'une principauté royale en France mineure, il n'a pas réussi à éliminer politiquement le roi. Au contraire, le mariage de Louis IV et de Gerberge, destiné d'abord à asseoir la position du Carolingien en Lorraine, eut à la longue pour principal effet d'annuler le bénéfice qu'Hugues avait escompté de son union avec Hadwige, sœur d'Otton et de Gerberge. Soucieux, dans un premier temps, de donner une cuisante leçon au jeune roi et de le dissuader de maintenir ses prétentions sur la Lorraine, Otton a par la suite adopté une politique d'équilibre entre ses deux beaux-frères, obligeant l'un et l'autre à s'en tenir au *statu quo*. En vérité, le vainqueur n'était ni Hugues ni Louis IV, mais bien le puissant roi de Germanie, devenu l'arbitre du jeu politique au sein de la *Francia*.

Pendant un an et plus, les relations restèrent bonnes entre Hugues le Grand et Louis IV. Une série d'événements vint alors modifier très profondément le paysage politique du nord du royaume. Le premier dans le temps est l'assassinat, le 27 décembre 942, du comte normand Guillaume Longue-Épée sur l'ordre de son rival de toujours, le comte Arnoul de Flandre. Ce meurtre privait Louis IV d'un allié puissant. Mais il donnait aussi au roi la possibilité de profiter de la minorité du fils de Guillaume, Richard Ier, pour se poser en tuteur du jeune prince et s'implanter en Normandie. C'est ce qui semble s'être au moins partiellement produit : Richard fut conduit auprès de Louis IV qui « lui concéda la terre des Normands », et certains grands de Normandie firent hommage au roi en tant que tuteur de leur seigneur. Mais d'autres firent hommage à Hugues le Grand.

Une telle discordance soulève la question du statut de la Normandie et des droits respectifs du roi et du marquis de Neustrie sur une terre autrefois donnée par Charles le Simple à Rollon, mais située en majeure partie entre Seine et Loire, c'est-à-dire au sein du *regnum* de Neustrie relevant des Robertiens. En 940, Louis IV, lors d'une rencontre avec Guillaume Longue-Épée, avait reçu l'hommage de celui-ci. Flodoard, qui relate le fait, précise que le roi avait alors donné à Guillaume « la terre autrefois concédée par son père Charles aux Normands ». Cet épisode constituait sans nul doute l'un des fondements de la prétention royale. Hugues ne l'entendait apparemment pas ainsi : tandis que Louis IV mettait la main sur Rouen, il ne se priva pas d'intervenir dans la région d'Évreux et s'empara même de la ville en 943. La succession de Guillaume Longue-Épée risquait donc d'opposer tôt ou tard le roi au Robertien.

Autre événement et autre source possible de tension : la mort d'Herbert de Vermandois, survenue en février 943. Celle-ci débarrassait le roi d'un rude adversaire, dont, au surplus, la principauté semblait vouée à une prochaine dissociation du fait du

nombre élevé d'héritiers. Mais elle profitait aussi à Hugues
le Grand : sous couvert de la défense des intérêts des fils d'Herbert, ses propres neveux, celui-ci allait être en mesure de renforcer encore sa primauté au sein de la France mineure.

Enfin, un dernier événement doit être évoqué à la lumière des
deux précédents. A la fin de l'année 943, Louis IV, relate Flodoard, « délégua à Hugues le *ducatus Franciae* et soumit à son
autorité toute la Bourgogne ». Promotion surprenante, à la
vérité, et politiquement dangereuse, puisqu'elle rétablissait officiellement l'adversaire de la veille dans la situation juridique
acquise en 936, au lendemain du sacre. En fait, celle-ci se comprend lorsqu'on l'envisage dans le contexte politique de cette
année 943 : en Normandie, Louis IV, qui a consolidé son pouvoir
à Rouen en remportant une brillante victoire sur un parti normand hostile, reçoit d'Hugues le Grand la ville d'Évreux que le
duc vient tout juste de conquérir. Or cette concession est étroitement liée aux développements de la situation politique en
France mineure : en échange de la réception d'Évreux, Louis IV a
dû accepter de ne pas tirer prétexte de la mort d'Herbert pour
remettre en cause l'équilibre des forces dans le nord-est. Hugues
de Vermandois, le rival d'Artaud, conservera l'archevêché de
Reims ; quant aux autres fils d'Herbert, le roi consent à les recevoir comme fidèles. Le titre de *dux Francorum* accordé à
Hugues le Grand, qui ne faisait somme toute qu'officialiser un
état de fait, procède vraisemblablement de ce vaste marchandage
auquel s'est trouvé contraint le roi pour avoir les coudées fran-
ches en Normandie.

Quelle en est l'exacte portée ? La politique normande de
Louis IV indique déjà qu'il n'est pas dans ses intentions de
reconnaître au duc, comme en 936, une primauté sur toutes les
composantes du *regnum Francorum*. Sa politique aquitaine le
confirme : au début de 944, le roi se rend au sud de la Loire où il
rencontre Raimond-Pons III, comte de Toulouse et marquis de
Gothie, et d'autres grands d'Aquitaine. C'est sans doute le signe
qu'il n'entend pas laisser Hugues s'y implanter au détriment de la
relation directe existant entre lui et les princes aquitains. En
somme, dans l'esprit du roi, le titre du duc des Francs devait être
interprété de la façon la plus restrictive possible. Destiné tout au
plus à appuyer les prétentions d'Hugues sur la Bourgogne dont le

chef était voué à entrer dans la vassalité robertienne, il ne devait pas avoir d'incidence ailleurs. Évidemment, Hugues ne l'entendait pas ainsi. Cette différence d'appréciation n'allait pas tarder à se concrétiser, notamment dans les affaires de *Francia*.

Dès 944, en effet, les relations recommencent à s'envenimer entre le duc et le roi, en étroite liaison avec la lutte qu'entreprend de nouveau Louis IV contre les héritiers d'Herbert. Le roi, cette fois encore, semble avoir trop préjugé de ses forces. En *Francia*, après quelques succès, dont la prise d'Amiens en 944, il tente vainement, en 945, de déloger de Reims l'archevêque Hugues et s'épuise dans une guerre de coups de main contre Herbert III, le plus actif des fils d'Herbert. A l'ouest, la pacification de la Normandie se révèle difficile : anarchie, insécurité et rébellion ouverte règnent dans la principauté, entretenues par l'afflux incessant de Danois non christianisés venus par la mer. Quant à Hugues, écarté du conseil royal au profit d'autres grands, tel cet Hélouin de Montreuil, comte de Ponthieu, à qui Louis a confié la garde de Rouen et d'Amiens, il paraît ne pas vouloir s'engager personnellement dans le conflit opposant ses neveux au roi, sans s'être au préalable assuré l'alliance du roi de Germanie. Mais Otton fait la sourde oreille à ses ambassadeurs, et Hugues reste spectateur.

Lorsque le roi mène campagne en Normandie, Hugues accepte le service d'ost, mais entend être payé de retour. Il en est ainsi à la fin de 944 : le roi requiert son service en vue de soumettre les Normands une nouvelle fois révoltés. Tandis que lui-même opère dans la région de Rouen à la tête d'une puissante armée formée des vassaux des évêques de Francie et de Bourgogne, Louis IV charge Hugues de s'emparer de Bayeux et lui offre la ville en compensation. Mais pendant qu'Hugues en fait le siège, le roi, dont la progression a été foudroyante dans la vallée de la Seine, accepte la soumission directe des Normands de Bayeux et ordonne au duc de déguerpir. Celui-ci obéit de mauvaise grâce, mais la rupture est consommée. Sans doute Hugues, gêné par la stricte neutralité d'Otton, hésite-t-il toujours à entrer personnellement en lutte ouverte avec Louis IV. Du moins participe-t-il par fidèles interposés à la terrible guerre dont la *Francia* est le théâtre durant le printemps 945 : Thibaud de Blois et de Tours, son meilleur lieutenant, est avec Herbert III parmi ceux qui, le

jour de Pâques, prennent d'assaut le château de Montigny-Len-
grin appartenant au roi.

Au cours de l'été, un grave événement va permettre au Robertien de reprendre l'initiative. Le 13 juillet, Louis IV qui fait de
fréquents séjours dans une Normandie où la rébellion semble
s'être généralisée, tombe dans une embuscade tendue par le maître de Bayeux, le chef danois Harold. Hélouin de Montreuil, qui
l'accompagne, et les autres membres de son escorte sont massa-
crés. Le roi s'échappe, mais parvenu à Rouen, il est arrêté par les
Normands révoltés. Aussitôt des pourparlers s'engagent entre la
reine Gerberge et ses geôliers en vue de sa libération. Agissant
comme intermédiaire et jouant ainsi pleinement son rôle de *dux*,
Hugues le Grand mène les négociations qui aboutissent à la
remise du prisonnier à ses envoyés. Le Robertien va alors prendre une décision inattendue, au grand scandale de ses contemporains et de l'historien Richer : « Le duc, écrira celui-ci, au lieu de
reconduire le roi chez lui, comme on le pensait, l'arrêta et chargea
Thibaud de Blois de le garder. » Et le chroniqueur d'ajouter : « Il
parut alors avec évidence que le tyran avait voulu détruire complètement la glorieuse dynastie royale. »

L'analyse de Richer n'est probablement pas excessive. Il semble qu'Hugues, arguant de son rôle primordial joué dans la restauration de 936, se soit considéré comme habilité à juger si
Louis IV méritait encore son titre de roi et à décider de sa déposition. Il est en revanche difficile de dire si le duc eut l'intention
de suivre la voie tracée par son père et de prendre la couronne (il
pouvait désormais y songer, ayant eu de son épouse saxonne
plusieurs fils — dont Hugues Capet — aptes à lui succéder en
Neustrie).

Quoi qu'il en soit, Hugues était allé trop loin, et le premier à le
lui faire comprendre fut le roi Otton Ier auprès duquel il s'était
rendu aussitôt après la remise de Louis IV au comte Thibaud de
Blois. Otton refusa tout net qu'Hugues fut introduit en sa présence.

Louis IV n'en resta pas moins près d'un an prisonnier. Finalement, l'isolement dans lequel se trouvait Hugues le Grand vis-
à-vis d'Otton, les pressions exercées par Edmund de Wessex,
cousin germain de Louis, et probablement aussi par certains

grands du royaume, obligèrent le duc des Francs à envisager sa libération.

La façon dont Flodoard relate celle-ci est pleine d'enseignements. Après avoir reçu une ambassade du roi Edmund d'Angleterre, Hugues a commencé par réunir une assemblée des grands du royaume au premier rang desquels figurait Hugues le Noir. Ayant pris leur avis, « il a renouvelé le roi Louis dans l'*honor* et la dignité de roi, et lui a prêté le serment de fidélité en même temps que les autres grands ». Cette procédure le montre : Louis IV était un roi déchu, dont la restauration ne pouvait passer que par une décision du duc prise avec le consentement des grands ; un nouveau choix suivi, comme en 936, d'une prestation générale de serment. Contraint par la réprobation et les pressions extérieures à libérer le roi, Hugues se présentait ainsi comme celui qui tenait en sa main les destinées du titre royal : il montrait que le *dux Francorum* avait pouvoir de faire et de défaire le *rex Francorum*.

Au surplus cette humiliante restauration ne s'était pas faite sans contrepartie. Louis avait dû abandonner à Hugues, qui en avait aussitôt investi Thibaud de Blois, la cité de Laon, véritable symbole sans lequel la royauté carolingienne n'était plus rien. En tenant Laon, Hugues croyait avoir annulé les effets négatifs de l'élargissement du roi.

Il se trompait. Louis, sitôt libéré, ne se tint pas coi ; il cria vengeance et fut aussitôt entendu. Humilier de la sorte le roi des Francs, c'était humilier la fonction autant que l'homme, c'était jeter discrédit et déshonneur sur la dignité royale elle-même : deux rois, Otton de Germanie et Conrad de Bourgogne Transjurane, s'unirent à Louis pour venger l'affront fait à un roi.

ÉCHEC AU DUC

Vers la fin de l'été 946, une grande armée germanique franchissait la frontière du royaume. Otton, Conrad et Louis ne purent reprendre Laon, mais Reims leur ouvrit ses portes dès le troisième jour du siège, tandis qu'Hugues de Vermandois prenait la fuite. Artaud, l'archevêque déposé six ans plus tôt, fut immédia-

tement rétabli dans sa fonction et intronisé par ses collègues de
Trèves et de Mayence. Reims fut la seule ville qui tomba aux
mains des trois rois. Senlis, bien fortifiée, résista et la grande
armée se jeta sur la Neustrie, puis sur la Normandie, qu'elle
dévasta des semaines durant, avant de rebrousser chemin vers la
Germanie. A l'abri dans leurs places fortes, Neustriens, Normands et Francs avaient patiemment attendu la fin de l'orage.

Au secours d'ordre militaire à l'efficacité douteuse, succédè-
rent alors ceux d'ordre spirituel, concrétisés par la tenue de quatre grands synodes d'évêques. Le plus important fut réuni en juin
948 à Ingelheim, en territoire germanique, sous la présidence
d'un envoyé du pape et en présence des rois Otton Ier et Louis IV.
Les évêques présents, presque tous germaniques, écoutèrent les
doléances de Louis contre Hugues et ordonnèrent qu'à l'avenir
« nul n'osât porter atteinte à la puissance royale, ni la déshonorer
traîtreusement par un perfide attentat ». Hugues le Grand était
invité à se soumettre à son roi sous peine d'exclusion définitive
de l'Église. Dans le même temps, le synode excommuniait
Hugues de Vermandois et confirmait Artaud dans sa fonction
d'archevêque de Reims. Quelques semaines plus tard, un autre
synode réuni à Trèves prononçait l'excommunication contre le
duc Hugues, « ennemi du roi Louis ».

Cette dernière sanction n'eut aucune conséquence immédiate
sur l'attitude du Robertien. Hugues ne fit pas amende honorable
et la lutte continua. Cette fois cependant, Louis IV, activement
soutenu par le duc de Lorraine, représentant d'Otton, et par le
comte Arnoul de Flandre, semblait avoir définitivement repris
l'avantage. En 949, le Carolingien qui venait de reconquérir
Amiens et d'en chasser l'évêque favorable à Hugues, réussissait
un audacieux coup de main contre Laon et s'emparait de la cité à
l'exception du donjon, qui resta aux mains du comte Thibaud de
Blois. La même année, Louis recevait une soumission de taille,
celle du comte Albert de Vermandois, l'un des fils d'Herbert,
tandis que l'archevêque Artaud recevait celle de la garnison de
Coucy, qui tenait auparavant pour le comte Thibaud.

L'excommunication du Robertien, confirmée à la même époque par le pape Apaget II, n'était probablement pas étrangère à
ces ralliements. On imagine aisément, par ailleurs, les pressions
dont Hugues put être l'objet de la part de l'épiscopat de ses États

lorsque l'Église, par la voie de conciles, même étrangers, puis du pape lui-même, eut tranché en faveur du Carolingien. Bien que ses forces militaires fussent intactes et qu'il pût compter sur l'aide des Normands du jeune Richard Ier, désormais ses plus fidèles alliés, Hugues n'avait d'autre choix que d'accepter la paix que, par l'intermédiaire du roi Otton, lui proposa Louis IV au début de l'année 950. Il dut même, en signe de bonne volonté, restituer au roi la tour de Laon. Cette paix de 950, certains vassaux d'Hugues, notamment Thibaud de Blois et ses propres neveux de Vermandois, l'appliquèrent de fort mauvaise grâce. Une guerre larvée se poursuivit jusqu'au 20 mars 953, date de la paix, celle-ci définitive, conclue à Soissons.

La longue lutte s'achevait sans vainqueur ni vaincu. Louis IV avait échoué dans sa tentative de mainmise sur la principauté normande. Fort habilement, Hugues le Grand avait su substituer son influence à celle du roi et se poser en protecteur du jeune Richard Ier. Ce succès est peut-être à l'origine de la suzeraineté robertienne, puis capétienne sur la Normandie. En revanche, le duc des Francs n'était pas parvenu à faire de la royauté l'instrument docile de sa politique. Lorsque, le 10 septembre 954, à l'âge de trente-trois ans, Louis IV mourut victime d'un accident de chasse, la dynastie carolingienne devait à l'admirable ténacité de ce prince d'être encore présente sur la scène politique, d'imposer au duc lui-même le respect et de s'appuyer sur un noyau territorial désormais solide. Les deux cités de Laon et de Reims, autrefois si âprement disputées, formaient le centre d'une petite principauté homogène, bien gardée par une poignée de guerriers d'élite à la fidélité inébranlable, tel l'infatigable Renaud, comte de Roucy, ou le rusé Raoul, père de l'historien Richer.

Sans doute cette puissance territoriale n'avait-elle pu se reconstituer que grâce au concours actif de la royauté ottonienne. Depuis 953, la protection germanique s'était même rapprochée avec la nomination de l'archevêque Brunon de Cologne, frère d'Otton et de Gerberge, à la tête de la Lorraine voisine. Mais Hugues savait désormais que ce concours et cette protection seraient infaillibles tant que les rois de la *Francia* occidentale n'élèveraient aucune prétention sur la Lotharingie : la solidarité des rois jouerait toujours contre lui.

On ne peut donc être surpris que le duc, au lendemain de la mort prématurée de celui qu'il avait si âprement combattu, n'ait fait aucun obstacle à l'avènement de son fils aîné, Lothaire, alors âgé de treize ans. Gerberge, la veuve de Louis, dut certes respecter les formes. « Elle alla trouver Hugues, nous dit Flodoard, et lui demanda le conseil et l'aide ». Et l'annaliste de nous montrer le duc des Francs recevant la reine avec honneur, la consolant et veillant à l'accession de Lothaire au trône. Grâce à la présence vigilante de Brunon, le frère d'Otton, le temps des luttes était bien terminé.

Au lendemain du sacre, qui eut lieu à Reims « avec la faveur du prince Hugues, de l'archevêque Brunon, et des autres évêques et grands de France, de Bourgogne et d'Aquitaine », Lothaire renouvela au profit d'Hugues sa charge de *dux Francorum* et lui concéda, non plus seulement la Bourgogne, comme en 943, mais aussi l'Aquitaine. Une concession habile au demeurant : elle ne coûtait pas grand-chose à la dynastie dont l'influence était désormais presque nulle en ces régions. Tout en flattant l'ambition du duc, elle détournait son attention du Nord-Est où la royauté était toujours en lutte avec les fils d'Herbert.

De fait, Hugues le Grand, se désintéressant de ce qui se passait en *Francia,* occupa les deux années qui lui restaient à vivre à rendre effective sa domination sur les régions concédées. Durant l'été 955, il réussit à convaincre Lothaire de l'accompagner en Aquitaine où, malgré quelques succès militaires, il ne parvint pas à imposer son autorité au comte de Poitiers. En Bourgogne, où le duc était déjà bien implanté, le succès fut total. Hugues le Noir était mort sans descendance en 952, laissant l'essentiel de sa succession à son parent, le comte Gilbert, fils de Manassès, l'ancien lieutenant de Richard le Justicier. Hugues le Grand parvint sans difficulté à se faire prêter le serment de fidélité par Gilbert, qui ne fut dès lors en Bourgogne qu'un *comes praecipuus,* un comte principal, la dignité de marquis ou de duc étant réservée au duc des Francs. Mieux encore, Hugues maria son second fils, Otton, encore enfant, à l'une des filles du comte bourguignon. Au mois d'avril 956, Gilbert mourut sans héritier masculin ; Hugues le Grand, agissant à la fois comme seigneur du défunt et comme beau-père de l'une des héritières, s'empara de la succession.

La réussite semblait ainsi complète en Bourgogne ; plus spectaculaire, en tout cas, qu'en cette *Francia* du nord de la Seine, dont Hugues le Grand se voulait aussi le chef. Hugues y était certes bien implanté, moins, toutefois, de façon directe que par le biais d'un solide réseau d'alliances et de fidélités. L'Amiénois méridional relevait de lui grâce à la vassalité de son principal seigneur, le comte de Montdidier, de même que les comtés de Senlis, Beauvais, Meaux, Beaumont-sur-Oise. Le duc avait aussi des vassaux jusqu'en Soissonnais, Valois et Ponthieu.

Mais plus au nord et dans l'est, le vieux pays franc semblait bien être en passe de redevenir carolingien. Depuis la petite principauté royale de Laon et de Reims, le roi étendait de nouveau son réseau de fidélité jusqu'aux rivages de la Manche. Imitant la politique ecclésiastique de son beau-frère Otton, Louis IV avait concentré ses efforts vers la restauration de l'autorité royale sur les principaux évêchés de la province de Reims. Ceux d'Amiens et de Soissons, longtemps incertains, voire hostiles, étaient redevenus royaux en 948, au lendemain de la reconquête de Reims. En 949, l'évêché de Laon avait été donné à Roricon, fils illégitime de Charles le Simple et demi-frère du roi. Un an plus tard, un autre parent de Louis IV, Raoul, avait reçu celui de Noyon, depuis longtemps perdu par la royauté. Enfin, depuis 947, celui de Châlons avait à sa tête un partisan du roi, l'évêque Gibuin.

Il semblerait qu'à l'image d'Otton Iᵉʳ Louis IV ait très tôt cherché à donner à ses évêques les moyens politiques de leur indépendance à l'égard des grands laïcs de leurs diocèses, notamment en leur concédant le pouvoir comtal ou certains attributs de ce pouvoir. Ce fut ainsi le cas à Reims en 940, et l'on peut se demander si cette concession, qui déjouait les prétentions d'Herbert sur Reims et son comté, ne fut pas la cause immédiate de la chute de l'archevêque Artaud. Mais ce fut aussi le cas à Châlons et à Noyon un peu plus tard, lorsque le roi eut solidement rétabli son autorité sur ces deux sièges. Ces promotions sont essentielles pour mieux comprendre la capacité de résistance qui fut celle du roi dans les années 950, face aux forces conjuguées des fils d'Herbert et du comte Thibaud de Blois. Pourvus d'immenses domaines, de forteresses et de milices nombreuses, d'un trésor bien garni par les revenus des tonlieux et des ateliers monétaires, les évêques de la province de Reims fournissaient périodiquement au monarque leurs contingents militaires et, dans leurs diocèses respectifs, faisaient obstacle aux entreprises des grands laïques.

Si cette fidélité des évêques explique pour une part le désengagement progressif d'Hugues le Grand des affaires du Nord, elle explique aussi le lent essoufflement du combat d'arrière-garde mené après 950 par la maison de Vermandois contre la royauté. La puissance des héritiers d'Herbert demeurait certes non négligeable. Le plus actif, Herbert III, contrôlait toujours le Soissonnais et les contrées riveraines de la Marne, et menait la vie dure aux vassaux des évêques de Reims et de Châlons. Robert, son frère, possédait le comté de Meaux, hérité de son père, en attendant d'acquérir, par mariage avec l'une des filles du comte Gilbert de Bourgogne, le comté de Troyes. Quant à Albert, il régnait sur les possessions septentrionales qui gravitaient autour du Vermandois. La maison de Vermandois demeurait donc redoutable. En outre, elle pouvait compter sur l'alliance du comte Thibaud de Blois qui avait épousé une fille d'Herbert de Vermandois et recueilli une part de sa succession, notamment en Pruvinois (Provins) et Beauvaisis. Pourtant, Herbert III et Robert de Meaux, fréquemment associés dans la lutte, ne purent rien entreprendre de décisif contre le roi après 953, année où Hugues le Grand renonça définitivement à toute action hostile à l'égard de Louis IV. Débarrassée de son plus gênant adversaire, la puissance carolingienne était désormais suffisante pour faire échec à toute action de leur part contre Reims et Laon, voire contre les évêchés fidèles dont les possessions étaient imbriquées dans les leurs : Soissons, Châlons. Dans ce contexte, la soumission d'Albert de Vermandois et son mariage, dans les années 950, avec une fille que la reine Gerberge avait eue de son premier mariage avec Gilbert de Lorraine, laissaient entrevoir la possibilité d'un rapprochement entre Héribertiens et Carolingiens et l'intégration, à plus ou moins brève échéance, des débris de la principauté vermandisienne dans la mouvance royale.

Un autre rapprochement, lui aussi essentiel, s'était opéré dès les années 945 entre Louis IV et le comte Arnoul de Flandre. A partir de 948, Arnoul, étroitement allié au roi, fut chargé par celui-ci de contenir les ambitions d'Hugues le Grand vers l'Amiennois, l'Artois et le Ponthieu. Il en profita pour consolider son implantation dans la plupart de ces régions. L'entente allait durer bien au-delà du règne de Louis IV et se traduire par un complément de titulature hautement significatif au profit du comte de Flandre : en 950, dans un diplôme destiné à Saint-Pierre de Gand, Louis appelle Arnoul *comes et marquio* [2], ce qui vaut de sa part reconnaissance d'une principauté flamande désormais bien intégrée au *regnum Francorum,* en tout cas moins marginale qu'aux décennies précédentes.

L'alliance flamande le confirme : le nord de la *Francia* semblait voué à échapper à l'influence robertienne et l'on comprend que le duc vieillissant ait préféré consacrer le temps qui lui restait à vivre à d'autres tâches d'expansion, de loin plus rentables.

Lorsqu'il mourut, en juin 956, moins de trois mois après s'être assuré le contrôle de l'héritage bourguignon, Hugues laissait à ses héritiers, et d'abord à son fils aîné, Hugues Capet, une puissance incomparablement plus forte que celle que lui avait transmise, trente-deux ans plus tôt, son père Robert.

L'ÂGE D'OR D'UNE PRINCIPAUTÉ

Nous le savons maintenant : la puissance robertienne a cette particularité d'être la seule à se situer sur deux niveaux différents. Hugues le Grand est marquis de Neustrie, et à ce titre chef d'un *regnum* qu'il tient de ses ancêtres. Par ailleurs, il prétend être à partir de 936 le *dux Francorum,* c'est-à-dire le chef de tous les Francs, ce qui lui donne une double vocation : celle d'exercer une étroite tutelle sur la royauté elle-même, et celle de revendiquer la primauté après le roi au sein de l'ensemble des *regna* composant le *regnum Francorum.* Or, sur ce point précis, le bilan final du principat d'Hugues le Grand n'est entièrement conforme, ni au dessein affiché au départ, ni au modèle que pouvait offrir au Robertien l'histoire de ceux qui, avant lui, avaient porté le titre ducal.

Au VIIIe siècle, la titulature adoptée par les Pépinides s'était inscrite dans une logique de prise de pouvoir et d'absorption de la fonction royale : une logique qui, poussée à son terme le plus

2. Comte et marquis.

extrême, s'était traduite dans les faits par la disparition de la dynastie mérovingienne. Or, aux approches des années 950, époque où la royauté était la plus vulnérable, la courageuse résistance de Louis IV et le soutien prodigué au Carolingien, tant par la papauté que par le roi de Germanie, ont empêché Hugues le Grand de reproduire à son profit le schéma du VIIIe siècle. Sans doute est-il finalement parvenu, sur la base du précédent de 936, à faire prévaloir la règle en vertu de laquelle un roi ne peut être intronisé sans son concours exprès : l'accession de Lothaire, en 954, s'est déroulée, nous l'avons vu, selon une procédure qui donne en principe au duc des Francs un rôle de tout premier plan, mais dont il ne faut peut-être pas trop exagérer la portée politique. L'échec relatif d'Hugues dans sa lutte contre Louis IV a en effet favorisé la renaissance de cette légitimité dynastique, si mal en point au lendemain de la chute de Charles III, dont bénéficieront les successeurs de Louis IV jusqu'à l'avènement d'Hugues Capet. Après 950, Hugues le Grand lui-même ne songe plus à contester le droit des Carolingiens à régner, et l'accession de Lothaire à la royauté illustre ce renversement de tendance qui semble assez paradoxalement nous éloigner de l'échéance de 987.

Son échec relatif dans le face-à-face avec le Carolingien paraît de même avoir imposé au Robertien des règles de « cohabitation » — le mot est à la mode — qui ont singulièrement modifié le contenu primitif du titre de *dux Francorum*. Bien sûr, le titre continue de sous-tendre une revendication de primauté sur la totalité des *regna* formant le royaume franc. Après 937, Louis IV a tenté de s'y opposer en nouant des liens directs avec ceux dont Hugues le Grand contestait la primauté au sein de leurs *regna* : avec Hugues le Noir dès 938, avec Guillaume de Poitiers en 940-942, l'un et l'autre ayant de leur côté trouvé dans l'alliance avec la royauté un moyen de s'opposer aux ambitions hégémoniques du duc des Francs.

En revanche, en 954 et 955, le jeune Lothaire a explicitement reconnu la primauté d'Hugues en Bourgogne et en Aquitaine, d'abord en lui concédant ces deux régions, puis en participant à la campagne menée par le duc contre le comte Guillaume de Poitiers. En outre, Hugues conserve de nombreuses fidélités en *Francia* et possède désormais l'exclusivité des relations avec la

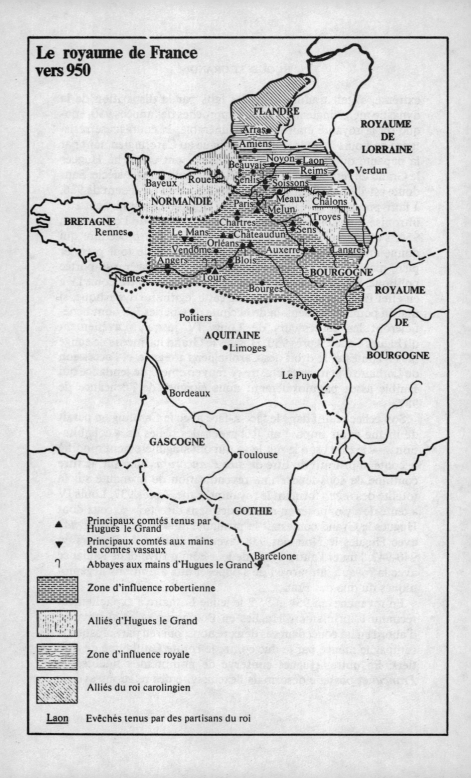

Le royaume de France vers 950

FLANDRE

Arras

Amiens

ROYAUME
DE
LORRAINE

Beauvais

Noyon

Laon

Verdun

Reims

Bayeux

Rouen

Senlis

Soissons

NORMANDIE

Paris

Meaux

Châlons

BRETAGNE

Melun

Troyes

Rennes

Chartres

Châteaudun

Sens

Le Mans

Orléans

Auxerre

Langres

Vendôme

Blois

Angers

Tours

BOURGOGNE

Nantes

Bourges

ROYAUME

Poitiers

DE

AQUITAINE

Limoges

BOURGOGNE

Le Puy

Bordeaux

GASCOGNE

Toulouse

GOTHIE

Barcelone

▲ Principaux comtés tenus par
Hugues le Grand

▼ Principaux comtés aux mains
de comtes vassaux

ʔ Abbayes aux mains d'Hugues le Grand

Zone d'influence robertienne

Alliés d'Hugues le Grand

Zone d'influence royale

Alliés du roi carolingien

<u>Laon</u>   Evêchés tenus par des partisans du roi

Normandie. Cela, la royauté a fini par l'accepter, ce qui implique que le Robertien est le seul grand du royaume à pouvoir légitimement prétendre aux titres de *dux* et de *princeps* : même le comte de Poitou, qu'Hugues n'a jamais réussi à soumettre effectivement et qui se prétend « duc des Aquitains », n'a pas droit à ce titre que Flodoard, très scrupuleux lorsqu'il s'agit de titulature, lui refuse systématiquement après 936. La règle demeure donc que le duc des Francs, parce qu'il forme écran entre le roi et les peuples qui lui sont soumis ou qu'il prétend dominer, garde vocation à être l'interlocuteur et le conseiller privilégié du monarque pour les affaires du royaume.

Mais à tout cela il existe une contrepartie. Depuis les années 950-953, Hugues le Grand, renonçant définitivement à l'exercice de l'étroite tutelle qu'il avait tenté d'imposer à Louis IV en 936, puis en 945-946, s'est vu contraint de reconnaître à l'institution royale une autonomie d'action au sein d'une sphère d'influence propre : le nord-est du royaume, comprenant Reims et Laon, la majorité des évêchés de la province de Reims à l'exception de Senlis et de Beauvais, ainsi qu'une relation directe et privilégiée avec les maisons de Flandre et de Vermandois. Consacré par la paix conclue à Soissons en 953, ce désengagement du duc des Francs est un fait majeur puisqu'il durera jusqu'à la mort du dernier Carolingien. Hugues le Grand jusqu'en 956, et après lui Hugues Capet respecteront désormais comme règle de cohabitation cette démarcation de l'autorité au sein du *regnum Francorum*. Il y a là une réalité que n'ont pas toujours bien vue les historiens, et qu'il faudra garder à l'esprit aussi bien pour comprendre le rôle d'Hugues Capet auprès de Lothaire, que pour imaginer l'ambiance dans laquelle s'est opéré le changement dynastique de 987.

Mais Hugues est aussi un prince territorial : il l'est même doublement à quelques mois de sa mort, après avoir réussi à mettre la main sur l'ancienne principauté richardienne. La Neustrie, qu'il tient de ses ancêtres, où les Robertiens sont parvenus à exclure presque complètement la royauté des réseaux de fidélité qui autrefois remontaient jusqu'à elle, est sans conteste, en ce milieu du Xe siècle, la principauté la plus forte et la mieux organisée du royaume.

Pour évaluer la puissance robertienne, il faut d'abord dresser la

liste des comtés encore tenus en propre par Hugues le Grand vers
935-940. Une dizaine en tout, répartie en trois groupes : celui de
la Loire et de ses abords — Touraine, Orléanais, Dunois, Chartrain, Blésois — qui est le plus étendu et correspond à la dotation
initiale des Robertiens ; celui de la Seine — Parisis, Pincerais,
(Poissy), Mérésais ou Madrie (Ivry-la-Bataille) — acquis au
temps d'Eudes ; enfin le Sénonais et l'Auxerrois pris sur la Bourgogne en 936. La force que représentent ces dix *pagi* est d'autant
plus impressionnante que la plupart d'entre eux correspondent à
d'anciennes *civitates* gallo-romaines et sont les chefs-lieux d'évêchés puissants (Tours, Orléans, Chartres, Paris, Sens, Auxerre),
presque tous sous influence ducale.

Dans chacun de ces comtés, le prince robertien est représenté
par un « vicomte » qui exerce les attributs de la puissance comtale et qui est son vassal direct. En principe, cette fonction est
simplement déléguée. Le vicomte ne peut donc prétendre, du
moins à l'origine, avoir la maîtrise du réseau de fidélité qui
enserre l'aristocratie du comté, lequel relève immédiatement du
Robertien. Cependant, l'exemple du comté d'Anjou où, déjà vers
927-930, le vicomte est parvenu à la dignité comtale, montre que
l'institution vicomtale ne met pas le prince à l'abri du danger de
se voir dessaisi de son réseau de fidèles et de sa fonction comtale :
un danger qui, nous le verrons, est bien actuel à la veille de la
mort d'Hugues le Grand.

Une seconde source de puissance provient de la fidélité d'une
bonne dizaine de comtes vassaux. Exception faite de ceux du
Maine et d'Anjou qui disposent d'un pouvoir assez considérable
et relativement autonome, ces comtes vassaux sont à la tête de
pagi secondaires et ont à peine plus d'importance que de simples
vicomtes. Entrent dans cette catégorie le comte de Vendôme,
également vassal de l'évêque de Chartres, ceux de Corbonnais
(Mortagne), Dreux, Châtrais (Arpajon), Gâtinais, Étampois,
Melunois et Vexin-Français (Meulan). La différence avec de simples vicomtes vient surtout de ce qu'étant titulaires d'une charge
comtale, donc d'une prérogative propre, ils ont la maîtrise d'une
bonne partie du réseau de fidélité de leur *pagus*. Mais leur force
politique n'est pas telle qu'ils puissent choisir leurs alliances et
leurs seigneurs. Comme de simples vicomtes, ces petits comtes
portent leur fidélité principale, non plus au monarque, mais au

prince robertien, et assistent avec constance, à l'instar des vicomtes eux-mêmes, aux plaids que celui-ci réunit périodiquement.

En tout, la principauté d'Hugues le Grand englobe quelque vingt *pagi*, un ensemble pour moitié soumis directement au duc robertien et pour moitié relevant médiatement de lui. Cette proportion n'est pas étrangère à l'impression d'ordre, de cohésion et de solidité que donne l'État robertien durant la majeure partie du principat d'Hugues le Grand. On y est fort loin des rivalités qui agitent la Bourgogne, où le Richardien tient en propre moins du quart des *pagi* composant sa principauté, et plus loin encore de l'anarchie permanente qui règne au nord de la Seine.

Un ordre robertien existe donc entre Seine et Loire ; et cet ordre, à bien des égards, ressemble étrangement à l'ordre royal qui prévalait un siècle plus tôt. Les *pagi* administrés directement par le duc ou relevant des comtes vassaux ont en général conservé leurs structures carolingiennes : un découpage en subdivisions *(vicaria)* confiées à un *vicarius,* une administration judiciaire qui reste caractérisée par la réunion périodique du *mallus* [3] sous la présidence du comte ou de ses délégués, vicomte et *vicarii.* Mais par-delà les structures, ce sont surtout les méthodes de gouvernement de la principauté qui rappellent celles du royaume franc des VIIIe-IXe siècles. A l'exemple des anciens rois, le prince neustrien convoque fréquemment des plaids rassemblant tous les grands de son État, comtes, vicomtes et évêques. On a ainsi conservé la trace et la composition de plusieurs de ces assemblées solennelles où, comme au sein des anciens *placita* [4] carolingiens, devaient être débattues les questions de gouvernement et prises par le *dux,* « du conseil de ses fidèles » les décisions majeures.

Encore faut-il se demander dans quelle mesure la finalité de la fonction royale a pu déteindre elle-même sur le comportement du chef de *regnum* qu'est le prince robertien. Car, celui-ci, pas plus que ses rivaux de Bourgogne et d'Aquitaine, ne doute qu'il ne tienne son pouvoir de Dieu, au même titre que le roi carolingien. Mais que peut et doit faire un prince du Xe siècle de ce pouvoir d'essence divine ?

---

3. Le tribunal réuni au chef-lieu du comté ou de la *vicaria.*
4. Réunions périodiques des grands autour du roi.

Au moment même où Hugues règne sur la Neustrie, un grand abbé de Cluny, Eudes, qui est issu d'une famille tourangelle vassale des Robertiens, est l'un des premiers à proposer aux nouveaux princes l'idéal de vie que les doctrinaires des siècles précédents s'étaient attachés à inculquer au roi. Dans sa *Vie de saint Géraud* il leur offre en exemple un comte, Géraud d'Aurillac, en célébrant chez lui les vertus « royales » de justice et de paix, en le montrant attentif à la sauvegarde des églises, protecteur des faibles et des indigents, défenseur des veuves et des orphelins. Le personnage qu'Eudes dépeint apparaît ainsi comme une sorte de substitut du modèle royal à l'usage des princes.

Faute de sources suffisantes, il reste bien difficile de saisir tout l'impact de cette « promotion idéologique des princes [5] » sur le comportement d'un Hugues le Grand que l'on sait par ailleurs proche d'Eudes de Cluny. Vis-à-vis des églises monastiques qu'il tient en sa main, Hugues le Grand peut être considéré comme un prince de la transition. D'un côté, les grands monastères dont il est l'abbé demeurent un élément essentiel de son patrimoine, avec leurs immenses domaines fonciers susceptibles d'être utilisés pour la dotation de ses propres vassaux. Comme l'avait fait son père, Hugues en dispose sans vergogne, puisant non seulement dans la réserve abbatiale dont il a la jouissance, mais aussi dans la mense conventuelle, en principe affectée à l'entretien de la communauté. Le sort du domaine de Combes, l'un des plus importants de Saint-Germain-des-Prés, paraît exemplaire : Hugues l'a donné en bénéfice à Hilduin, comte de Montdidier, afin de s'assurer la fidélité de ce vassal indocile et de consolider son implantation en Amiennois méridional. Chroniques et diplômes postérieurs ne se priveront d'ailleurs pas de stigmatiser les dilapidations dont le Robertien s'est rendu coupable au détriment du temporel de ses abbayes. Sous cet angle, Hugues est bien un prince territorial de la première génération, plus soucieux du profit économique ou politique des titres abbatiaux qu'il détient, que de l'observance religieuse de la communauté dont il a la charge.

Mais il existe une autre approche du personnage, à la fois plus

5. L'expression est de J. Flori, *L'idéologie du glaive, préhistoire de la chevalerie*, Genève, Droz 1983.

conforme à la tradition carolingienne de protection des églises, et plus en harmonie avec l'idéal que propose aux princes l'abbé Eudes de Cluny. Saint-Martin de Tours, la grande abbaye canoniale au passé prestigieux, est devenue l'un des lieux de séjour privilégié de son comte-abbé. Celui-ci en utilise la chancellerie pour rédiger ses actes. De même est-ce là, parmi les chanoines recrutés au sein des familles vassales de la région, qu'il choisit les titulaires des sièges épiscopaux de ses États : ainsi Téotolon, le futur archevêque de Tours, qui sera l'ami d'Eudes de Cluny, Rainon, le futur évêque d'Angers, Guy d'Anjou, le fils du comte Foulques, futur évêque de Soissons, compteront d'abord au nombre des cent cinquante à deux cents chanoines qu'abrite l'antique basilique sous le principat d'Hugues. Bref, pépinière d'évêques, parfois fort dignes et de grand renom comme cet archevêque Téotolon, Saint-Martin de Tours apparaît comme une sorte de capitale politique et religieuse du maître de la Neustrie, et rappelle, toutes proportions gardées, le rôle joué au temps des grands Carolingiens par l'ancienne chapelle impériale d'Aix.

En outre, Hugues le Grand n'est pas resté à l'écart du mouvement de régénération monastique qui, sous l'influence de deux grands réformateurs, le Bourguignon Eudes de Cluny et le Lorrain Gérard de Brogne, commence à gagner l'ensemble du royaume. En témoignent la réforme de Fleury (Saint-Benoît-sur-Loire), entreprise vers 930 et confiée à Eudes de Cluny, ou encore celle de Saint-Julien de Tours, opérée de concert par l'archevêque Téotolon et Eudes. Le prince robertien, contrairement au comte Arnoul de Flandre qui finira par confier à Gérard de Brogne les cinq grands monastères flamands dont il était abbé, a limité son dessein de réforme aux seules abbayes de la Loire (Saint-Germain-des-Prés et Saint-Denis ne seront réformés que plus tard, par Hugues Capet) ; il n'en mérite pas moins d'être considéré comme le premier artisan de l'étroite union que réalisera pleinement son successeur entre la dynastie capétienne et cette force nouvelle, salvatrice pour l'Église, que représente le monachisme clunisien.

Là encore, le modèle fourni par l'abbé Eudes, celui du comte Géraud d'Aurillac, n'est peut-être pas étranger à cette orientation nouvelle : Géraud, parvenu à la perfection, offrait l'image d'un

« moine de désir », soucieux d'imiter l'observance monastique, vivant dans le siècle tout en pratiquant la chasteté, feignant de se battre avec l'épée, mais sans jamais chercher à tuer. Le message est clair : le véritable idéal de vie ne peut être que monastique et les laïcs se doivent, pour le salut de leur âme, d'aspirer à ces valeurs suprêmes de renoncement et de spiritualité. L'un des grands paradoxes du « siècle de fer et de plomb » est sans doute d'avoir été, en même temps que celui de la guerre et de la lente montée de l'anarchie politique, celui d'un commencement d'adhésion du monde des laïcs, et d'abord des princes, aux valeurs du monachisme.

N'en concluons pas qu'Hugues le Grand fit de Géraud d'Aurillac son modèle de vie ! Soucieux, certes, d'assurer la paix au sein de sa principauté, le Robertien, on l'a vu, n'hésita pas à porter la guerre et les dévastations dans les pays voisins. Flodoard, cependant, nous a laissé l'image fugitive d'un prince capable de gestes dignes d'un roi. Lorsqu'en 945 Paris fut dévastée par une épidémie de peste, Hugues, nous apprend l'annaliste, se soucia d'en secourir la population et d'assurer sa subsistance. Anecdote qui témoigne peut-être d'une certaine adhésion du prince robertien aux vertus de justice et de largesse autrefois prônées pour les rois.

Cet ordre robertien est-il immuable ? Vers la fin des années 930 s'amorce une évolution dont on ne saurait dire si elle a inquiété Hugues le Grand, mais que l'historien ne peut s'empêcher d'analyser comme un premier signe de déclin. Il semble que tende à se généraliser un processus comparable à celui que l'on a entrevu à Angers où, vers 928-930, le vicomte Foulques le Roux, se substituant au marquis de Neustrie, était devenu comte : le duc robertien commence à perdre pied dans un certain nombre de ses comtés et à voir les vicomtes chargés de leur administration revendiquer, et parfois obtenir très rapidement, le titre comtal. C'est le cas à Paris où le vicomte Teudon se pare dès 942 du titre comtal. L'on sait qu'à Teudon succédera Bouchard le Vénérable qui portera sa vie durant le titre de comte de Paris. C'est aussi le cas à Sens où le vicomte Fromond, installé par Hugues en 936-937, prend en 948, l'année même de sa mort, le titre de comte de Sens, que portera dès son avènement son fils Renard.

Enfin, plus inquiétante encore est la réussite d'un autre lignage vicomtal établi à Tours et représenté vers 942 par un personnage nommé Thibaud.

L'origine de ce Thibaud, surnommé « le Tricheur » par les récits plus ou moins légendaires qui fleuriront après sa mort, est suffisamment mystérieuse pour que, très tôt, chroniqueurs et historiens aient fait de lui un *homo novus* à l'instar du premier Robertien. Il est pourtant presque sûr que Thibaud appartenait à une famille de la haute aristocratie carolingienne, et non des moindres, puisqu'il était apparenté à Hugues d'Arles, roi d'Italie à partir de 926. Il est de même acquis que son père, lui aussi nommé Thibaud, était vicomte de Tours et de Blois au plus tard en 908, et jusqu'aux alentours de l'année 940. Peut-être est-ce ce dernier que l'on trouve cette année-là portant pour la première fois le titre de comte de Blois. A partir de cet instant, la fortune de sa maison qui, outre le comté de Blois, conserve la charge vicomtale de Tours, ne cesse de grandir. Vers 944-946, Thibaud II (le Tricheur) épouse la nièce du duc des Francs, Liégard, fille d'Herbert de Vermandois et veuve du comte normand Guillaume Longue-Épée. Ce mariage, qui permet au comte de Blois de recueillir en 946 une partie de la succession d'Herbert en *Francia*, est vraisemblablement l'œuvre d'Hugues le Grand, alors protecteur des héritiers du prince vermandisien. C'est à Thibaud qu'en 945 le duc confie la garde de Louis IV prisonnier. C'est encore le comte de Blois qui, l'année suivante, reçoit la garde de la ville de Laon, donnée à Hugues en échange de la libération du roi. Tout cela est révélateur de l'étroite entente qui unit Hugues le Grand aux vicomtes de Tours, et l'on imagine assez mal que l'un ou l'autre des Thibaud ait pu devenir comte de Blois en dehors de toute concession explicite du duc lui-même.

Hugues a-t-il d'ailleurs le choix ? Il est remarquable que la promotion des Thibaud à Blois, celles de Teudon à Paris et des Fromond-Renard à Sens soient postérieures à cette année 936 où, pour la première fois, Hugues s'est fait reconnaître comme duc des Francs par le jeune Louis IV. On ne peut être le *dux Francorum,* c'est-à-dire le tout puissant substitut d'un roi sans pouvoir, sans se trouver contraint de rétribuer largement le service de ses plus fidèles vassaux et de le faire à la manière d'un roi. Devenir *dux Francorum,* c'est encourir des pressions nouvelles de la part d'un entourage lui aussi à l'affût de toute promotion, c'est s'imposer, sinon cette règle rigoureuse exigeant qu'un monarque n'administre en propre aucun *pagus*, du moins l'obligation de faire de ses principaux fidèles de véritables *comites* dans les deux acceptions du mot : des compagnons et des comtes. Il n'est donc pas impossible que la promotion de certains de ces vicomtes ait été en étroite liaison avec le changement de titulature survenu dans les années 936-943 au profit d'Hugues le Grand.

Dans l'immédiat, Hugues n'a certes pas eu à souffrir de graves conséquences de l'ascension politique des vicomtes de Tours. Dans le cadre de la lutte contre Louis IV, Thibaud l'a bien servi. Pourtant, un fait survenu au début des années 950 jette un éclairage nouveau sur ce personnage. En 952, meurt le duc de Bretagne Alain Barbe-Torte qui avait épousé une sœur du comte de Blois. Alain laisse un jeune héritier, Drogon, dont la tutelle va être quelque temps assurée par Thibaud le Tricheur ; une tutelle fort lucrative, puisqu'elle permettra au comte de Blois d'exercer durablement une forte influence sur les destinées du duché breton, notamment dans le cadre du comté de Rennes. Ici se dessinent les premiers traits d'une politique propre à la maison de Blois, qui se décide et se fait sans qu'il soit nécessaire de recourir aux bons offices du duc des Francs. Le ver est dans le fruit. Le temps est proche où Thibaud, naguère respectueux de l'autorité d'Hugues le Grand, affichera le plus complet mépris pour celle d'Hugues Capet, son fils, et mènera une politique autonome, voire contraire aux intérêts robertiens.

L'ordre des princes n'est-il pas en train de vaciller ? La principauté qu'Hugues laisse en mourant à ses enfants ne serait-elle qu'un colosse aux pieds d'argile, atteint à son tour des maux qui causèrent l'effondrement du monde carolingien ?

DEUXIÈME PARTIE

« Dux Francorum »

Hugues Capet, le fils aîné d'Hugues le Grand, naquit entre 939 et 941. Après lui devaient naître deux autres garçons, Otton et Eudes-Henri, ainsi que deux filles, Béatrice et Emma. Tous sont issus du mariage contracté en 937 par Hugues le Grand avec Hadwige, fille du roi Henri Ier l'Oiseleur et sœur d'Otton Ier. Un mariage à la mesure des prétentions politiques du duc des Francs, et qui illustre certains traits immuables de la politique matrimoniale des Robertiens depuis le début du siècle. Vers 915-920, le marquis Robert avait marié son fils Hugues à une petite-fille de Charles le Chauve, cousine germaine du roi Charles le Simple. En 926, Hugues, veuf de sa première femme, s'était remarié avec la fille d'un roi anglo-saxon qui était aussi la belle-sœur de Charles le Simple.

Ce soin tout particulier mis à choisir l'épousée parmi les femmes de sang royal tient certes pour une part à des considérations tactiques. Les deux mariages de 926 et de 937 sont en relation avec le souci d'Hugues le Grand de réagir à la politique menée par le roi du moment. Mais le but principal de ces alliances était l'entrée du lignage robertien au sein du cercle restreint des familles royales ; c'était l'acquisition de ce prestige incomparable que seule procure l'appartenance à une lignée de rois. Il est d'ailleurs frappant qu'aucun des mariages d'Hugues le Grand n'ait débouché sur des accroissements territoriaux. L'essentiel n'était pas là ; l'objectif était plutôt que les enfants à naître, et d'abord celui qui serait appelé à reprendre l'héritage paternel, fussent du sang des rois qu'il convient de posséder en abondance lorsque l'on se prétend le chef de la nation franque.

Ces préoccupations matrimoniales sont étroitement liées à un comportement dynastique en tous points semblable à celui des lignages royaux du Xᵉ siècle. En 936, Otton Iᵉʳ, l'aîné des fils d'Henri Iᵉʳ l'Oiseleur, est parvenu à s'imposer, au détriment de son frère Henri, comme seul roi de l'ensemble du royaume germanique. Pour la première fois lors d'une dévolution dans laquelle l'hérédité joue le premier rôle, on a ainsi rompu avec la vieille tradition du partage qui avait prévalu au temps des grands Carolingiens. En 954, le même mécanisme de dévolution du trône a prévalu en France dans la descendance de Louis IV d'Outremer au profit de Lothaire et aux détriments du puîné, le futur Charles de Lorraine.

Une telle nouveauté dans le mode de dévolution de la couronne n'est pas seulement liée aux circonstances, d'ailleurs fort différentes, dans lesquelles Otton en Germanie, et Lothaire en France, sont parvenus au pouvoir. Les historiens expliquent parfois la dévolution du titre royal au profit du seul Lothaire par la faiblesse de l'institution, qu'un partage entre les héritiers de Louis IV aurait encore aggravée. Mais c'est un argument qu'il est difficile d'appliquer à la Germanie de la fin du règne d'Henri Iᵉʳ l'Oiseleur, un monarque qui a singulièrement rehaussé le prestige de sa fonction. En Germanie comme en France, les solutions de 936 et de 954 s'expliquent d'abord par plus d'un demi-siècle de pratique unitaire. Du seul fait qu'il niait le principe héréditaire, le choix plusieurs fois répété d'un roi en dehors de la lignée carolingienne excluait cette pratique des partages née de la seule hérédité.

Il est vrai qu'en France l'hérédité a très vite paru l'emporter de nouveau, ou tout au moins se trouver combinée au principe électif : lors de la reconnaissance de Charles le Simple en 898, puis lors de la restauration carolingienne de 936. Mais deux phénomènes ont pu jouer de concert pour parachever cette prodigieuse évolution des mentalités sans laquelle la solution de l'indivisibilité aurait été tout aussi inacceptable au Xᵉ siècle qu'elle l'avait été au temps de Louis le Pieux. Le premier, difficilement mesurable faute de sources, est un possible renouveau de l'idéologie unitaire dont, un siècle plus tôt, Jonas d'Orléans et Agobard de Lyon s'étaient fait les vains porte-parole à l'échelle de l'empire. Condamnée sans appel par le principe héréditaire, l'idée d'unité des *regna* issus de l'ancien empire ne pouvait avoir de meilleur support que le principe électif. Le second phénomène est plus concret : en 898 et 936, lorsque la légitimité dynastique a semblé reprendre corps au profit des Carolingiens, la présence d'un unique héritier a évité que se pose de nouveau la question du partage, et contribué à transformer en coutume un mécanisme de dévolution unitaire du titre royal.

Au sein du lignage des Robertiens, l'indivisibilité du titre ducal a pareillement triomphé, encore que chez eux, comme dans tous les grands lignages aristocratiques, il ait d'abord fallu que se renforce cette structure familiale patrilinéaire et verticale que seul le lignage royal avait jusque-là véritablement connue. Acquise *de facto* dès la fin du IXᵉ siècle, l'hérédité des *honores* est inséparable d'un tel renforcement qui n'implique cependant pas automatiquement l'exclusion de la pratique des partages. On le constate au sein de la maison de Vermandois : les héritiers d'Herbert ont eu chacun leur part, y compris ses filles et leurs progénitures. Encore au début du XIᵉ siècle, la persistance, au sein de cette famille, de comportements laissant une certaine place à la parenté cognatique se traduira par le passage de l'héritage champenois de la maison de Vermandois dans le patrimoine des comtes de Blois.

En revanche, chez les Robertiens, verticalité et indivisibilité sont allées de pair. Comme pour les Carolingiens, l'indivisibilité du patrimoine a été favorisée par les accidents généalogiques : Eudes, l'aîné des fils de Robert le Fort, est mort sans héritier survivant et son unique frère, Robert, a pu jouir seul de l'intégralité des *honores* familiaux. Robert n'a eu qu'un fils, Hugues, auquel est tout naturellement échu l'ensemble de la succession. L'évolution familiale a ainsi permis à Hugues le Grand, détenteur depuis 936 d'une quasi-royauté, de reproduire au sein de sa maison le modèle de dévolution de la royauté adopté chez les Ottoniens dès 936, puis chez les Carolingiens en 954 : face à plusieurs héritiers, Hugues devait établir un ordre de succession privilégiant l'aîné. Il importait qu'il en fût ainsi pour conserver à la puissance robertienne la cohésion qui avait permis au duc des Francs de s'imposer comme le premier personnage du royaume.

Dès sa naissance, Hugues Capet, qui reçoit le nom paternel, est

donc destiné à succéder à son père à la tête du patrimoine ances-
tral. Au second, Otton, reviendra la Bourgogne sur laquelle
Hugues le Grand exerce son hégémonie, mais qui ne peut être
détenue directement qu'à la faveur d'un mariage. Sur décision de
son père, Otton va donc, à l'âge de quinze ou seize ans, épouser
l'héritière du plus puissant des comtes bourguignons. Quant au
dernier fils, Eudes-Henri, il est pour l'heure voué à la cléricature
en attendant vraisemblablement de se trouver pourvu d'un riche
évêché. Lignage quasi royal, la dynastie robertienne se comporte
donc, en ce milieu du Xe siècle, comme un lignage royal : Hugues
Capet, prince de sang royal, aîné d'une lignée royale, sera le seul à
recueillir le titre de *dux Francorum,* le seul aussi à prétendre
transmettre ce titre, avec le capital d'influence qu'il implique, à
sa propre descendance.

CHAPITRE PREMIER

Sous le regard d'Otton

Le 16 juin 956, jour de la mort d'Hugues le Grand, marque un singulier tournant dans l'évolution politique du royaume franc. Ce jour-là, en Neustrie comme en Bourgogne, le pouvoir est vacant : Hugues « Capet », l'aîné des trois fils d'Hugues, est un adolescent de seize ans dépourvu d'expérience politique. Les contemporains se trouvent ainsi en présence d'une situation sans précédent d'extrême faiblesse de l'autorité ducale, dont, de son côté, la royauté n'est guère en mesure de profiter, du moins dans les tout premiers temps. Lothaire est à peu près du même âge qu'Hugues, son cousin, et son expérience de roi à peine plus consistante. Événement unique dans l'histoire du royaume : deux pouvoirs à la fois complémentaires et rivaux sont pour quelque temps aux mains de deux femmes qui sont sœurs, Gerberge, veuve de Louis IV et mère de Lothaire, Hadwige, veuve du duc des Francs et mère d'Hugues Capet.

Or, dans la société guerrière et patriarcale de ce temps, la femme est l'objet d'une incapacité juridique permanente ; il faut donc à chacune de ces deux sœurs et à leur progéniture une autorité protectrice. Au dire de l'historien Dudon de Saint-Quentin, Hugues le Grand mourant aurait confié la garde de ses enfants à son plus puissant vassal et allié, Richard Ier de Normandie, par ailleurs fiancé à sa fille Emma. Dans les faits, une autre solution prévaudra, plus conforme à cette solidarité du sang qui marque tout le haut Moyen Age : Otton Ier, le puissant roi de Germanie, frère de Gerberge et d'Hadwige, va pouvoir jouer pleinement son rôle de chef du clan saxon et, sinon l'exercer personnellement, du moins confier la protection des fils d'Hadwige à son frère l'archevêque-duc Brunon, déjà tuteur de fait du jeune roi Lothaire.

Pour saisir la portée politique de cette double « tutelle », il suffit de souligner à quel point, en ces années 950-960, la puissance ottonienne est à même de surclasser celle de n'importe quel autre roi ou grand de l'Occident chrétien. La dynastie saxonne est alors tout près d'égaler en puissance les premiers Carolingiens. Reprenant la vigoureuse politique de son père Henri Ier l'Oiseleur, Otton Ier est parvenu à rétablir l'autorité royale sur les grands duchés nationaux (Souabe, Franconie et Bavière) qui menaçaient de l'anéantir aussi sûrement qu'avait pu le faire l'essor des principautés au sein du royaume occidental. Vers 950, l'œuvre de restauration intérieure est achevée : le roi tient fermement en main les titulaires d'*honores* comtaux et contrôle les principaux duchés : ainsi la Souabe et la Bavière, désormais soumises à des membres de la dynastie saxonne.

Surtout, Otton Ier s'appuie sur le haut clergé, n'hésitant pas, pour mieux le contrôler, à nommer aux sièges métropolitains ses plus proches parents : outre son frère Brunon à l'archevêché de Cologne, Otton a un oncle, Robert, à la tête de celui de Trèves, tandis que l'archevêché de Mayence échoit à l'un de ses fils. Cette maîtrise de l'épiscopat germanique — d'un épiscopat demeuré fidèle aux valeurs héritées de l'Église carolingienne — est un élément essentiel de la réussite d'Otton. Délibérément, le roi s'est lancé dans une politique de renforcement de l'autorité temporelle des évêques, allant même jusqu'à leur concéder des pouvoirs comtaux sur toute l'étendue de leurs diocèses. L'impression qui ressort de cette réorganisation est bien celle d'un retour en force du modèle carolingien, d'un modèle intelligemment corrigé à partir des expériences vécues.

D'inspiration carolingienne, cette royauté germanique l'est aussi par l'extraordinaire prestige qu'Otton Ier va acquérir dans l'œuvre d'expansion. Désormais bien implanté en Lorraine que surveille depuis Cologne son frère Brunon, et en Bourgogne dont le roi a reconnu sa suzeraineté, il progresse aussi vers le sud en mettant la main, en 951, sur le royaume lombard. Quatre ans plus tard, il remporte la retentissante victoire du Leschfeld contre les Hongrois païens, qui menaçaient aussi gravement l'Occident qu'avaient pu le faire en leur temps les Normands.

Ces événements, qui se déroulent à l'époque où s'ouvrent en France les successions de Louis IV et d'Hugues le Grand, sont assurément propres à faire renaître de vieux rêves, à susciter chez les meilleurs esprits du temps l'espérance d'une nouvelle *renovatio imperii* [1] : Otton n'apparaît-il pas au yeux du monde comme un nouveau Charlemagne, l'unique défenseur de la Chrétienté, le seul capable de faire renaître de ses cendres l'Empire romain d'Occident ? Au lendemain du Leschfeld, le roi de Germanie va briser le dernier obstacle vers l'empire en prenant le contrôle de la papauté et en reconstituant à son profit le royaume d'Italie. L'apothéose viendra en 962 lorsque, renouvelant le geste de Charlemagne, Otton revêtira les insignes de la dignité impériale disparue depuis près de cinquante ans.

La puissance qui se lève à l'Est est ainsi sans commune mesure avec celles, conjuguées, de Lothaire et des Robertiens. Plus encore qu'au temps de Louis IV et d'Hugues le Grand, elle ne peut donc que peser de tout son poids sur la vie de ce royaume dont les chefs sont des enfants. Sans doute la politique d'Otton Ier ne vise-t-elle pas à l'intégration pure et simple de la France carolingienne dans l'empire en formation. C'est en Italie, et non dans le royaume de l'Ouest, que se décidera cette renaissance impériale ; c'est donc vers l'Italie qu'en ces années 950 le roi de Germanie mobilise toute son énergie.

Mais si le futur empereur ne s'intéresse pas directement aux affaires de l'Ouest, l'activité que, de son côté, va déployer entre 956 et 965, année de sa mort, l'archevêque Brunon en tant que protecteur de ses sœurs et de ses neveux montre que, tout en conservant une indépendance théorique, le royaume franc est bel et bien entré dans le « système » ottonien.

_____

1. Restauration impériale.

PROTECTIONS GERMANIQUES ET RIVALITÉS BOURGUIGNONNES (957-960)

La « protection » exercée sur ses neveux par le frère du puissant roi de Germanie ne va certes pas se traduire par des interventions systématiques dans les affaires intérieures du royaume ou du duché robertien. Il semble d'ailleurs que dès 957, le jeune Lothaire, âgé de seize ans, agisse en roi majeur. Ce n'est probablement pas le cas des fils d'Hugues le Grand que Flodoard ne met pas en scène avant la fin de 958, et qui, même à cette date, n'auront toujours pas reçu de Lothaire l'investiture officielle de l'héritage paternel. Cependant, pas plus en Neustrie et Bourgogne que dans la Francie carolingienne, Brunon n'administre directement les États de ses neveux. Jusqu'en 960, année de l'avènement officiel d'Hugues Capet comme duc des Francs, ses interventions paraissent plus ponctuelles et s'opèrent sur deux plans.

Le premier concerne les affaires de Lorraine. D'une part, il s'efforce d'utiliser la puissance conjuguée du Carolingien et des Robertiens au mieux des intérêts germaniques. Flodoard nous montre ainsi, en 957, le roi Lothaire, encadré de Gerberge, sa mère, et de sa tante Hadwige, mère des Robertiens, prêtant main-forte à l'archevêque-duc en vue d'abattre le comte Rainier III de Hainaut qui s'était soulevé contre la domination saxonne. D'autre part, Brunon profite de sa position pour se garantir contre toute éventuelle prétention carolingienne sur la Lorraine : en 959, le jour de Pâques, Lothaire est en compagnie de sa mère à Cologne où Brunon exige et obtient de lui un engagement en bonne et due forme à ne pas revendiquer ce royaume.

Le second domaine d'intervention de Brunon en France concerne les relations entre ses neveux. L'archevêque de Cologne s'applique en effet à maintenir la balance égale entre le Carolingien et les Robertiens. Entreprise d'autant plus délicate qu'il est tentant, pour le jeune Lothaire, de tirer parti du décalage entre sa « majorité » et celle des héritiers d'Hugues le Grand pour faire main basse sur les possessions robertiennes les plus vulnérables. La Bourgogne, acquise tardivement par Hugues le Grand, où les réseaux de fidélité n'ont pas eu le temps de se stabiliser autour de la forte personnalité du duc défunt, constitue assurément le point le plus faible de la puissance robertienne. On le constate dès 958, lorsqu'un vassal des Robertiens, Raoul de Dijon, tente sans succès durable de prendre Beaune, la principale ville du duché, et de s'emparer de celle des filles de Gilbert de Bourgogne qui a épousé Otton, le frère d'Hugues Capet. Son but est d'en faire sa femme pour pouvoir prétendre ainsi à la succession bourguignonne !

De son côté, Lothaire semble vouloir, sinon se rendre maître de tout le duché, du moins s'implanter dans le nord de la province, notamment au sein des territoires relevant de l'église épiscopale de Langres, dont fait partie la ville de Dijon. Dès 957, il se rend en Bourgogne, probablement à Langres, puis à Troyes, où il s'assure la soumission du comte de la ville, Robert de Vermandois. A la fin de l'année suivante, le roi est de nouveau en Bourgogne et tient à Marzy, en Nivernais, un plaid de justice contre le duc d'Aquitaine Guillaume Tête-d'Étoupe. Hugues Capet et sa mère Hadwige y participent, et l'objet en est probablement la défense des intérêts robertiens contre un prince qui a toujours refusé l'hégémonie du duc des Francs sur l'Aquitaine. Mais dans les semaines qui suivent, Lothaire dévoile son jeu : il met la main sur plusieurs places fortes bourguignonnes au nombre desquelles figure Dijon. Geste qui, apparemment, traduit une négation de la primauté robertienne au sein de ce *regnum Burgundiae* autrefois concédé à Hugues le Grand, et dont les conséquences ne tardent guère : la rupture entre le roi et les Robertiens semble consommée dès la fin de l'année 958.

C'est alors que, pour la première fois, l'archevêque Brunon se décide à intervenir plus directement qu'il ne l'a fait jusque-là dans les affaires du royaume occidental. Avant que ne s'achève l'année 958, il se rend en Bourgogne à la tête d'une véritable armée afin, nous dit Flodoard, de « s'entretenir avec ses sœurs et ses neveux ». Peine perdue, car dans les premiers mois de 959, Lothaire et ses cousins sont au bord de la guerre ouverte. En toute hâte, Brunon accourt à Compiègne où il réunit de nouveau ses sœurs et ses neveux. Là, il obtient un apaisement tout provisoire du conflit : Lothaire et les Robertiens échangent des otages et promettent de respecter une trêve « jusqu'au prochain plaid ».

A la fin de l'année ou au début de 960, nouvelle intervention de Brunon en Bourgogne ; il s'agit cette fois de prêter main-forte à Lothaire contre le comte de Troyes Robert de Vermandois qui s'est emparé de Dijon et en a expulsé la garnison royale. Il n'est pas impensable que Robert, proche parent des Robertiens, ait agi en accord avec ceux-ci, car l'intervention de Brunon contre Robert qu'il contraint à remettre des otages, puis finalement la ville, donne à l'archevêque l'occasion de résoudre définitivement le contentieux existant entre ses neveux. Sous les murs de Dijon, Brunon provoque entre Lothaire et ses deux cousins Hugues et Otton une rencontre décisive. Les Robertiens, au dire de Flodoard, ont prêté à Lothaire le serment de fidélité. En contrepartie, Lothaire s'est enfin décidé à les investir de l'héritage paternel : Otton s'est vu concéder la Bourgogne ; quant à Hugues Capet, il a reçu la charge de *dux Francorum* ainsi que la primauté sur le Poitou.

Ce dénouement, qui réserve en outre à Lothaire la possession de Dijon, laisse deviner ce qu'avait pu être le véritable enjeu du conflit. La double « tutelle » germanique a vraisemblablement permis la résurgence en France d'un droit royal en pleine vigueur au sein de la puissante monarchie ottonienne, mais presque caduque dans le royaume de l'Ouest : il s'agit principalement de la prérogative régalienne de l'investiture des *honores* vacants, que Lothaire a pu ressaisir à la faveur de la succession robertienne. Cette résurgence n'est pas purement conjoncturelle : l'attitude d'Arnoul de Flandre vieillissant en est aussi un remarquable exemple : en 962, Arnoul déclare solennellement qu'à sa mort sa terre devra retourner aux mains du roi Lothaire. En 965, ce dernier profitera de l'ouverture de la succession du comte pour annexer l'Artois et les possessions les plus récentes de la maison de Flandre au détriment des descendants d'Arnoul.

La « protection » ottonienne et le formalisme sourcilleux de l'archevêque Brunon auraient donc largement profité à Lothaire, et l'affaire de la succession robertienne est très révélatrice à cet égard. Utilisant au mieux de ses intérêts la règle retrouvée de l'investiture obligatoire, Lothaire a vraisemblablement cherché à retarder le plus possible l'heure de l'hommage des héritiers d'Hugues et de l'investiture des terres robertiennes. Le résultat est qu'à dix-neuf ans révolus Hugues Capet a été admis à se recommander à un roi du même âge qui, lui, gouvernait son

royaume depuis plus de deux ans ! Dans l'intervalle, l'État robertien était vacant, ce qui signifie que prévalait au moins fictivement la règle d'un retour des principautés d'Hugues le Grand en
la main du roi et d'une administration provisoire de ces principautés par le monarque lui-même.

Juridiquement, Lothaire était ainsi parfaitement fondé à intervenir en Neustrie et en Bourgogne. S'il n'a pu agir directement en
Neustrie (que l'on verra plus loin livrée à d'autres influences), il
ne s'est pas privé de le faire à l'égard de la vulnérable Bourgogne.
Cela lui a permis, sinon de faire main basse sur toute la succession bourguignonne — ce qui aurait été contraire à la règle de
l'hérédité —, du moins d'établir solidement son autorité sur les
territoires relevant de l'évêché royal de Langres, et notamment
sur la ville de Dijon qui semblait destinée à tomber dans l'orbite
bourguignonne. Cette implantation royale sera durable : en 967,
Lothaire, imitant comme son propre père le *Reichkirchensystem*
d'Otton Ier, concédera à l'évêque de Langres les droits comtaux
sur sa cité et tous les territoires relevant de son église.

On imagine assez l'embarras de Brunon face aux appétits de
son royal neveu. En tant que protecteur de la royauté carolingienne, il ne pouvait qu'appuyer le retour à un respect du droit
monarchique. En tant que protecteur des intérêts de ses autres
neveux, l'archevêque ne pouvait qu'inciter Lothaire à les investir
le plus tôt possible de la succession d'Hugues le Grand. C'est ce à
quoi il s'est attaché sans succès en 959 et 960, jusqu'à ce que la
prise de Dijon par le comte de Troyes lui ait permis d'exercer une
pression plus efficace sur le jeune roi. Lothaire a dû céder, vraisemblablement contre la garantie qu'il conserverait Dijon.

L'EFFRITEMENT D'UNE PRINCIPAUTÉ

Sans doute Lothaire savait-il, en différant l'investiture des
États robertiens, que le temps jouait contre ses cousins. Ainsi
artificiellement prolongée, la « minorité » d'Hugues Capet a eu
des conséquences désastreuses sur le gouvernement de la Neustrie. Quatre années ont en effet suffi pour que s'effondre le bel
ordre ducal qui assurait aux Robertiens puissance et primauté.

La responsabilité en revient à certains de ces anciens vicomtes que l'on a vu accédant dès le principat d'Hugues le Grand à la dignité comtale, et tout particulièrement à ce comte Thibaud de Blois, déjà en pleine ascension avant 956. K.F. Werner l'a bien établi : entre 956 et 960 au plus tard, le comte de Blois s'est emparé du comté de Chartres, peut-être aussi de celui de Châteaudun, et se comporte à Tours comme s'il en était le véritable comte. Devenu majeur, Hugues Capet sera contraint de reconnaître le transfert de Chartres et de Châteaudun aux mains de son vassal, mais refusera longtemps encore de se considérer comme dessaisi du comté de Tours.

Pour comprendre un tel effondrement, il faut garder à l'esprit comment les hommes du Xe siècle se représentent l'autorité. L'humble recherche une protection. Lorsqu'à cela le pouvoir se révèle inefficace, grande est la tentation de se tourner vers une autorité supplétive et de se donner à elle. De son côté, le combattant professionnel reste fidèle à l'image du chef capable d'entraîner les siens vers l'aventure guerrière, source d'enrichissement, de célébrité et d'honneur. Or, en 956, Hugues Capet n'est rien d'autre qu'un jeune prince sous tutelle, figé dans l'attente de sa majorité et d'une investiture qui tarde. Thibaud, lui, est un personnage entreprenant, doué de cette vertu de force qui distingue entre tous le chef. Sa stature personnelle, ainsi que sa position de parent des Robertiens — son épouse était, on le sait, la nièce d'Hugues le Grand — ont pu le faire apparaître aux yeux de beaucoup comme l'un des seuls capables de combler le vide laissé par la mort d'Hugues le Grand.

En 958, Thibaud de Blois et Foulques d'Anjou, lors d'un plaid qui les réunit à Verron, aux frontières de leurs États respectifs, se présentent comme les « gouverneurs et administrateurs de ce royaume » (la Neustrie). Dans l'attente de la majorité de leur seigneur, les deux comtes, agissant probablement avec l'accord tacite, voire complice, du roi Lothaire, se considèrent ainsi comme investis, chacun dans sa sphère d'influence propre, de l'autorité princière. Il importe peu que cette mainmise ait eu lieu avec le consentement, ou contre le gré d'Hugues Capet. Ce qui compte, c'est que Thibaud ait pu se prévaloir de son nouveau rôle pour rallier à sa personne les fidélités nécessaires à une maîtrise effective et durable de sa zone d'influence : il est très tôt attesté que les vicomtes de Chartres et de Châteaudun ont glissé de la clientèle des ducs robertiens vers celle de la maison de Blois. Le signe le plus spectaculaire de sa réussite est la construction presque immédiate à Chartres, Châteaudun, Blois et Chinon, de ces *turres altae*, ces fameux donjons dont parlent encore au XIᵉ siècle la chronique de Nantes et un poème annexé à une autre chronique, celle de l'abbaye Saint-Florent de Saumur. Par l'érection de ces imposants ouvrages, propres à frapper les imaginations, Thibaud ne se contente pas d'apparaître comme l'autorité qui protège ; il signifie ainsi qu'il tient désormais en propre, qu'il a confisqué à son profit tous les pouvoirs autrefois aux mains du seul duc des Francs, y compris le plus « régalien » d'entre eux : le droit de fortification.

Comme les princes du début du siècle, le comte de Blois se doit de trouver un autre fondement à cette autorité usurpée. En 958, lors de l'entrevue de Verron, Thibaud et Foulques le Bon s'intitulent « comtes par la grâce de Dieu » et s'attachent ainsi à donner à leur puissance une légitimité qui ne se définisse pas par rapport à l'autorité ducale. Sans doute demeureront-ils les vassaux du prince robertien, mais cette vassalité ne sera plus jamais exclusive et contraignante. Thibaud et surtout son fils Eudes Iᵉʳ, possessionnés en *Francia,* compteront bientôt parmi les fidèles les plus efficaces du roi Lothaire, tandis que Geoffroy Iᵉʳ d'Anjou, fils du comte Foulques, le sera du duc d'Aquitaine et ne dédaignera pas de servir, lui aussi, le roi carolingien. Enfin, comme Geoffroy d'Anjou, le comte de Blois mène à l'extérieur sa propre politique : l'année même où Hugues Capet donne sa sœur en mariage au comte de Rouen Richard Iᵉʳ, Thibaud, assisté de Geoffroy, prend l'initiative d'un long conflit entre Francs et Normands, qui, nous le verrons, aura de graves conséquences sur les systèmes d'alliances et la vie politique du royaume. De même, Thibaud se voit en mesure d'étendre son influence vers le nord du Berry où, par deux fois, un membre de sa maison occupera le siège archiépiscopal de Bourges. Cette impressionnante réussite témoigne de l'ampleur du recul robertien durant la minorité d'Hugues Capet : en Neustrie, la faiblesse du pouvoir princier a donné naissance à de nouveaux princes capables de rivaliser en puissance avec lui.

Au lendemain de son investiture comme *dux Francorum,* le

fils d'Hugues le Grand sait donc qu'il lui faudra gouverner une principauté très différente de celle que lui avait léguée son père. C'en est bien fini de ce noyau solide et homogène de dix comtés qui distinguait la puissance neustrienne de n'importe quel autre État princier. Le groupe des comtés de la Loire a disparu, ou presque : il ne reste à Hugues Capet que la cité d'Orléans qui va devenir, sinon la capitale (la notion de capitale s'accommode mal de la vie « nomade » des grands du Xᵉ siècle qui entraînent dans leurs déplacements leur entourage de dignitaires et leur embryon d'administration), du moins la seule ville de la principauté où aucun autre pouvoir laïque ne rivalisera avec le sien.

Fort heureusement pour le nouveau duc, la principauté robertienne ne se réduit pas au comté d'Orléans et aux *pagi* secondaires qui demeurent entre ses mains dans les régions proches de la Seine. Hugues Capet est toujours un très puissant abbé laïque, disposant de la grande majorité des abbayes traditionnellement soumises à sa maison. Certes, son autorité est moins assurée qu'auparavant à Saint-Martin de Tours et à Marmoutier qui subissent la pression politique du nouveau comte de Tours. Plus tard, Hugues devra abandonner Marmoutier à Eudes Iᵉʳ de Blois, le fils de Thibaud le Tricheur, mais il parviendra tant bien que mal à maintenir sa présence au sein de l'abbaye Saint-Martin. De même à Paris où, si le comté cesse de relever directement de lui, les plus grandes abbayes restent siennes : Saint-Germain-des-Prés, Saint-Denis.

En second lieu, Hugues, malgré la perte de la plupart des comtés chefs-lieux de *civitates,* n'a pas perdu partout la maîtrise des élections épiscopales. Sans doute le comte d'Anjou réussira-t-il très vite à dominer l'élection à l'évêché d'Angers, tandis que celui de Blois s'efforcera d'exercer sa pression sur l'archevêché de Tours. Mais ni Thibaud, comme comte de Chartres, ni le comte de Paris ne contrôleront l'élection aux sièges de ces deux cités qui, avec celui d'Orléans, demeureront sous influence ducale.

Enfin, il reste à Hugues Capet deux autres atouts maîtres : si ses grands vassaux de l'Ouest se conduisent à son égard en pleine indépendance, il sait qu'il peut compter sur d'autres fidélités à toute épreuve et sur des alliances non moins solides. Les fidélités viennent des comtés du noyau parisien (Senlis. Corbeil, Melun, Dreux), et surtout du comte de Vendôme, Bouchard le Vénéra-

ble, qui sera le conseiller éclairé du duc franc, à tel point dévoué
que celui-ci n'hésitera pas à favoriser à son profit des regroupements de comtés. Au comté de Paris, qu'il doit à la faveur ducale,
Bouchard, avec la permission d'Hugues Capet, ajoutera par
mariage ceux de Corbeil et de Melun, et finira par recevoir du
duc l'abbaye Saint-Maur-des-Fossés. Cette fidélité sans faille
d'un homme qui tient à lui seul, ou presque, le noyau de la Seine
est très significative de l'orientation politique nouvelle de la principauté neustrienne : autrefois axée sur le groupe des comtés de la
Loire, le plus ancien et le plus puissant, celle-ci gravite désormais
autour d'Orléans et de Paris : un recentrage appelé à durer puisque l'axe Orléans-Paris-Senlis constituera pendant plus de deux
siècles le centre nerveux de la dynastie capétienne.

Quant aux alliances durables, elles sont celles de la Bourgogne
robertienne à la tête de laquelle vont se succéder les deux frères
puînés du duc franc (Otton qui mourra sans descendance en 965,
puis Eudes-Henri qui tiendra le duché jusqu'en 1002), et de la
Normandie dont le chef, Richard Ier, soutiendra Hugues au
moment décisif de son accession à la royauté.

On le voit : la puissance d'Hugues Capet, en ces années 960,
n'est pas, loin de là, réduite à néant par l'usurpation et l'indépendance des comtes de l'Ouest. Simplement, sa supériorité par rapport à l'autorité royale est moins insolente, moins écrasante
qu'autrefois. Ce rééquilibrage explique un comportement politique plus effacé chez Hugues Capet que chez son prédécesseur.
Certains historiens l'ont attribué un peu vite à une faiblesse de
caractère, à une totale absence, chez le nouveau duc, de ce génie
politique si évident chez Hugues le Grand. Mais le génie propre
du futur roi fut peut-être d'avoir su prendre l'exacte mesure de
cette puissance chancelante qu'il recueille en 960, et de s'être
maintenu en tant que *dux Francorum*, alors même que les
années 960 furent chargées d'événements propres à amoindrir
davantage encore son influence politique face à une royauté carolingienne en pleine phase de revitalisation dans le cadre du « système ottonien ».

CHANGEMENTS D'ALLIANCE ET NOUVELLES PERSPECTIVES

Le premier de ces événements est constitué par la « guerre normande » qui éclate au début des années 960. Les péripéties de ce conflit ne nous sont connues, pour l'essentiel, que grâce au récit partial, probablement aussi assez fantaisiste, qu'en donne quarante ans plus tard Dudon de Saint-Quentin, le biographe officiel des ducs normands. Flodoard n'en parle que par vagues allusions, tandis que Richer n'en souffle mot. Cette guerre, présentée par Dudon comme une déflagration générale à laquelle auraient activement participé le roi Lothaire lui-même et la plupart des grands du Nord, semble avoir essentiellement opposé Richard Iᵉʳ, assisté de bandes de Danois païens, au comte de Blois et de Chartres Thibaud le Tricheur.

Il est bien difficile d'en préciser les véritables origines : peut-être les visées d'expansion de Thibaud vers le pays d'Évreux ; peut-être aussi le heurt d'ambitions concurrentes en Bretagne. Ce qui semble assez solidement établi, c'est que le conflit dura au moins cinq ans et s'acheva au plus tôt en 965. L'on sait aussi qu'en 962 Thibaud de Blois attaqua Rouen à la tête d'une puissante armée et subit un échec cuisant : son armée fut mise en déroute. Quelques jours plus tard, les Normands, prenant l'offensive, pénétrèrent en Chartrain et brûlèrent le chef-lieu du comté.

Les brèves allusions que Flodoard consacre au conflit sont révélatrices des changements profonds qui, en ces années 960, affectent la vie politique du nord du royaume. Elles laissent entendre que Thibaud a trouvé en Lothaire, sinon un allié actif [2], tout au moins un soutien moral, et que le roi a probablement tenté, en 961, de soumettre le problème normand à un plaid général réuni à Soissons : Richard Iᵉʳ, révèle l'annaliste de Reims, a voulu empêcher par la force la tenue de ce plaid qui s'est achevé en bataille ! Flodoard nous montre aussi, en 962, Thibaud se

---

2. Contrairement à Dudon de Saint-Quentin, Flodoard ne mentionne aucune expédition de Lothaire en pays normand.

plaignant amèrement de ne pas avoir reçu l'aide d'Hugues Capet, son seigneur, dans sa lutte contre Richard, et se rendant après sa défaite à la cour de Lothaire où le roi le reçoit amicalement. C'est là un tournant dans la vie du royaume, qui entraînera le bouleversement des systèmes d'alliances traditionnels.

D'un côté, on voit Hugues Capet refuser de soutenir son vassal afin de ne pas compromettre le lien très étroit existant entre les Robertiens et la maison normande. Ce refus lui permettra un peu plus tard de jouer un rôle d'arbitre entre ses deux vassaux, Richard et Thibaud. Il n'en sera pas moins à l'origine d'une hostilité inexpiable entre la maison robertienne et celle de Blois : jamais plus Hugues Capet ne pourra compter sur une durable alliance entre lui-même et les Thibaudiens, et cette méfiance, née de la guerre normande, durera bien au-delà du règne du premier Capétien, pendant près de trois siècles.

D'un autre côté, la guerre normande a engendré, entre Lothaire et le comte de Blois, une complicité qui ne cessera par la suite de se renforcer, notamment avec le propre fils de Thibaud, Eudes Ier. Le passage d'un aussi puissant vassal dans le camp du roi est pour Hugues Capet une catastrophe majeure qui n'est certainement pas étrangère à la paralysie dont fera longtemps preuve le duc des Francs dans la vie politique du royaume.

Un second événement, survenu au plus fort de la guerre normande, va lui aussi avoir de graves conséquences sur la position du duc. En 961, meurt l'archevêque Artaud de Reims, l'ancien conseiller de Louis IV qui, en 946, avait définitivement recouvré son siège au détriment du fils d'Herbert, Hugues de Vermandois. Aussitôt les frères de l'archevêque déchu, Herbert III et Robert de Troyes, réclament la restauration de celui-ci. Hugues Capet les appuie : Flodoard nous montre le duc s'entretenant avec Lothaire et réclamant à son tour la restitution de l'évêché de Reims à Hugues de Vermandois. Le soutien d'Hugues ne semble pas avoir été beaucoup plus loin car, par la suite, il n'en est plus question dans la relation que donne Flodoard de l'affaire.

Face à ces requêtes, Lothaire, manifestement, ne sait trop que faire, tout au moins dans les premiers temps. Peut-être n'est-il pas hostile à un geste politique qui permettrait un rapprochement durable avec la maison de Vermandois. Mais il subit lui-même une pression bien plus forte, celle de Brunon de Cologne dont le frère, Otton Ier, est en passe d'atteindre le point culminant de son ascension, le couronnement impérial de Rome en février 962. Brunon « suggère » à Gerberge, venue le consulter, de ne pas restituer l'archevêché de Reims à Hugues de Vermandois.

La façon dont se poursuit et s'achève l'affaire donne toute la mesure de l'influence ottonienne. Dans un premier temps, Brunon et Lothaire vont laisser se réunir à Meaux, ville qui appartient à Robert de Troyes, un synode de treize évêques des provinces de Reims et de Sens, pour la plupart favorables à Hugues de Vermandois. Une première délibération est sans surprise : à une écrasante majorité, le synode se prononce pour la restauration du fils d'Herbert. C'est alors que, fort habilement, les évêques Roricon de Laon et Gibuin de Châlons vont venir jeter le trouble dans l'assemblée en avançant un argument de procédure que leur a sans doute soufflé l'archevêque Brunon : il faut respecter le parallélisme des formes ; un évêque excommunié et déposé par un concile réunissant « tant de prélats » (le concile d'Ingelheim de 948), dont au surplus la sentence a été confirmée par le pape, ne peut être absous et réintégré dans sa charge par « un si petit nombre d'évêques ». L'argument est péremptoire et les prélats présents, troublés, décident de porter l'affaire devant Jean XII, le pontife romain. Dès lors, Lothaire et Brunon ont gagné : Jean XII est l'homme d'Otton, et son verdict sera conforme à ce que souhaitent les milieux impériaux. De Rome, parvient au printemps de l'année 962 une sentence confirmant l'excommunication et la déposition d'Hugues de Vermandois. Brunon a donc les mains libres et peut ainsi « suggérer » à Lothaire de faire élire un personnage qu'il a soigneusement choisi au sein du clergé ottonien : le nouvel élu sera un Lorrain, Olderic, chanoine de Metz et ami personnel de l'archevêque de Cologne.

Ainsi, en 962, la plus prestigieuse métropole religieuse du royaume occidental a fait son entrée dans le *Reichkirchensystem* ottonien. Elle y demeurera près de trente ans : à Olderic succédera en 969 l'archevêque Adalbéron, lui aussi lorrain, membre d'une famille comtale très étroitement liée à l'empereur Otton Ier. Pour Lothaire, cependant, cette mainmise qui s'est faite dans le respect des formes, c'est-à-dire avec son accord, n'est pas, au moins dans l'immédiat, une si mauvaise affaire. Au contraire, le jeune roi a tout lieu de se réjouir des retombées politiques de l'intervention de Brunon. Loin de provoquer une nouvelle flambée de guerre civile, le rejet d'Hugues de Vermandois et la nomination d'Olderic ont finalement joué en faveur du roi, isolé un peu plus Hugues Capet et favorisé de nouveaux rapprochements.

Certes, Herbert et Robert ont eu quelque difficulté à accepter la sentence pontificale : en 963, on les voit se jeter sur Châlons-sur-Marne et se venger, par un pillage en règle, du rôle joué par Gibuin, son évêque, dans l'éviction de leur frère. Mais c'est là le dernier soubresaut, car cette fois personne ne les soutient : ni leur beau-frère Thibaud de Blois, alors en excellents termes avec Lothaire, ni même Hugues Capet, incapable de s'opposer à une décision qui dépasse le roi lui-même, parce que prise en fait à l'ombre du trône impérial. Artaud, l'ennemi juré des Héribertiens, est mort ; Hugues de Vermandois, son rival, va mourir aussi — de chagrin, précisera l'historien Richer. La vieille querelle n'a plus aucune raison d'être, et dès 965, elle est complètement apaisée. Tandis que Thibaud de Blois régularise la situation du château de Coucy en le restituant à son légitime propriétaire, l'archevêque de Reims, Herbert III en fait de même avec la *villa* d'Épernay. Restitutions toutes symboliques, car Eudes, le fils de Thibaud, recevra immédiatement Coucy en « précaire » de l'église de Reims, tandis qu'Épernay sera rendu à Herbert III selon la même modalité juridique.

Plus rien, dès lors, ne s'oppose au second renversement d'alliances qui marque les années 960 : de l'orbite ducale, les fils du geôlier de Charles le Simple vont passer définitivement dans celle du roi des Francs. Les sources postérieures à l'année 975 attestent l'étroite entente liant le Carolingien aux descendants d'Herbert. Celle-ci, toutefois, paraît s'être forgée dès l'époque de la normalisation des rapports avec l'archevêque de Reims. En 968, le chef de la maison, Herbert III, qui vient de succéder à Troyes et à Meaux à son frère Robert[3], porte le titre de *comes Francorum,* ce qui signifie qu'il se considère alors, et qu'il est probablement considéré par le monarque lui-même comme le

---

3. L'héritier de Robert, Herbert Le Jeune, n'est pas encore en âge de gouverner son héritage.

premier des comtes du roi franc. Ce titre est à rapprocher de celui
de « comte palatin » donné à Herbert par une charte royale de
980 et que porteront aux siècles suivants les comtes de Blois-
Champagne, héritiers des Héribertiens. Il apparaît peut-être
comme un défi du roi lui-même à l'égard du détenteur d'un autre
titre, celui de *dux Francorum,* manifestement incompatible avec
cette primauté que Lothaire semble désormais vouloir exercer
seul sur l'ensemble du *regnum Francorum.*

Le jour de Pâques de l'an 965, quelques mois avant la mort de
l'archevêque Brunon, a lieu à Cologne une réunion « familiale »
très révélatrice des relations existant alors entre le royaume de
l'Ouest et l'empire. L'empereur Otton Ier la préside, entouré de
son fils Otton II et de son neveu le jeune roi Lothaire, lequel, en
cette occasion, est officiellement fiancé à Emma, la fille que
l'impératrice Adélaïde, femme d'Otton, a eue d'un premier
mariage. Tout autant que la nomination d'Olderic à l'archevêché
de Reims, l'événement témoigne de l'intégration de la royauté
carolingienne au sein d'un ordre politique dont le garant est
Otton, le nouveau Charlemagne.

Pour l'heure, Lothaire a tout lieu de s'accommoder du second
rôle qui lui revient dans ce nouvel ordonnancement du monde
chrétien. Grâce à la présence vigilante de Brunon, le royaume de
l'Ouest a été le théâtre d'une résurgence de la prérogative royale,
sans précédent depuis la chute de Charles III. En 965, le nord du
royaume, si longtemps troublé par la guerre civile, est désormais
en paix ; Lothaire peut intervenir en roi dans la succession flamande et en tirer avantage ; il est parvenu à rallier à sa personne
les pires adversaires de son père, à restaurer l'influence royale sur
bon nombre d'évêchés de Francie, de Bourgogne, voire même de
Neustrie ; bref, à modifier à son avantage un rapport de force
jadis très nettement en faveur du *dux Francorum.* Que le roi des
Francs demeure au sein du système ottonien, et rien ne viendra
briser l'harmonie retrouvée.

Face à cet ordre impérial qui a choisi d'exercer son hégémonie
sur les rois d'Europe en les protégeant, la puissance robertienne
en est réduite à jouer les seconds rôles, voire à renoncer à de
vieilles ambitions qui n'impliquaient pas obligatoirement un
affrontement direct avec le roi. Ainsi, faute de pouvoir s'emparer
de l'Aquitaine et de son principal comté, le Poitou, dont Lothaire

l'avait pourtant investi en 960, Hugues Capet se contentera de s'allier à ses princes en épousant avant 970 Adélaïde, fille de l'ancien duc Guillaume Tête-d'Étoupe. Une solution pacifique qui doit sans doute beaucoup aux défections survenues dans son propre camp, et qui vise peut-être à les compenser.

Encore faut-il relativiser ces dernières : si Thibaud de Blois penche vers Lothaire, il ne rompt pas définitivement tout lien avec Hugues qui demeure son seigneur, et dans l'entourage duquel il figure en de rares occasions. Si Geoffroy d'Anjou fréquente la cour du roi, il ne s'en intitule pas moins dans le même temps comte d'Anjou « par la grâce de Dieu et de son seigneur Hugues », et apparaît lui aussi dans l'entourage du duc. Au pire donc, l'attitude des comtes de Blois et d'Anjou peut être source de léthargie politique pour le duc franc ; elle ne se traduira jamais, tout au moins du vivant de Thibaud et de Geoffroy Grisegonelle, par une quelconque entreprise hostile à son égard. De même, la vassalité normande, les liens qu'entretient Hugues avec la Bourgogne de son frère Henri, le rapprochement survenu avec l'Aquitaine, font que sa puissance n'est pas en péril. Dans le contexte politique de ces années 960, elle semble tout simplement frappée de paralysie.

Une paralysie dont la perpétuation dépendra en grande partie de l'attitude du roi face à l'empire. Que Lothaire décide de sortir du système ottonien, et le risque est grand de voir se réveiller la force occulte qui, comme le cheval de Troie, a été introduite par l'empire au cœur de la puissance carolingienne : celle que représente l'archevêque Adalbéron de Reims, successeur d'Olderic, tout entier acquis à l'idée de *renovatio imperii*. Dans cette hypothèse, le duc des Francs a toutes les chances de redevenir, entre la royauté et l'empire, entre Lothaire et Adalbéron, l'arbitre de la situation.

CHAPITRE II

Maturités

Pour l'historien, 966 marque le commencement des grandes incertitudes. Flodoard, l'annaliste de Reims qui, quarante-sept ans durant, avait tenu le journal des principaux événements de son temps, meurt cette année-là. Avec lui disparaît une source d'information essentielle pour la connaissance du Xᵉ siècle. Flodoard relatait l'événement avec sobriété et impartialité. L'extrême concision et parfois même l'obscurité de certaines de ses mentions imposent au lecteur un effort d'imagination : Flodoard consignait son information d'une façon brute, sans dévoiler les prémices de l'événement, sans chercher à en analyser les conséquences sur la vie politique du royaume franc. A l'historien revient donc la périlleuse entreprise d'interprétation. Du moins est-il assuré de l'extrême sûreté de la « matière première » fournie par l'annaliste rémois, sans laquelle « l'histoire d'une bonne partie du Xᵉ siècle français ne consisterait que dans quelques mentions éparses et discordantes et dans un tissu de légendes » (Ph. Lauer).

Or Flodoard n'a pas eu de successeur digne de lui. Dans la seconde moitié du Xᵉ siècle, l'histoire générale cesse brusquement d'intéresser l'annalistique, d'ailleurs fort déclinante non seulement en France, mais aussi en Lorraine et en Germanie où les récits les plus complets sur la période datent du XIᵉ siècle et sont parfois déformés par un net parti pris en faveur de l'empire. L'historien n'a donc guère le choix. Il dispose, bien sûr, des traditionnels diplômes royaux, peu nombreux. Il dispose aussi, fort heureusement, d'un grand nombre de lettres écrites par l'un des plus brillants personnages du temps, Gerbert d'Aurillac, le génial écolâtre de Reims qui deviendra archevêque de cette ville, puis pape sous le nom de Sylvestre II. Mais pour la trame générale, il lui faut s'appuyer presque exclusivement sur un bien curieux auteur, apparemment plus soucieux de plagier les classiques romains que de reproduire fidèlement l'histoire des hommes de son temps : le moine Richer de Saint-Remi de Reims.

Richer a beau avoir vécu les événements de la fin du Xe siècle, notamment ceux des dernières années carolingiennes et du règne d'Hugues Capet, il n'est malheureusement pas animé par le strict souci de l'exactitude. Son *Historia* est d'abord un exercice de style à l'intention de Gerbert d'Aurillac, le maître vénéré qui lui a enseigné les secrets de la rhétorique romaine. L'histoire n'est donc chez lui qu'un support qu'il convient d'adapter à l'effet recherché. Dans les premiers livres de son œuvre, Richer utilise les annales de Flodoard. Mais c'est bien souvent pour substituer à la rigoureuse succession d'événements établie par ce dernier une chronologie fantaisiste permettant de mieux mettre en valeur l'essai littéraire que sera pour lui le récit d'une bataille, la construction d'un portrait, la composition d'un discours fictivement attribué à tel roi ou tel grand ; autant d'exercices où Richer s'attache à imiter les procédés rhétoriques de celui qu'il s'est donné pour modèle, l'historien Salluste. Et lorsqu'il cesse de s'appuyer sur les annales de Flodoard, sa méthode ne change guère. Des événements qu'il a lui-même connus, il n'a retenu que les plus propices aux développements littéraires et aux amplifications dramatiques ; là aussi, peu lui importe l'exactitude ou la richesse de l'information, puisque compte avant tout la forme.

En définitive, l'œuvre de Richer n'est qu'un miroir déformant de la vie politique de la fin du Xe siècle, et l'on peut déplorer de ne saisir les grands bouleversements de cette période qu'à travers un témoignage aussi suspect. Faute de renseignements rigoureux sur l'événement, les délayages de Richer nous donneront tout au moins une image intéressante des mœurs et des réalités sociales de son époque. Car, même lorsqu'il contrefait l'histoire de ses contemporains pour l'écrire à la manière de Salluste, Richer le fait en homme de son temps et se montre à l'occasion soucieux de décrire ou de dénoncer des comportements propres à la société de la fin du Xe siècle.

Au vu de sa méthode, il ne faut donc guère s'étonner de ce que Richer ne nous donne pas le moindre renseignement d'ordre politique sur les années 966-973 ; une période paisible, qui n'était pas propre à susciter de sa part de longs développements. Seules l'intéressent l'élection de l'archevêque Adalbéron de Reims, en 969, et l'arrivée de Gerbert à Reims, en 972 : deux événements certes importants, qui donnent à Richer l'occasion de célébrer chez le premier les vertus d'un grand réformateur, et de disserter longuement sur l'éducation, l'enseignement et la renommée du second, « cet homme d'un grand génie et d'une éloquence admirable, qui a fait resplendir et rayonner toute la Gaule comme un flambeau ardent ». Ici, le témoignage de Richer est fort utile. Il permet de mieux connaître ces deux personnages dont la rencontre, l'étroite entente et l'égale croyance en la nécessité d'une *renovatio imperii* sous l'égide des empereurs ottoniens, auront plus tard, à la veille du changement dynastique, une incidence capitale sur le cours des choses.

Mais sur la vie politique de ce royaume franc qui vient tout juste d'échapper à la haute surveillance de l'archevêque Brunon, mort en novembre 965, il n'y a guère que les diplômes royaux pour nous donner quelque lumière. Certains nous montrent Lothaire agissant en roi pour confirmer la réforme de l'abbaye Saint-Aubin d'Angers par le comte Geoffroy Grisegonnelle (966), ou celle du monastère du Mont-Saint-Michel accomplie par Richard de Normandie (967). D'autres nous le montrent en déplacement vers Arras, ville relevant désormais du domaine royal. A la demande du jeune comte de Flandre Arnoul II qui est venu le trouver, Lothaire y confirme les privilèges de l'abbaye Saint-Pierre de Gand. Par la qualité même des grands qu'elle intéresse, cette activité diplomatique est assez révélatrice de la position politique du roi au lendemain de la mort de Brunon. Sans doute Lothaire n'est-il pas plus fondé que son prédécesseur à prendre des initiatives sur les terres de ses grands vassaux. Du moins ceux du Nord ne dédaignent-ils pas de faire valider par le roi leurs actes juridiques les plus importants (réformes, immunités et autres privilèges).

Hugues Capet, le duc des Francs, se pliera lui-même à cette formalité : on le verra plus tard, en 974, demander à Lothaire la ratification d'une donation aux moines de l'abbaye de Saint-

Riquier dont il est l'abbé. Le même jour, Henri de Bourgogne, son frère, fera semblable démarche en faveur de l'abbaye Sainte-Colombe de Sens. L'absence de conflit majeur, propre à expliquer les silences de Richer, témoigne d'une stabilité politique qui n'est pas sans rappeler les années d'or du règne de Charles III le Simple, l'aïeul de Lothaire : durant cette période, le *rex Francorum* et le *dux Francorum* ont vécu en relative harmonie dans le cadre d'un royaume qui, insensiblement, commence à s'affranchir de la tutelle d'Otton le Grand.

PREMIÈRE RUPTURE AVEC L'EMPIRE

Il est probable qu'après la mort de Brunon, celle de Gerberge, survenue le 5 mai 969, relâcha encore les relations entre le royaume franc et la Germanie. Une fois l'énergique reine disparue, il ne restait plus que le patriarche, Otton Ier, pour protéger le « clan » contre l'éclatement. Or, le 7 mai 973, quatre ans presque jour pour jour après sa sœur Gerberge, Otton Ier meurt à son tour, laissant l'empire à un fils homonyme encore jeune — Otton II n'a pas dix-huit ans — et inexpérimenté.

Aussitôt, des révoltes éclatent dans plusieurs régions du royaume germanique : en Souabe, en Bavière, et aussi en Lotharingie où l'aristocratie a mal supporté la politique énergique menée pendant près de quinze ans par l'archevêque Brunon. Mais c'est d'abord de l'entourage de Lothaire que va surgir la plus grave opposition au nouveau souverain. A la cour du roi franc vivaient depuis quelque temps deux aristocrates lorrains, Rainier et Lambert, fils de ce Rainier III de Hainaut vaincu en 957 par Brunon avec le concours de Lothaire lui-même. Dès l'été 973, probablement avec l'approbation du Carolingien, Rainier et Lambert quittent Laon et se jettent sur l'ancien comté de leur père, alors administré au nom de l'empereur par les comtes Garnier et Rainaud. Ceux-ci sont tués au cours d'une bataille et les deux prétendants peuvent à loisir mettre toute la région à feu et à sang. La réplique ne tarde pas : prenant lui-même la tête d'une puissante armée, Otton II vient en janvier 974 rétablir l'ordre en Basse-Lorraine et s'empare des deux rebelles. Ceux-ci sont exilés et viennent de nouveau se réfugier à la cour de Lothaire, tandis

qu'Otton II confie la garde du Hainaut au comte Godefroy de
Mettingowe et de Verdun, le propre frère de l'archevêque Adalbéron de Reims.

L'échec n'a pas calmé, loin de là, l'ardeur guerrière des deux
frères. De nouveau va se préparer dans l'entourage du roi franc
un autre coup de force contre la Lorraine ottonienne. Cette fois,
Rainier et Lambert savent intéresser à leur projet de très hauts
personnages du royaume occidental : leur parent Otton, fils du
comte Albert de Vermandois, et surtout le jeune Charles, frère
cadet du roi Lothaire, alors âgé d'un peu plus de vingt ans. Charles, on le sait, n'avait pas eu sa part de royaume : à la mort de
Louis IV avait prévalu au profit de l'aîné, Lothaire, une solution
unitaire, contraire à l'ancienne tradition franque du partage.
Totalement démuni, Charles voyait peut-être dans le soutien
actif des projets des deux frères une occasion de se tailler une
principauté en Lorraine, voire de s'approprier tout le royaume
lorrain.

Au printemps de l'année 976, Charles, Otton et les deux fils de
Rainier III marchèrent sur Mons, capitale du Hainaut, et écrasè-
rent les troupes impériales commandées par le comte Godefroy
qui fut blessé dans la bataille. Lothaire joua-t-il un rôle dans cette
affaire ? Il est peu probable qu'il ait lui-même pris part à une
quelconque opération militaire en Lorraine ; s'il en avait été
autrement, les chroniques lorraines qui mentionnent, souvent
avec hostilité, le rôle joué par Charles, n'auraient pas manqué
l'occasion d'en faire état. Par ailleurs, Lothaire est alors en bons
termes avec deux membres de cette puissante famille lorraine,
toute dévouée à l'empereur, à laquelle appartient Godefroy de
Verdun : l'archichancelier Adalbéron de Reims et son homonyme Adalbéron, alors notaire royal. Quelques semaines après la
bataille de Mons, Lothaire n'hésitera pas à favoriser l'accession
du notaire Adalbéron à l'évêché de Laon, un poste clé précédemment occupé par Roricon, l'oncle du roi. C'est probablement le
signe que, s'il laisse, non sans complaisance, agir son frère, le
Carolingien n'a pas encore décidé de rompre personnellement
avec l'empereur Otton II et de s'engager dans l'aventure lorraine.

Cette réserve, qui lui est sans doute soufflée par les deux Adalbéron, pourrait d'ailleurs être la cause directe d'une sombre

affaire qui va secouer la cour peu après la nomination d'Adalbéron à l'évêché de Laon. Pour Charles et ses partisans, il importe
de gagner pleinement Lothaire à leur cause, et de le faire en jetant
le discrédit sur cette maison lorraine implantée à Reims et à
Laon. Pour parvenir à ses fins, Charles va très loin, trop loin
même : il fait courir le bruit d'une liaison entre l'évêque de Laon
et la propre épouse de Lothaire, la reine Emma. Mal lui en prend,
car les preuves manquent : un concile convoqué par l'archevêque
de Reims disculpe les accusés et Lothaire, ulcéré contre son frère,
le bannit du royaume. Cette fois, le parti lorrain semble bien
avoir triomphé à la cour. En bannissant son frère, Lothaire s'est
en même temps démarqué de l'entreprise de ce dernier : il apparaît désormais à l'évidence que Charles ne recevra aucune aide en
provenance du roi des Francs de l'Ouest.

Otton II va alors commettre une immense maladresse. Soucieux de calmer le jeu en Lorraine, il choisit de négocier avec les
comtes Rainier et Lambert à qui il restitue le comté de Hainaut.
Il négocie aussi avec Charles qui devient son fidèle et reçoit, avec
le titre de duc, la Basse-Lorraine, c'est-à-dire la moitié nord de la
Lotharingie, administrativement distincte de la Haute-Lorraine
depuis la fin des années 950. Honorer ainsi celui qui a voulu jeter
opprobre et déshonneur sur l'épouse du roi des Francs, c'est faire
offense au roi des Francs lui-même.

Peut-être est-ce en cet instant que Lothaire, oubliant la promesse faite dix-huit ans plus tôt à l'archevêque Brunon, a décidé
de tenter personnellement sa chance en Lorraine. Il est vrai que,
pour l'heure, il semble surtout n'avoir songé qu'à venger l'affront
infligé par Otton. Dans ce projet, il est soutenu par ses principaux
fidèles : Hugues Capet et son frère Henri de Bourgogne sont les
premiers à accueillir favorablement la perspective d'une riposte
cinglante. En secret, Lothaire et ses cousins robertiens préparent
une attaque surprise contre Aix-la-Chapelle. Il s'agit de s'emparer de la personne d'Otton II, alors présent à Aix avec sa jeune
épouse, l'impératrice Théophano ; il s'agit d'humilier l'empereur
tout comme celui-ci a humilié Lothaire. Toute l'opération est
donc montée et va se dérouler, non comme une guerre de
conquête, mais comme un raid éclair en vue d'investir le seul
palais impérial d'Aix.

Au début du mois d'août 978, l'ost royal se mit en marche vers le nord-est en suivant le cours de la Sambre, puis celui de la Meuse. L'effet de surprise fut presque complet, moins grâce à la rapidité de mouvement de Lothaire, qu'à cause de l'incrédulité de l'empereur Otton II que des messagers avaient à maintes reprises averti de l'approche d'une armée franque : dépourvu de forces suffisantes, le petit « roi de Laon » ne pouvait avoir l'audace de s'attaquer au tout-puissant empereur des Romains ! Un peu tard, Otton dut se rendre à l'évidence : Lothaire était bien à moins d'une journée de marche du palais impérial, à la tête d'une armée de la taille de celles que menaient autrefois vers l'est les grands Carolingiens. Faute de disposer sur-le-champ d'une force capable de résister, l'empereur, son épouse et ses grands n'eurent que le temps d'enfourcher des chevaux et de fuir à bride abattue vers Cologne.

Quelques heures après, l'ost des Francs investissait le palais d'Aix où fumait encore, nous dit la tradition, le festin préparé pour l'empereur et sa suite. Lothaire n'en avait pas moins échoué dans son véritable objectif. Otton avait pu s'enfuir et ne tarderait pas à réagir. Aussi, après avoir trois jours durant laissé ses guerriers piller le palais et ses environs, le roi des Francs dut se résoudre à donner le signal de la retraite. Au moment de rebrousser chemin, Lothaire fit replacer l'aigle de bronze qui décorait le sommet du palais dans sa direction originelle voulue par Charlemagne : face à l'est, contre le pays saxon. Otton Ier l'avait autrefois retourné vers l'ouest pour montrer à tous que le nouvel empire, celui des Saxons, avait vocation à s'étendre jusqu'à l'océan. Le geste de Lothaire, qui a frappé annalistes et chroniqueurs, est lourd de symboles : le Carolingien indiquait ainsi que sa royauté, soumise pendant près de trente ans à la tutelle saxonne, venait de s'en affranchir. Elle avait cessé, du moins le croyait-il, d'appartenir au système mis en place par Otton Ier, Brunon et Gerberge.

Ce dont Lothaire ne se doutait pas, c'est que son émancipation allait contribuer à rétablir dans son rôle originel la puissance pourtant déclinante du *dux Francorum* : celui de soutien, et aussi de force d'opposition au pouvoir royal ; en quoi la campagne de 978 et sa conséquence immédiate, l'invasion du royaume franc par Otton II, marquent peut-être le début du processus qui va conduire vers l'élimination de la dynastie carolingienne.

LE RÉVEIL DE LA PUISSANCE ROBERTIENNE

La riposte d'Otton ne tarda pas. Dès septembre 978, il rassemblait une armée considérable pour l'époque : trente mille chevaliers venus de toutes les régions de l'empire. Le premier octobre, l'invasion commençait. Tel un raz de marée, la grande armée germanique déferla sur la principauté royale. Le Rémois, le Laonnois et le Soissonnais furent ravagés, Compiègne et Attigny, les deux grands palais royaux, mis à sac et détruits. A son tour, Lothaire qui avait licencié son armée dut s'enfuir précipitamment de Laon. Otton II y entra en vainqueur, accompagné du propre frère du Carolingien, Charles de Basse-Lorraine, qui fut aussitôt proclamé roi.

C'est en cet instant critique que se mesure pleinement la relative vitalité de la royauté de Lothaire. Vaincu au cœur même de sa puissance, contraint d'abandonner au flot dévastateur sa capitale et le vieux pays carolingien, Lothaire a sans la moindre difficulté trouvé refuge chez son plus puissant fidèle, Hugues Capet. Aussitôt, le duc des Francs s'est enfermé dans Paris pour empêcher l'ennemi de franchir la Seine. De son côté, Lothaire, en moins d'une semaine, parvenait à rassembler autour de sa personne toutes les forces vives du royaume. Une puissante armée formée de contingents venus d'Anjou, de Bourgogne et de Francie ne tarda pas à faire mouvement vers Paris où Hugues Capet tenait en respect l'armée impériale campée sur les hauteurs de Montmartre.

Surpris par la rapidité de la riposte, craignant peut-être aussi que son armée, épuisée par l'effort fourni lors de l'offensive, ne pût contenir les troupes fraîches de Lothaire, Otton se décida à battre en retraite, non sans avoir, précise un chroniqueur, fait chanter un *te Deum* du haut de la colline de Montmartre et fiché sa lance dans l'une des portes de Paris. Il est probable, ainsi que le laisse entendre Richer, que l'archevêque Adalbéron de Reims, son fidèle partisan, lui procura des guides pour traverser les rivières grossies par les pluies d'automne. Sans lui, la retraite aurait peut-être tourné au désastre. Sans cesse harcelées par

Lothaire, les troupes impériales durent franchir précipitamment l'Aisne en crue. Retardée par les lourds équipages, l'arrière-garde fut taillée en pièces par l'ost des Francs.

Pour Otton, le résultat n'était guère plus brillant que pour Lothaire deux mois plus tôt. Faute d'avoir su évaluer à sa juste mesure la capacité de riposte du Carolingien, il avait échoué dans sa tentative pour renverser ce dernier : il rentra en Germanie, emmenant avec lui Charles de Lorraine, le roi qu'il avait voulu imposer aux Francs de l'Ouest.

Au sein du royaume franc, la retraite précipitée de l'empereur eut un retentissement considérable. Longtemps après, on en parlait encore comme d'une grande victoire du roi Lothaire. Rédigée vers 1015, la chronique de Sens nous en donne une description saisissante où l'épique est venu enrichir le fait historique. Elle nous montre Lothaire poursuivant l'adversaire jusqu'au cœur de la Lorraine, détruisant sur les rives de l'Argonne une grande multitude d'ennemis, puis revenant en Francie tout auréolé de gloire. Et le chroniqueur de poursuivre : « Quant à l'empereur Otton, suivi par ceux des siens qui purent s'échapper, il rentra dans son pays dans la plus grande confusion ; après quoi ni lui, ni son armée ne s'avisèrent plus jamais de revenir en France. » Certains documents contemporains parlent de l'événement avec ces mêmes accents de triomphe : rédigé au lendemain de la retraite d'Otton, un acte pour l'abbaye de Marmoutier, près de Tours, est daté du règne « du grand roi Lothaire, dans sa vingt-sixième année, celle où il attaqua le Saxon et mit en fuite l'empereur ».

Ces rétrospectives très flatteuses pour les Francs de l'Ouest et surtout pour leur roi, témoignent peut-être, comme l'a fort bien suggéré K.F. Werner, d'une première ébauche d'un sentiment national. Elles ne doivent pas faire oublier cette autre réalité qui s'impose à partir de ce que l'on sait de l'événement : en cette occasion, les Robertiens, et principalement Hugues Capet, ont fait mieux que servir fidèlement le roi. L'intervention d'Hugues a été déterminante et les contemporains en ont parfaitement conscience. Dans l'un de ces discours inventés de toutes pièces qui ponctuent son œuvre, Richer attribue à Hugues un envol sur « la générosité dont j'ai fait preuve face au danger », car, poursuit le duc, « c'est grâce à moi que Lothaire a pu tout dernièrement

mettre l'ennemi en fuite ». L'invasion saxonne a donc eu une
conséquence redoutable pour le pouvoir royal : celle de replacer
le duc des Francs au tout premier rang de la scène politique, de
faire de celui-ci le rempart d'une royauté qui, sans nul doute,
aurait préféré se passer de ses services. Toute l'ambiguïté des
relations futures entre Lothaire et Hugues vient probablement
des événements de cette année 978 au cours desquels le *rex
Francorum*, voyant sa puissance soudainement chanceler, a pour
une large part dû son salut à la vigueur retrouvée du *dux Francorum*.

Cette vigueur retrouvée va d'abord dicter la conduite de
Lothaire lorsque, soucieux de déjouer les ambitions royales
désormais affichées par son frère Charles, il décide dès 979
d'associer à la royauté son jeune fils Louis, alors âgé de treize ans.
Dans la procédure suivie en vue du sacre de Louis V, le roi doit
respecter les formes établies au temps d'Hugues le Grand.
Richer, à qui l'on peut ici se fier, nous montre Lothaire demandant au duc des Francs de procéder à la proclamation du nouveau roi. Hugues accepte et se charge lui-même de convoquer les
grands du royaume à Compiègne où, le 9 juin, se déroulent les
cérémonies de l'acclamation et du sacre. En 979 tout comme en
936 et 954, le Robertien reste donc celui sans le concours duquel
une ordination royale ne peut avoir lieu ; ainsi le veut cette
dignité de *dux Francorum* qui, comme le montre Richer, fait de
son détenteur l'intermédiaire obligatoire entre le roi et les grands
du royaume.

Or, tout en se trouvant contraint de respecter la règle de l'élection du roi par le duc, Lothaire ne semble pas accepter l'idée d'un
renforcement de l'influence robertienne au sein du gouvernement royal. Peut-être se rend-il compte qu'après vingt ans d'un
règne chargé de promesses, il risque de perdre cette autonomie
d'action acquise à la faveur de la protection ottonienne. Il ne peut
non plus voir sans déplaisir le Robertien renforcer sa présence au
nord de la Seine, comme en cette année 980 où Hugues s'empare
de Montreuil-sur-Mer au détriment du comte Arnoul II de Flandre. En somme, loin de servir les intérêts royaux, la rupture avec
Otton II a été la cause directe de cette évolution. Il faut donc
renouer au plus tôt avec l'empire, car seule l'alliance avec la
dynastie ottonienne est susceptible de maintenir l'équilibre au

sein du royaume occidental ; telle est, au lendemain du sacre du
jeune Louis V, la stratégie défendue par les conseillers proches du
roi, les plus favorables à cette solution étant sans nul doute les
deux prélats originaires de l'Est, le métropolitain de Reims et son
neveu de Laon, qui n'ont guère apprécié l'incartade lorraine de
978.

La négociation avec l'empire eut-elle lieu dans le plus grand
secret, comme le soutient Richer ? C'est fort possible. Ce qui est
sûr, c'est qu'elle fut conduite sans le consentement et hors la
présence du duc. Les deux rois se rencontrèrent en juillet 980 à
Margut-sur-Chiers, à la frontière des deux royaumes. Côté français, le prix de la paix entre Otton et Lothaire fut une renonciation en bonne et due forme de ce dernier à la Lotharingie. Les
historiens ont parfois émis des réserves quant à l'utilité réelle
d'un tel traité qui permettait surtout à l'empereur de tourner en
toute quiétude son regard vers l'Italie byzantine dont il projetait
la conquête. Manipulé par un entourage lorrain — les deux Adalbéron — soucieux avant tout de sauvegarder les intérêts impériaux, Lothaire aurait ainsi, selon certains, commis une grave
erreur politique en faisant la paix.

Il reste que, pour les Robertiens, ce traité est inacceptable.
Richer le souligne : un roi des Francs du Xe siècle ne négocie pas
un traité de paix sans le conseil des plus puissants de ses fidèles,
surtout lorsque ceux-ci l'ont aussi bien servi dans la guerre
qu'Hugues Capet et son frère Henri. Une telle procédure est non
seulement contraire à la règle du gouvernement par conseil ; elle
est insultante et, plus grave, elle laisse les Robertiens à l'écart de
la paix conclue.

Encombrée de détails inventés de toutes pièces, la narration de
Richer s'appuie peut-être sur un fond de vérité lorsqu'elle suggère que la réconciliation de Lothaire et d'Otton a placé le duc
des Francs dans une situation délicate. Imaginant une sorte de
dialogue entre le duc, consterné par l'attitude du roi, et le chœur
de ses fidèles réunis pour définir la meilleure riposte, il fait dire à
ceux-ci : « Nous connaissons [...] le danger qui menacerait ta
grandeur si les deux rois conspiraient contre toi comme la
rumeur en court. Car si tu lances une armée contre l'un d'eux
pour ta défense, tu les trouverais aussitôt tous les deux réunis
contre toi ; et si tu diriges tes efforts contre tous les deux, tu seras

nécessairement en butte à une foule d'ennuis [...], et pire encore, aux racontars abominables d'une foule perfide qui, au lieu de dire que nous nous défendons contre des ennemis, nous accusera de nous conduire en parjures en nous rebellant contre le roi. »

Ainsi, à en croire Richer, le traité de Margut aurait été interprété par le duc des Francs comme une menace imminente de coalition contre lui. La dramatisation est sans doute excessive, mais elle traduit d'une certaine manière l'inquiétude qui a pu envahir Hugues Capet à l'annonce de l'accord : comme au temps d'Otton Ier, le traité de Margut aboutissait à replacer la royauté carolingienne dans l'orbite ottonienne, et par voie de conséquence à affaiblir de nouveau l'influence robertienne au sein du gouvernement royal au profit d'un entourage lorrain plus puissant que jamais. Or, cette vigueur nouvelle que lui avaient apportée les événements de 978, Hugues entendait bien ne pas la perdre. Sa diplomatie se devait donc d'annuler les succès du roi : « S'il est impossible de les détacher l'un de l'autre, aurait dit au duc le chœur de ses vassaux, tâchons du moins de nous lier d'amitié avec l'un, afin que celui qui nous sera dévoué n'accorde pas à l'autre des renforts ni des encouragements. Il te serait possible d'aller trouver Otton, qui est maintenant à Rome, mais en agissant avec précaution et prudence et en envoyant à l'avance des ambassadeurs. »

« Le duc écouta favorablement cet exposé », poursuit Richer, qui nous décrit Hugues entreprenant aussitôt de nouer alliance avec Otton et se rendant en Italie accompagné de ses deux plus fidèles conseillers, Arnoul, évêque d'Orléans et Bouchard, comte de Vendôme. Une bulle pontificale octroyée à sa demande à un monastère de Neustrie montre qu'il était en avril 981 à Rome où, au dire des chroniqueurs, il passa les fêtes de Pâques en compagnie de l'empereur et du roi Conrad de Transjurane. En revanche, rien ne vient confirmer les deux anecdotes que relate avec force détails Richer à propos de ce voyage.

La première concerne l'entrevue entre l'empereur et le duc. Hugues, qui ne comprenait ni la langue germanique, ni le latin que parlait Otton, fut introduit devant l'empereur accompagné d'Arnoul d'Orléans qui servait d'interprète. A la fin des entretiens qui scellèrent l'amitié retrouvée, l'empereur quittant la salle se retourna pour demander son épée, posée à dessein sur un siège près de lui ; Hugues « se baissa alors pour la prendre et la porter derrière le roi ». C'était le geste qu'attendait Otton : en portant publiquement son épée, le duc franc se serait présenté aux yeux de tous comme le fidèle de l'empereur. La présence d'esprit d'Arnoul épargna au duc cette manifestation d'allégeance. L'évêque d'Orléans lui arracha l'épée des mains et marcha derrière l'empereur en la portant. « Sa sagacité et sa finesse firent l'admiration du roi qui, souvent dans la suite, raconta avec éloge ce trait à ses amis. » Ainsi termine Richer qui, incidemment, nous livre ici sa source d'information : le témoignage oral d'un membre de l'entourage impérial, probablement de Gerbert lui-même qui séjourna à la cour d'Otton en 982.

L'autre anecdote concerne le retour d'Hugues Capet en France. Il n'est nullement improbable que, comme le relate Richer, Lothaire ait très mal accueilli la nouvelle de l'alliance conclue entre Hugues et Otton : l'équilibre restauré l'année précédente grâce au traité de Margut se trouvait de nouveau compromis. A partir de cette situation, Richer se lance dans un récit très vivant du retour d'Hugues : un voyage mouvementé au cours duquel le duc aurait échappé à une nuée d'espions et d'hommes de main. Lothaire et Emma, son épouse, auraient été à l'origine des multiples pièges tendus. Richer reproduit — ou imagine — deux lettres expédiées à cette fin par le Carolingien au roi Conrad de Bourgogne, oncle d'Emma, et par la reine à sa propre mère, l'impératrice Adélaïde. « Vous savez, écrit Lothaire à Conrad, que j'ai jusqu'ici traité le duc en ami. Or je viens d'apprendre qu'il m'est secrètement hostile et je me suis écarté de son intimité. Il est allé à Rome chez Otton pour le pousser de toutes ses forces à m'humilier et à ruiner ma royauté. Employez donc toutes vos ressources et toute votre intelligence pour qu'il ne s'échappe pas. »

Mêmes plaintes et mêmes recommandations de la part de la reine Emma à sa mère : « Le duc Hugues ne s'est pas contenté de détourner les grands de notre royaume de leur devoir de fidélité envers nous. Il cherche encore à nous aliéner mon frère Otton ; c'est dans cette intention qu'il est allé vers lui à Rome. Pour qu'il ne puisse pas se vanter d'avoir réalisé son désir, je vous supplie, comme une fille peut supplier sa mère, d'empêcher le retour d'un pareil ennemi et, si possible, de le faire emprisonner ou d'agir en sorte qu'il ne rentre pas impunément. » Et la reine de fournir à sa mère force détails « sur ses yeux, ses oreilles, ses lèvres, ses dents, son nez, voire sur le ton de sa voix », afin de faciliter son identification.

Voilà donc notre duc obligé de se frayer un chemin au milieu d'une armée d'espions et d'indicateurs disposés partout, « dans les escarpements des montagnes ou des rochers et au débouché des routes », précise Richer ! Comme dans un mauvais roman, Hugues, déguisé en domestique, réussit à échapper aux embûches, non sans manquer, en une occasion, d'être pris : un soir, lors d'une étape, un aubergiste indiscret vit par la fente d'une porte de vrais serviteurs s'affairant respectueusement autour du faux, lui retirant ses chausses, lui frictionnant les jambes, préparant son lit. Découvert, l'hôtelier trop curieux fut promptement bâillonné et ficelé, puis, le crépuscule venu, emmené sur un cheval pour n'être relâché qu'une fois le danger passé. Légendaire ou non, l'anecdote méritait d'être relatée car elle illustre la méthode de Richer : il ne craint pas d'intégrer à son récit des épisodes que seules la tradition orale et son imagination lui ont soufflés. Son souci du détail, c'est à ce genre d'exercice qu'il l'affecte, non à une rigoureuse relation des principaux faits et gestes des princes, et moins encore au respect de la chronologie.

Ne nous étonnons donc pas si son récit des luttes qui suivirent le retour du duc manque de faits précis : « Le roi et le duc, dit-il, s'acharnèrent âprement l'un contre l'autre, non par les armes, mais par de perfides traquenards ; si bien que, plusieurs années durant, l'État eut beaucoup à souffrir des dissensions entre princes. De nombreux brigandages, des violences contre les misérables, d'abominables attentats contre les faibles furent commis à cette époque par des criminels. »

En réalité, cette longue guerre d'escarmouches dont fait état Richer tourna court : un diplôme royal atteste que, l'année suivante, Hugues et Lothaire étaient de nouveau réconciliés. En apparence du moins, car dans les faits, la méfiance semblait bien être désormais le véritable moteur des relations entre les deux princes. En témoigne l'aventure tragi-comique dans laquelle Lothaire et son fils Louis V se lancèrent en Aquitaine.

Sur les conseils de son épouse, Emma, et du comte d'Anjou Geoffroy Grisegonnelle, le roi décida en 982 de marier son héri-

tier à Adélaïde, sœur de Geoffroy et de Guy, évêque du Puy, et
veuve du comte Étienne de Gévaudan. Le projet était ambi-
tieux : il s'agissait de rétablir la présence royale dans le sud du
royaume franc en reconstituant au profit de Louis l'ancien
royaume d'Aquitaine. Il s'agissait peut-être aussi, comme le souligne Richer, de prendre à revers la puissance robertienne. C'était
se bercer d'illusions : Richer s'étend longuement sur les discordes
qui naquirent aussitôt entre le nouveau roi d'Aquitaine, âgé de
moins de quinze ans, et cette épouse qui aurait pu être sa mère.
Mais là n'était pas le plus grave. Le vrai est que les grands
d'Aquitaine étaient depuis longtemps habitués à se passer d'un
roi dont ils ne voyaient pas l'utilité : « Leur titre royal, souligne
Richer, ne conférait pas aux nouveaux époux assez de prestige
pour leur permettre d'exercer une autorité réelle sur les princes. »
Moins d'un an plus tard, le jeune Louis, livré à lui-même, avait
dilapidé tous les biens de sa vieille épouse et s'était discrédité par
son impuissance à gouverner. L'échec était consommé et
Lothaire n'eut plus qu'à venir chercher son fils, tandis qu'Adélaïde trouvait refuge dans les bras du comte Guillaume
d'Arles.

Il est probable qu'Hugues, tenu à l'écart du projet aquitain,
accueillit sans déplaisir ce dénouement propre à ridiculiser la
dynastie. Mieux, le duc, qui avait mal admis la perspective d'une
étroite alliance entre les Carolingiens et la maison d'Anjou, vassale des Robertiens, ne pouvait que se réjouir de voir ce rapprochement tourner court. Le comte Geoffroy, qui n'avait jamais
caché sa double ambition de s'étendre en Aquitaine et de se
conduire en prince territorial, venait d'échouer dans sa tentative
pour percer l'écran de la principauté robertienne et de nouer des
relations plus directes avec le pouvoir royal. Le résultat est qu'en
987 la maison d'Anjou, qui aurait pu être incertaine si l'aventure
aquitaine avait réussi, prendra résolument le parti du Robertien
contre le dernier Carolingien, Charles de Lorraine.

Moins de quatre ans avant l'accession d'Hugues Capet au
trône, la vie politique du royaume paraît de nouveau figée. Au
terme d'une politique ambitieuse et désordonnée qui l'a conduit
à tourner les yeux vers la Lorraine, puis vers l'Aquitaine, à tenter
de s'affranchir de la tutelle impériale avec l'aide du duc, puis à se
passer des conseils d'un *dux Francorum* par trop revigoré par les

événements de 978, la royauté ressemble de nouveau à ce qu'elle était à la veille de la mort d'Otton Ier : une puissance apparemment bien ancrée au sein du vieux pays carolingien, mais condamnée à s'entendre avec l'empire. Car c'est là l'unique moyen de maintenir l'équilibre à l'intérieur même du royaume face à un duc des Francs dont la position paraît s'être sensiblement améliorée depuis les années 960 : Thibaud de Blois est mort en 974 et son fils Eudes, qui s'engagera bientôt résolument aux côtés du roi, est encore un vassal relativement docile ; en 978, Hugues a montré sa force ; en 981, il a su habilement sortir de l'isolement dans lequel aurait pu le plonger l'entente retrouvée entre Lothaire et Otton. Bref, à l'intérieur — l'expérience aquitaine le montre — comme à l'extérieur, la puissance royale semble, pour l'heure, frappée de cette même léthargie qui, vingt ans plus tôt, menaçait la principauté robertienne.

La constatation peut apparemment surprendre : Lothaire dispose de la fidélité d'une bonne dizaine d'évêques du Nord et de leurs milices vassaliques, de l'alliance du comte Herbert III et de la puissante maison de Vermandois dont ce dernier est le chef. Mais Herbert, le comte de son palais, est maintenant un vieillard plus soucieux du salut de son âme que d'exploits guerriers. Quant aux évêques royaux, ils songent désormais moins à accroître le nombre de leurs vassaux, et les potentialités de l'ost royal, qu'à consacrer leur énergie à l'œuvre de restauration religieuse.

Le temps des grandes spoliations au profit de la moyenne et basse aristocratie locale paraît révolu. C'est le processus inverse qu'encouragent désormais, sous l'influence des monachismes réformés de Gorze et de Cluny, l'archevêque de Reims et nombre de ses suffragants en prenant la tête d'un vaste mouvement de restitution du patrimoine ecclésiastique. Sans doute ne font-ils là qu'emboîter le pas au propre oncle du roi, Roricon de Laon, qui dès 961, avait dénoncé avec vigueur l'emprise des laïques sur les biens d'Église. Il n'est toutefois pas impossible que, de la part d'un Adalbéron de Reims, le zèle religieux se soit doublé d'une arrière-pensée politique. Inciter la *milicia* rémoise à restituer aux églises une part du patrimoine concédé par les précédents archevêques, c'est affaiblir celle-ci ; c'est donc affaiblir son ardeur à servir le roi ; incidemment, c'est contraindre ce dernier à l'inac-

tion et garantir le maintien de ce *statu quo*, bientôt vieux de
trente ans, qui a failli s'effondrer en 978.

En ces années 980-983, Lothaire est donc fort loin de disposer
d'une totale liberté d'action. L'épiscopat du vieux pays franc, qui
avait si bien servi Louis IV, est moins puissant qu'autrefois, plus
tourné aussi vers ses nouvelles tâches spirituelles que vers la
défense inconditionnelle des intérêts royaux. L'entente du roi
avec Hugues a fait long feu, sans que pour autant l'hostilité entre
les deux princes ne prenne l'allure dramatique des années 940.
Car Hugues, prince mou selon certains, avisé et respectueux des
règles vassaliques selon d'autres, ne songe pas à la guerre et
encore moins, pour l'heure, à s'emparer du titre royal. Enfin, il
manque à Lothaire, roi pourtant actif, la possibilité de mettre en
œuvre l'un de ces grands projets de conquête que la tradition
franque a toujours exigé d'un véritable roi, et qui lui permettrait
de mobiliser autour de sa personne, comme au temps des grands
Carolingiens, la fine fleur de l'aristocratie laïque. A quatre ans du
changement dynastique, la royauté de Lothaire semble à la fois
indestructible et paralysée.

LE FAUX ESPOIR DE LOTHAIRE

Au début de l'année 984, on apprit à Laon et à Reims que
l'empereur Otton II, qui avait lamentablement échoué deux ans
plus tôt dans son projet de conquête de l'Italie byzantine, venait
de mourir à Rome. Son fils Otton III, couronné le 25 décembre
983 à Aix-la-Chapelle, était un enfant de trois ans, entouré de
deux femmes : l'impératrice Adélaïde, veuve d'Otton Ier, et la
mère du jeune roi, l'impératrice Théophano que ses origines
grecques rendaient suspecte à bon nombre de grands de Germanie. Partout l'effondrement menaçait. La révolte grondait aux
frontières ; à l'intérieur même, un parti hostile aux impératrices
ne tarda pas à se ranger sous la bannière du duc de Bavière Henri
le Querelleur, fils d'un frère d'Otton Ier, qui n'avait cessé de
comploter contre le précédent souverain et briguait la couronne
de Germanie.

Aussitôt connue la nouvelle de la mort d'Otton II, Henri, en tant que plus proche parent du nouveau souverain, avait allégué ses droits de tuteur et s'était fait remettre le jeune Otton III. En quelques semaines, Henri était parvenu à gagner à sa cause de nombreux seigneurs et d'éminents prélats : les archevêques Warin de Cologne, Giseler de Magdebourg, Ecbert de Trèves, l'évêque Thierry de Metz. Dès mars 984, ses partisans l'acclamèrent comme roi. Loin de provoquer le ralliement de l'aristocratie germanique, ce geste souleva l'indignation générale et contribua largement à souder autour des deux impératrices un puissant clan légitimiste constitué par le roi Conrad de Bourgogne, les ducs Bernhard de Saxe et Conrad de Souabe, les évêques de Mayence et de Liège, enfin la puissante famille d'Ardennes représentée par le comte Godefroy de Verdun et son frère, l'archevêque de Reims Adalbéron.

Toute la tâche de ce dernier et de son fidèle Gerbert consista à ménager au parti légitimiste l'appui du roi Lothaire. Ils y réussirent apparemment sans peine, en flattant ses ambitions sur la Lorraine dont Henri, qui y avait des partisans, prétendait de son côté s'emparer. Au printemps 984, Gerbert pouvait écrire à une dame de la suite des impératrices : « Allez trouver ma souveraine, l'impératrice Théophano ; dites-lui que les rois des Francs sont bien disposés pour son fils et que leur seul but est de détruire la tyrannie d'Henri qui cherche à usurper la royauté sous prétexte de tutelle. »

De fait, guidé par les conseils d'Adalbéron de Reims, Lothaire avait revendiqué la tutelle de son neveu Otton III et déclaré assumer l'avouerie [1] du royaume de Lorraine contre Henri de Bavière. Grâce encore à l'entremise d'Adalbéron, le Carolingien était parvenu à se faire prêter hommage par plusieurs grands de Lorraine, et d'abord par le propre frère de l'archevêque, Godefroy de Verdun. En cette occasion, il s'était réconcilié avec son frère Charles qui avait pris aussi le parti d'Otton III. Un ralliement intéressé car, à la faveur du conflit, Charles ambitionnait de s'emparer de la Haute-Lorraine alors gouvernée par une régente qui paraissait demeurer dans l'expectative : Béatrice, veuve du duc Ferry de Haute-Lorraine, qui n'était autre que la propre sœur du duc des Francs.

---

1. Garde, protection.

En somme, grâce à la crise de succession qui secouait la Germanie, le Carolingien semblait bien avoir réussi à s'implanter le plus pacifiquement du monde au sein de ce royaume tant convoité. De l'avouerie à la royauté, il y avait certes un grand pas à franchir. Mais Lothaire ne désespérait peut-être pas de négocier par la suite son soutien au jeune Otton contre l'abandon pur et simple de la souveraineté germanique sur le pays.

Il n'en eut pas le temps : très vite — trop vite, sans nul doute, pour le roi des Francs — le parti impérial l'emporta. Dès la fin du mois de juin, Henri le Querelleur restituait à Théophano la personne du jeune Otton. Grâce à l'entremise de la duchesse de Haute-Lorraine Béatrice, les négociations débouchèrent sur une paix conclue à Worms en octobre 984. Lothaire en avait été exclu et n'avait rien obtenu : ni la tutelle du jeune Otton, ni même la plus petite parcelle d'autorité en Lorraine où les serments d'allégeance avaient été oubliés, où, sans même le consulter, les impératrices avaient disposé de deux évêchés vacants au profit de deux Adalbéron, l'un et l'autre neveux de l'archevêque de Reims. L'un était fils de Ferry de Haute-Lorraine, proche parent de Godefroy de Verdun, et de la duchesse Béatrice : Théophano l'avait promu de Verdun à Metz ; l'autre, fils de Godefroy, avait obtenu l'évêché de Verdun. Adalbéron avait toutes raisons de jubiler : son jeune roi tenait le trône et son clan contrôlait plus solidement que jamais la Lotharingie. Lothaire, quant à lui, pouvait écumer de rage ; Adalbéron et le parti impérial l'avaient manœuvré et berné comme un enfant. Sa riposte allait être à la mesure de sa désillusion : il allait s'emparer de force de la Lorraine.

Tandis que Lothaire, tout entier à sa revanche, pactisait avec l'autre grand vaincu, Henri de Bavière, et convenait avec lui d'une conjonction de leurs forces sur les rives du Rhin, à Brissach, pour le premier février 985, Adalbéron, atterré, tentait de prendre les premiers contacts avec Hugues Capet.

Il ne s'agissait certes pas encore de faire de ce dernier un roi des Francs ; simplement d'opposer à la coalition qui se nouait en face, et risquait de nouveau de déstabiliser la fragile royauté d'Otton III, une autre coalition, celle d'Hugues, d'Adalbéron et de l'empire.

CHAPITRE III

Vers le trône

Grâce aux renseignements fournis depuis Reims par Adalbéron, la cour germanique fut aussitôt mise au courant de l'alliance conclue entre Lothaire et Henri. Ce dernier n'osa pas reprendre les armes et Lothaire se retrouva seul au rendez-vous de Brissach. Le roi et son armée durent précipitamment rebrousser chemin, harcelés par les montagnards vosgiens. Lothaire n'était pas homme à rester sur un échec. En outre, il savait que la minorité d'un roi, fût-il l'héritier de la plus puissante monarchie de l'Occident, était source de faiblesse et de paralysie, qu'ainsi le contexte politique lui était pour quelque temps encore favorable. Aussi prit-il la décision d'entreprendre avec ses seules forces la conquête de la Lorraine.

Pour mener à bien son projet, le Carolingien ne devait guère compter sur le concours des Robertiens ; Hugues et son frère Henri ne pouvaient, dans les circonstances présentes, participer à une aventure qui risquait de les opposer à leur propre sœur, Béatrice, et à leur neveu, le jeune duc Thierry de Haute-Lorraine. Hugues ne répondit donc pas à l'appel, pas plus d'ailleurs qu'il ne se déclara ouvertement l'allié d'Adalbéron et du parti lorrain. Une attitude qui résume assez bien les relations existant depuis 980 entre le duc et le roi : respectueux du serment prêté qui lui interdisait tout acte de guerre contre son seigneur, Hugues, faute de pouvoir faire prévaloir ses avis au sein du conseil royal, entendait en même temps s'en tenir à une fidélité purement passive et s'abstenir de tout service.

En revanche, Lothaire n'eut aucun mal à intéresser à son projet

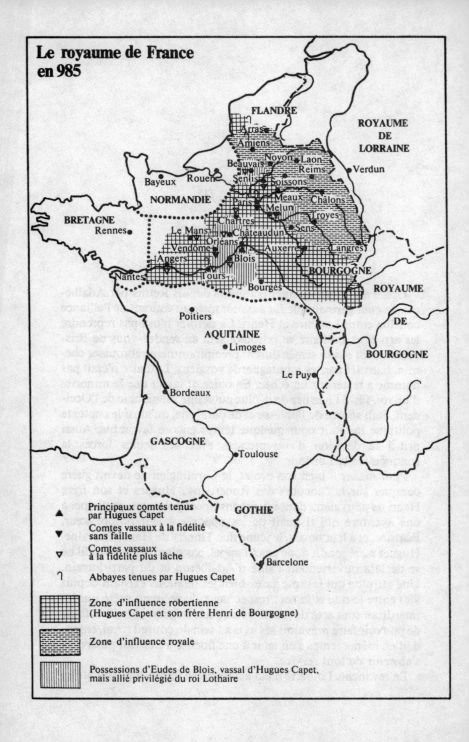

Le royaume de France en 985

FLANDRE

ROYAUME DE LORRAINE

Arras
Amiens
Noyon Laon
Beauvais Reims
Senlis Soissons
Bayeux Rouen Verdun
NORMANDIE Paris Meaux Châlons
Melun Troyes
BRETAGNE Chartres
Rennes Le Mans Châteaudun Sens
Vendôme Orléans Auxerre Langres
Angers Blois BOURGOGNE
Nantes Tours
Bourges ROYAUME

Poitiers DE

AQUITAINE BOURGOGNE
Limoges

Le Puy
Bordeaux

GASCOGNE
Toulouse

GOTHIE

Barcelone

▲ Principaux comtés tenus
par Hugues Capet

▼ Comtes vassaux à la fidélité
sans faille

▽ Comtes vassaux
à la fidélité plus lâche

ɼ Abbayes tenues par Hugues Capet

Zone d'influence robertienne
(Hugues Capet et son frère Henri de Bourgogne)

Zone d'influence royale

Possessions d'Eudes de Blois, vassal d'Hugues Capet,
mais allié privilégié du roi Lothaire

deux des plus puissants comtes de la *Francia,* Eudes de Blois et de Chartres, fils de Thibaud le Tricheur et vassal du duc des Francs, et son cousin Herbert le Jeune, comte de Troyes et de Meaux. L'un et l'autre — Eudes par sa mère, Liégeard, Herbert le Jeune par son père, le comte Robert de Troyes — appartenaient à cette maison de Vermandois devenue depuis plus de quinze ans une alliée privilégiée de la royauté. Grâce à la faveur de Lothaire qui avait sans doute vu là un moyen de lier davantage à sa personne la puissante maison de Blois, Eudes venait tout juste d'épouser Berthe de Bourgogne, fille du roi Conrad et de Mathilde, sœur du Carolingien : un mariage prestigieux qui permettait à cette maison vassale du prince robertien d'entrer de plain-pied dans le clan carolingien !

Pour rallier encore plus sûrement les deux comtes à sa cause, Lothaire ne lésina pas. Leur oncle commun, le comte du palais Herbert III le Vieux venait de mourir sans postérité, laissant une puissance territoriale axée sur la moyenne vallée de la Marne : l'abbaye Saint-Médard de Soissons, Château-Thierry, Épernay, Vitry-en-Perthois en constituaient les principaux points fortifiés, permettant à celui qui les posséderait de regarder vers le Rémois et la Haute-Lorraine, de partager en somme les ambitions de revanche et d'expansion du Carolingien. Gratifiés par Lothaire de l'héritage de leur oncle, Eudes et Herbert le Jeune n'allaient pas eux-mêmes lésiner dans leur soutien à ce roi qui leur proposait en prime l'exaltante aventure de la guerre et de la conquête. Ils s'engagèrent à lui fournir tout ce que leurs vastes possessions pouvaient contenir de combattants à cheval, et lui suggérèrent le premier objectif : Verdun, cœur de la puissance de la maison d'Ardennes, la ville tenue par Godefroy, comte félon, lui-même frère d'un autre félon, l'archevêque Adalbéron de Reims.

Dès le milieu du mois de février, Lothaire et ses deux complices pénétraient en Lorraine. Verdun, mal défendue en l'absence de son comte et de son évêque, ne résista pas une semaine. Lothaire en confia la garde à la reine Emma tandis que lui-même, ayant licencié ses troupes, regagnait Laon. Mal lui en prit, car à la nouvelle de la prise de Verdun, la maison d'Ardennes rameuta tous ses membres. S'étant introduits clandestinement dans la ville, Godefroy et ses compagnons en chassèrent la garnison royale et la mirent en défense en prévision d'un long siège.

Aussitôt, Lothaire rappelait Eudes et Herbert. Dès le mois de mars, une armée estimée par les contemporains à près de dix mille guerriers fondait de nouveau sur Verdun et entamait un siège en règle que Richer raconte avec force détails. Une seconde fois, Verdun fut prise, et avec elle quatre des plus notables membres de la maison d'Ardennes : Godefroy de Verdun et son fils Frédéric, Sigefroy de Luxembourg, oncle de Godefroy, et le jeune duc Thierry de Haute-Lorraine, le neveu d'Hugues Capet.

Une victoire assurément bien dangereuse pour Lothaire, que cette prise de Verdun ! La capture des principaux membres du clan ardennais et l'inertie des impératrices lui laissent sans doute entrevoir la possibilité d'autres conquêtes faciles en Lotharingie. Mais le Carolingien n'ignore pas que sa politique lorraine a mis en marche des forces qu'il n'est pas sûr de pouvoir maîtriser. Tout en se gardant bien de fournir son aide militaire, Hugues Capet est demeuré loyal. Restant sourd aux suppliques d'Adalbéron, il n'a jusqu'à présent rien fait pour entraver les visées expansionnistes de son seigneur. Mais Lothaire tient en son pouvoir Thierry, le fils de Béatrice ; il faut donc s'attendre à ce qu'au nom de la solidarité du sang, Hugues sorte de l'attitude de réserve adoptée par lui face aux propositions d'alliances d'Adalbéron.

Finalement, c'est encore de la métropole de Reims que vient le plus grand danger. Un Adalbéron ne peut concevoir la survie de la royauté carolingienne qu'à condition que celle-ci accepte le second rôle qui lui revient dans le cadre d'un empire chrétien dont le gouvernement appartient désormais à la dynastie saxonne. Or ce rôle subalterne, condition de la fidélité elle-même secondaire de l'archevêque de Reims envers sa personne, Lothaire l'a récusé. Dès les premiers mois de l'année 985, les milieux lorrains ont peut-être acquis la conviction que cette dynastie du passé n'est plus indispensable au nouvel ordre du monde, qu'elle constitue même un obstacle à la marche de la Chrétienté vers son unité. « Le roi Lothaire n'est le premier en France que par le titre ; Hugues l'est, non par le titre, mais par ses faits et gestes », écrit secrètement Gerbert à la cour impériale en reprochant à l'entourage d'Otton III de n'avoir pas suffisamment recherché l'amitié du duc des Francs.

L'argument rappelle étrangement celui qu'invoquèrent jadis

les Pépinides pour éliminer la race mérovingienne. Sans doute veut-on avant tout convaincre les milieux impériaux que la solution de l'affaire lorraine ne peut passer que par une étroite alliance entre Neustrie et Germanie, comme au temps de Louis IV et d'Hugues le Grand. Mais cette phrase, volontairement obscure, n'est-elle pas aussi chargée d'autres menaces ?

LE ROI, LE DUC ET L'ARCHEVÊQUE

Quoiqu'il en soit, les lettres de Gerbert ne laissent aucun doute sur la conduite de son maître, Adalbéron, et sur son rôle propre : le 31 mars, Gerbert, grâce à la « bienveillance » des comtes Eudes et Herbert, a pu visiter dans leur prison les vaincus de Verdun. Il en est revenu chargé d'instructions qu'il s'est empressé de transmettre à leurs destinataires : à l'évêque Adalbéron de Verdun qu'il exhorte, conformément aux vœux de son père, le comte Godefroy, à défendre contre les Francs les places fortes dont celui-ci lui a laissé la garde ; à la comtesse Mathilde, épouse de Godefroy, à laquelle il enjoint de conserver une fidélité inviolable à l'impératrice Théophano et de rejeter toute proposition de paix en provenance des rois francs ; au fils du comte Sigefroy, à qui il est recommandé de se faire d'Hugues Capet un ami « afin d'éviter les attaques des Francs ».

Bref, depuis le cœur du pays carolingien et à la barbe du roi, Adalbéron et Gerbert animent, coordonnent la lutte des Lorrains contre l'envahisseur franc. La métropole religieuse du royaume carolingien s'est subitement métamorphosée en nid de résistance et d'espions à la solde de l'empire. Écrites de la main même de Gerbert, des lettres chiffrées informent périodiquement leurs destinataires d'outre-Meuse des intentions du roi. En dépit de leur volontaire obscurité, elles traduisent assez bien les préoccupations du parti lorrain que dirige Adalbéron. L'une d'elles revient comme un leitmotiv : il faut coûte que coûte convaincre Hugues Capet de s'intéresser au sort de la Lorraine et de prendre fait et cause pour l'empire. « L'amitié d'Hugues doit être recherchée sans faiblesse », écrit depuis Reims, en juillet 985, Gerbert à Adalbéron, alors en Lorraine ; et il informe l'archevêque de

Reims qu'il a chargé l'abbé Ayrard de Saint-Remi de nouer la négociation avec le duc.

De toute évidence, Lothaire, à supposer même qu'il ignorât ces agissements, ne se faisait aucune illusion quant à la fidélité de son archichancelier. Très tôt, peut-être même avant la conquête de Verdun, l'étau royal avait commencé de se resserrer autour de l'archevêque félon. Dans une lettre écrite au mois d'avril 985 à l'impératrice Théophano, Gerbert s'en alarmait : « Les choses en sont arrivées à ce point qu'il ne s'agit plus seulement de son expulsion, mais de sa vie et de son sang... Le joug qui l'opprime est si fort, votre nom est devenu si odieux qu'il n'ose plus vous faire connaître par lettre ses infortunes. » De fait, Lothaire commença par contraindre l'archevêque de Reims à écrire aux métropolitains de Trèves, Mayence et Cologne des lettres attestant de sa loyauté à son égard. Gerbert démentait aussitôt, informant secrètement les correspondants que les protestations de fidélité étaient forcées.

Lothaire entama-t-il par la suite une procédure visant à traduire l'archevêque devant une assemblée de grands pour haute trahison ? On le pense assez généralement. Au milieu des lettres de Gerbert figure en effet un écrit non daté contenant la défense de l'archevêque face à une accusation portant sur sa conduite au moment de la vacance du siège de Verdun, en octobre 984. On lui aurait reproché d'avoir, contre la volonté et à l'insu du roi, favorisé l'élection de son neveu Adalbéron, le fils du comte Godefroy. Cette défense, préparée par Gerbert, fut-elle publiquement produite devant une assemblée de grands ? Fut-elle simplement présentée au roi Lothaire ? Il est bien difficile de se prononcer. Richer ne fait aucune allusion à un quelconque procès intenté du vivant de Lothaire ; en revanche, il disserte abondamment, nous le verrons, sur un autre procès intenté par Louis V au printemps 987, et l'on peut se demander si la défense d'Adalbéron n'aurait pas été plutôt préparée en prévision de cette dernière affaire.

Quant aux lettres de Gerbert, elles sont trop allusives pour que l'on puisse en tirer des certitudes. L'une d'elles fait état d'un *conventus Francorum,* d'une assemblée de grands réunis à Compiègne un 11 mai, et précise que la réunion fut soudainement interrompue : on venait en effet d'apprendre qu'Hugues Capet, le

duc des Francs, marchait sur le palais à la tête d'une armée de
six cents chevaliers. Dans sa lettre Gerbert ne souffle mot de
l'objet de cette assemblée, mais nous donne le nom des principaux participants : le duc Charles de Basse-Lorraine, frère du roi,
le comte Rainier de Hainaut ainsi que le comte Herbert le Jeune.
On pourrait considérer, comme l'ont fait F. Lot et la plupart des
historiens, que cette assemblée devait avoir pour objet de juger
l'archevêque de Reims. Répondant aux sollicitations pressantes
des milieux rémois, Hugues aurait ainsi interrompu la procédure
et sauvé Adalbéron.

Il reste tout de même que l'absence d'allusion explicite à un
procès contre Adalbéron peut étonner de la part de Gerbert, et
que le ton même de sa lettre cadre plutôt mal avec un événement
aussi considérable. Peut-être devrait-on se demander si l'intervention d'Hugues Capet n'aurait pas plutôt eu pour objet de
dissuader le parti de Lothaire d'entreprendre une quelconque
action contre la Haute-Lorraine, affaiblie par la capture de son
jeune duc, Thierry.

Deux indices plaident en faveur de cette thèse : d'une part, le
destinataire de la lettre de Gerbert est l'évêque Adalbéron de
Metz, frère de Thierry et neveu d'Hugues. Après avoir relaté la
dispersion de l'assemblée de Compiègne, l'écolâtre de Reims
exhorte le jeune prélat à garder la « patrie » lorraine contre
l'ennemi. D'autre part, une lettre antérieure, écrite vraisemblablement en début du mois de mai 985, c'est-à-dire quelques jours
avant l'assemblée de Compiègne, nous apprend que Lothaire
aurait émis des « exigences » à l'adresse de la duchesse Béatrice et
des grands de Haute-Lorraine ; des exigences touchant sans
doute aux conditions de la libération du jeune Thierry. L'assemblée de Compiègne ne visait-elle pas justement à prendre des
mesures ayant trait à la Haute-Lorraine ? S'il en fut ainsi, c'est en
vertu de la seule solidarité familiale, et non d'une alliance avec
Reims, qu'Hugues intervint pour la disperser.

Par ailleurs, il convient de se demander dans quelle mesure
Lothaire n'aurait pas été conduit à adopter vis-à-vis de l'archevêque une tout autre stratégie que la mise en accusation pour
trahison. Pour le roi, la véritable priorité n'était peut-être pas là ;
ce qui lui importait au premier chef, c'était de parachever sa
conquête de la région de Verdun ; c'était par conséquent de neu-

traliser l'évêque désigné de Verdun, Adalbéron, le fils de Godefroy, qui représentait l'ultime obstacle à l'avance franque. Tant
que son intronisation n'avait pas eu lieu, la chose était possible et
l'archevêque de Reims avait un rôle à jouer. Adalbéron détenait
en effet l'un des moyens juridiques de rendre nulle et non avenue
l'élection de son neveu au siège de Verdun. Avant son élection, le
jeune Adalbéron avait été clerc de l'église de Reims. Pour quitter
Reims, il avait, conformément à la règle canonique, obtenu une
autorisation de l'archevêque en échange, semble-t-il, d'une promesse de fidélité au roi Lothaire. Or, cette fidélité promise, il
l'avait violée en acceptant l'évêché de Verdun des mains de
l'impératrice Théophano. L'archevêque était donc en droit de
réclamer son retour au sein du clergé rémois. Telle, du moins,
semble avoir été l'analyse du roi qui, dès le mois d'avril 985,
avait décidé d'utiliser Adalbéron de Reims à cette fin.

On comprend ainsi que, dans sa lettre à l'impératrice Théophano, Gerbert, qui n'évoque en rien l'éventualité d'un procès,
fasse en revanche état de pressions intolérables (menaces
d'expulsion et de mort) exercées par Lothaire sur l'archevêque.
On connaît d'ailleurs les résultats de ces pressions : les fameuses
lettres — démenties par Gerbert — dans lesquelles Adalbéron,
contraint et forcé, protestait de sa fidélité à l'égard de Lothaire.
Dans l'une d'elles, adressée au mois d'avril à l'archevêque de
Trèves, Adalbéron aurait demandé à celui-ci d'obliger l'évêque
désigné de Verdun, sous peine d'excommunication, à venir se
mettre à la disposition de l'archevêque de Reims. Cette démarche nous est connue, non par la lettre elle-même, mais par la
contre-lettre écrite par Gerbert au nom de l'archevêque. Trois
mois plus tard, en juillet 985, le Carolingien poursuivait toujours
le même objectif : « On [Lothaire] prescrit à votre ami Adalbéron
de faire différer l'ordination de son neveu », écrivait Gerbert à la
duchesse Béatrice. En somme, au printemps 985, Lothaire pensait bien davantage à se servir de l'archevêque au mieux de ses
intérêts qu'à le traduire devant une Haute Cour de justice, ce qui,
de toute évidence, eût compromis la « mission » forcée d'Adalbéron.

Quoi qu'il en soit, il semble bien qu'au lendemain de la dispersion de l'assemblée de Compiègne le roi Lothaire ait été
conduit à se rapprocher du duc des Francs. Le 18 juin, le roi et le

duc se sont rencontrés. Il est probable, comme le redoutait Gerbert dans une lettre écrite au début de l'été à l'impératrice, que Lothaire s'apprêtait à monter une nouvelle opération contre la Lorraine : « Un complot s'est formé... une expédition secrète se prépare à l'instant contre vos fidèles, mais j'ignore lesquels. » Et Gerbert ajoutait, non sans une pointe de dépit : « Le 18 juin, les manœuvres astucieuses de certaines gens ont amené le duc à embrasser le roi et la reine ; ils espèrent par là mêler à la conjuration le nom d'un si grand personnage ; cela n'est pas et, nous le pensons, n'arrivera pas dans les circonstances présentes. » Cette réflexion montre bien que, sans trop s'illusionner sur l'éventualité d'une adhésion d'Hugues à leur cause (c'est cependant l'époque où Gerbert écrit que, pour s'opposer aux projets du roi, il faut rechercher sans faiblesse « l'amitié d'Hugues »), les milieux lorrains savent pouvoir compter sur sa neutralité.

En tout cas, le duc des Francs, à l'occasion de sa rencontre avec le roi, semble avoir obtenu de celui-ci quelques gestes apaisants. Dans sa lettre, Gerbert fait ainsi état de la libération de certains prisonniers : du jeune duc Thierry, remis à la garde d'Hugues Capet, son oncle, et du comte Sigefroy de Luxembourg. Pas de tous, car Gerbert souligne aussi que Lothaire avait posé de très dures conditions à la libération du comte Godefroy : reddition de Mons, abandon de toute prétention de sa famille sur le comté et l'évêché de Verdun, prestation d'un nouveau serment de fidélité au roi ; autant d'exigences refusées par Godefroy qui demeura en prison.

Autre mesure d'apaisement probable, qui serait la conséquence directe du coup de force d'Hugues contre l'assemblée de Compiègne : outre l'élargissement de Thierry, Hugues aurait obtenu de Lothaire qu'il ne tentât rien contre les domaines propres de sa sœur et de ses neveux. En revanche, rien n'indique que le duc des Francs se soit intéressé au sort de Verdun, pas plus qu'il ne paraît s'être soucié de contrecarrer les nouveaux projets du roi Lothaire. En somme, à deux ans, presque jour pour jour, de son accession au trône, le conflit qui devait déboucher sur celle-ci n'était toujours pas le sien. Hugues observait ; Hugues intervenait à l'occasion pour protéger son clan. Mais les malheurs de l'archevêque félon ne l'intéressaient pas, du moins pas encore.

De même, à deux ans de l'accession d'Hugues au trône, la royauté de Lothaire paraissait plus indestructible que jamais. La Lorraine était certes bien loin d'être soumise ; mais l'inertie de la cour germanique lui permettait de rêver à d'autres fructueuses expéditions : « Il recherchait, nous dit Richer, par quelle nouvelle avance il pourrait étendre encore son royaume. Ses affaires étaient très prospères et l'état du royaume, favorisé par la capture des grands, l'y engageait. » Projeta-t-il, comme le relatera beaucoup plus tard une chronique lorraine, d'envahir les deux évêchés de Cambrai et de Liège, demeurés fidèles au jeune Otton III ? Peut-être était-ce là l'objet du « complot » dénoncé par Gerbert en juillet 985.

Lothaire n'en eut pas le temps : « La divinité qui règle les affaires du monde procura la tranquillité aux Belges [Lorrains] et mit fin à son règne. » En février 986, à l'âge de quarante-cinq ans, Lothaire s'alitait, atteint d'une maladie que Richer a baptisée du nom de « colique ». Lecteur assidu d'Hippocrate et de Galien, se piquant de médecine, Richer prit au demeurant grand soin d'en décrire les signes cliniques : « Une douleur intolérable le tenait au côté droit, au-dessus des parties sexuelles. Du nombril à la rate, et de là jusqu'à l'aine gauche et même l'anus, il était torturé de douleurs affreuses. L'intestin et les reins étaient aussi atteints. Il éprouvait un ténesme continuel et perdait son sang. Sa voix s'étouffait parfois ; périodiquement des frissons de fièvre le glaçaient. Il avait des borborygmes, des nausées continuelles, faisait pour vomir des efforts inutiles, éprouvant des tiraillements du ventre et des brûlures d'estomac. » Bref, le pauvre Lothaire était si mal en point qu'il ne tarda pas à succomber, le 2 mars 986. Si l'on en croit Richer, il eut droit à de grandioses funérailles et fut enterré à gauche de Louis IV d'Outremer, son père, dans le chœur de la basilique Saint-Remi de Reims.

Personne n'aurait alors songé à contester au jeune Louis V un titre royal d'ailleurs acquis depuis bientôt huit ans. Celui-ci reçut donc tout naturellement et sans la moindre difficulté les serments de fidélité des grands du Nord, et d'abord, bien sûr, du duc des Francs. Si l'on en croit Richer, Louis V aurait aussitôt été l'objet de pressions contradictoires de la part de son entourage. Pour certains de ses conseillers, celui-ci devait « résider dans ses palais » et gouverner en personne le royaume. Pour d'autres, il devait « habiter avec le duc, parce qu'étant encore très jeune, il avait besoin de recevoir d'un si grand prince des leçons de sagesse et de vertu... »

Parvenu au seuil de ses dix-neuf ans, Louis devait donc choisir entre la poursuite de la politique autonome que son père avait menée, et la remise du gouvernement du royaume à Hugues Capet, agissant comme tuteur et administrateur du jeune roi. Ici encore, Richer illustre bien la prérogative particulière qui s'attache à la seule fonction de *dux Francorum* : une vocation de suppléance en cas de minorité ou d'incapacité du roi régnant. Au dire de Richer, Louis V, après avoir réfléchi un temps, « prit conseil du duc et s'attacha entièrement à sa personne ». Une décision qui, en principe, aurait dû permettre à Hugues Capet de jouer pleinement son rôle de *dux* et de prendre en main les affaires du royaume.

Or Richer nous présente les choses tout autrement : tout en s'en remettant au duc, le jeune roi aurait adopté une politique plus radicale encore que celle suivie par le précédent monarque ; c'est ainsi que, laissant libre cours à sa fureur contre l'archevêque Adalbéron, Louis aurait engagé le duc et les grands du royaume à monter une expédition militaire contre Reims : « Adalbéron, archevêque de Reims, est un scélérat... Méprisant l'autorité de mon père, il favorisa en toutes choses Otton, l'ennemi des Francs ; il l'aida à conduire une armée contre nous et à ravager les Gaules. En lui fournissant des guides, il lui donna les moyens de rentrer chez lui sain et sauf ainsi que son armée. Il me paraît juste et utile d'arrêter ce misérable pour lui infliger la peine d'un si grand forfait. » Et Richer de nous montrer Hugues, désapprouvant au fond la fureur du roi contre Adalbéron, mais obéissant contre son gré à l'ordre royal. « Dans son emportement contre le métropolitain, le roi marche avec son armée en entraînant le duc. » En somme, loin d'accepter les conseils de son tuteur, Louis V a imposé sa décision à ce dernier. Tel que le relate Richer, l'épisode fait sans doute partie de ceux qui ont contribué à façonner l'image peu enthousiasmante d'un Hugues Capet hésitant, apathique, dépourvu de cette force de caractère que possédait son père Hugues le Grand.

Abandonnons pour l'instant la suite du récit de Richer, pour

constater que la première partie de sa relation est loin de se
trouver corroborée par les autres sources qui nous sont parve-
nues sur le règne de Louis V. Une première discordance apparaît
à la lecture d'une lettre adressée par la reine Emma à sa mère,
l'impératrice Adélaïde, quelques semaines après la mort de
Lothaire. Emma n'y cachait pas son intention de suivre, dans ses
décisions, les conseils de sa mère et d'œuvrer pour le bien des
deux royaumes. Rien, dans la teneur de cette lettre, ne vient
confirmer l'idée d'une tutelle exercée par Hugues Capet. En fait,
il semble qu'Emma ait voulu exercer le pouvoir dans sa plénitude en s'appuyant, non sur le duc des Francs, mais sur l'archevêque Adalbéron de Reims dont la position s'était subitement
améliorée : « Sachez, écrivait celui-ci à l'archevêque de Trèves,
que la faveur de la reine nous a été rendue le VI des nones de
mars, le jour même où le très glorieux roi Lothaire a quitté ce
monde ; celui que vous aviez cru en disgrâce n'est privé d'aucune
familiarité de la part du roi... » Au demeurant, on devine sans
mal l'empreinte d'Adalbéron dans la politique suivie par la reine
au lendemain de sa prise de pouvoir. Des négociations commencèrent avec l'empire par le truchement de l'impératrice Adélaïde
et du roi Conrad ; tous deux furent invités par Emma à rencontrer son fils à Remiremont, le 18 mai 986. Quant à Adalbéron, il
s'adressait en juin-juillet à l'impératrice Théophano, lui demandant de lui faire connaître ses conditions en vue de la paix entre
Otton III et Louis V.

Tout cela, on le voit, est évidemment aux antipodes de ce
que relate Richer. Après la mort de Lothaire et plusieurs mois
durant, Emma et Adalbéron, ainsi probablement que son
homonyme, l'évêque de Laon, ont tenté de gouverner le
royaume dans un sens très nettement favorable à l'empire,
sans apparemment se soucier le moins du monde d'y associer le
duc des Francs. Comme son père après l'incartade de 978,
Louis V, roi sous influence, s'apprêtait à retourner dans le giron
ottonien. A quoi bon, dès lors, avoir recours au service de ce duc
qui n'avait pas su prendre parti lorsqu'on avait eu besoin de
lui !

Puis, brusquement, tout parut compromis. Au début de
l'automne, Louis V rejetait la tutelle de sa mère et s'en prenait à
Adalbéron de Laon, le neveu de l'archevêque de Reims. « On le

VERS LE TRÔNE   189

[Adalbéron de Laon] persécute, se lamentait la reine Emma dans une lettre à sa mère, on veut lui retirer son évêché afin que soit gravée sur moi la marque d'éternelle ignominie. » Et la reine poursuivait : « Puisque mon fils est devenu mon ennemi, qu'il me soit permis d'aimer celui de Théophano ; attachez à ma cause les grands de votre royaume ; préparez aux Francs des obstacles du côté où ils ne les attendent pas afin d'arrêter la fureur de leurs attaques contre nous. » Le ton de la lettre laisse peu de doute sur la nature des relations qui s'étaient nouées entre l'évêque de Laon et la mère du jeune roi ; il donne a posteriori quelque crédit à l'accusation d'adultère portée dix ans plus tôt par Charles de Lorraine contre Emma et Adalbéron.

De cette affaire, Richer, écrivant plusieurs années après, n'a soufflé mot. Non pas qu'il l'ait oublié ! Ces péripéties sont de celles que l'on garde longtemps en mémoire. En se taisant, Richer obéissait à une loi du silence qu'il s'était déjà imposée lors de l'évocation de la première affaire d'adultère, survenue en 977 : il avait préféré ne pas s'étendre sur le sujet, allant même jusqu'à interrompre sa relation de l'événement. Cette volontaire discrétion à propos d'une affaire de mœurs qui mettait en cause une reine de France est peut-être propre à expliquer la version « simplifiée » que Richer nous donne du règne de Louis V. En renonçant à évoquer la régence exercée conjointement par la reine Emma et les deux Adalbéron durant le printemps et l'été 986, le chroniqueur évitait ainsi de devoir s'appesantir sur les raisons de la soudaine disgrâce de la reine. De ce règne, Richer ne retint que les deux moments forts dont la relation n'était pas susceptible de porter atteinte à l'honneur d'Emma. Mais ces deux temps forts que sont la régence d'Hugues Capet et l'acharnement du roi contre l'archevêque de Reims, Richer les a superposés ; il les a fondus en un, là où il semble, comme nous allons le constater, qu'il faille soigneusement les séparer.

La correspondance de Gerbert le montre bien : la fureur du roi contre sa mère et l'évêque de Laon n'est qu'un aspect du bouleversement politique qui affecte la cour de Laon au début de l'automne 986. En atteignant la reine et son favori, le parti qui vient de triompher dans l'entourage du jeune Louis V vise en réalité un tout autre but : interrompre tout rapprochement avec l'empire et renouer avec la politique lorraine de Lothaire. Der-

rière Adalbéron de Laon, c'est donc Adalbéron de Reims, le
champion de l'empire, que l'on cherche à atteindre, et Gerbert l'a
aussitôt compris : « Garnissez Mouzon et Mézières d'une multitude de guerriers et revenez sans tarder », écrit-il dès le mois de
novembre à l'archevêque de Reims, alors en Lorraine. A l'évidence, Gerbert redoute le déclenchement d'hostilités contre les
principales forteresses de l'archevêché, voire contre la cité de
Reims. Le récit de Richer faisant état de la décision du roi de s'en
prendre à l'archevêque et de mettre le siège devant Reims n'a
donc, semble-t-il, rien de fantaisiste. Une lettre écrite par Gerbert contient d'ailleurs de vagues allusions à un événement de ce
genre.

Il est donc à peu près sûr que Louis V marcha contre Reims à la
tête d'une armée. L'opération dut avoir lieu au cours de l'hiver
986-987. Dans un premier temps, le roi tenta de pénétrer en force
dans la ville. Puis, cédant aux pressions de son entourage, il fit
savoir à Adalbéron qu'il lèverait le siège si l'archevêque se décla-
rait disposé à se présenter devant sa cour, pour répondre des
accusations qui pesaient sur lui, et à livrer des otages. Adalbéron
accepta ces conditions et Louis V se retira. Une lettre adressée en
février 987 par l'archevêque de Reims à l'impératrice Théophano nous renseigne sur la date prévue pour la convocation du
plaid chargé de le juger, et nous révèle le chef d'accusation :
« L'assemblée des Francs a été fixée au six des calendes d'avril [le
dimanche 27 mars 987] ; là, nous répondrons du crime d'infidélité, car nous sommes accusés d'avoir donné à l'évêque de Verdun l'autorisation de quitter notre diocèse, et aussi de l'avoir
ordonné prêtre. »

Richer nous donne-t-il les mêmes indications ? Pas le moins
du monde ! Une première grave discordance concerne le chef
d'accusation. Souvenons-nous du discours prêté par Richer à
Louis V au moment où ce dernier s'apprête à requérir des grands
leur aide contre Adalbéron. Son reproche porte sur l'attitude de
l'archevêque lors de l'invasion saxonne de 978 : un chef d'accusation peu en rapport avec les préoccupations immédiates du roi,
et assurément bien fantaisiste, comparé à cette affaire toujours
très actuelle de l'élection de l'évêque de Verdun dont parle Adalbéron dans sa lettre à l'impératrice. Louis V était d'ailleurs
d'autant plus fondé à reprendre sur ce dernier point les griefs de

son père contre l'archevêque que l'affaire avait tout récemment connu un nouveau développement auquel Adalbéron n'était évidemment pas étranger : l'évêque de Verdun avait en effet été consacré à la faveur de la mort de Lothaire et de la détente qui avait marqué la « régence » d'Emma.

L'autre dissonance concerne la date de l'assemblée des grands chargée de juger l'archevêque de Reims. Richer ne donne aucune date précise. Toutefois, évoquant la mort de Louis V, il signale qu'elle survint « à l'époque même où devait avoir lieu la justification de l'archevêque » et qu'elle interrompit le procès. Or Louis V est mort le 21 ou le 22 mai 987, soit près de deux mois après la date (27 mars) annoncée pour le procès par Adalbéron dans sa lettre à l'impératrice. Pour résoudre cette contradiction, les historiens, et notamment F. Lot, ont cru bon d'utiliser une lettre écrite par Gerbert à l'archevêque de Cologne en avril ou dans les tout premiers jours de mai : « Nous devons, y précise l'écolâtre de Reims, nous rendre à un colloque entre Francs le quinze des calendes de juin [18 mai] ; si notre seigneur [Adalbéron] y réalise la paix avec le roi, il aura bien œuvré pour la paix des royaumes. » Le procès prévu à l'origine le 27 mars aurait donc été reporté pour une raison inconnue au 18 mai et aurait été interrompu par la mort de Louis V, trois ou quatre jours plus tard.

Mais s'agissait-il cette fois d'un procès ? Lorsqu'en février 987 Adalbéron écrivait à l'impératrice Théophano pour lui annoncer sa prochaine comparution devant le tribunal royal, le ton même de sa lettre trahissait ses inquiétudes devant la « colère », la « fureur », la « violence » du roi. En avril ou mai, Gerbert, dans la lettre que l'on vient de citer, s'exprime sur un tout autre ton qui s'inscrit dans une perspective d'apaisement du conflit. Il est remarquable à cet égard que Gerbert ait envisagé l'assemblée du 18 mai comme une réunion susceptible de déboucher sur la paix, et non plus comme un plaid convoqué en vue de juger un grand du royaume. C'est probablement le signe qu'entre février et avril un changement capital s'est de nouveau produit au sein de l'entourage du roi, déterminant un complet revirement de l'attitude de Louis V à l'égard de la Lorraine, de l'archevêque de Reims, voire même de sa mère, si maltraitée quelques mois plus tôt.

Expliquer un tel revirement, c'est revenir sur les circonstances de la disgrâce d'Emma et constater qu'un bon nombre de grands paraissent avoir, dès l'automne 986, refusé de suivre Louis V dans son acharnement contre la reine et les deux prélats fidèles à l'empire. C'est le cas d'Hugues Capet, le duc des Francs, qui cette fois ne s'est pas contenté de rester neutre : il a donné refuge à l'évêque Adalbéron de Laon, et peut-être même à la reine Emma. Mais c'est aussi le cas de ceux qui, parmi les grands, avaient le plus activement soutenu la politique lorraine de Lothaire ; Eudes de Blois et Herbert de Troyes, les deux inséparables comtes, ont ainsi pris le parti d'Emma et d'Adalbéron de Laon, probablement au nom de la solidarité du sang : Emma est la nièce du roi Conrad, le beau-père d'Eudes. Une lettre de Gerbert montre que c'est aussi sur leur conseil que l'évêque de Laon est allé chercher refuge à Dourdan auprès d'Hugues Capet. En somme, la politique agressive de Louis V n'a pas eu d'écho favorable auprès des plus puissants.

Il n'est pas impossible, comme le laisse entendre Richer s'agissant tout au moins du duc, que ces grands aient participé à l'opération contre Reims ; mais ce fut pour refréner l'ardeur belliqueuse du jeune roi, l'exhorter à suspendre les hostilités en échange d'une comparution de l'archevêque devant une assemblée royale. Une lettre écrite beaucoup plus tard par Adalbéron de Reims à Charles de Lorraine laisse même entendre que ce dernier, que l'on aurait pu croire à l'origine de la brusque disgrâce d'Emma et du parti lorrain, aurait lui aussi cherché à calmer le désir de vengeance de Louis V contre l'archevêque : « Je ne puis oublier le bienfait que vous m'avez rendu lorsque vous m'avez soustrait aux coups de l'ennemi », lui écrira Adalbéron, faisant peut-être allusion à l'épisode du siège de Reims, au cours duquel Charles aurait ainsi contribué à empêcher son neveu de poursuivre les hostilités. Une lettre de Gerbert, écrite elle aussi beaucoup plus tard, suggère de même que l'oncle du jeune roi aurait par la suite encouragé une solution pacifique du problème lorrain. Tout cela autorise à penser que Charles qui, au lendemain de la mort de Lothaire dont il avait soutenu la cause contre l'empire, avait dû s'empresser de retrouver les bonnes grâces de Théophano pour conserver son duché de Basse-Lorraine, comptait au nombre des grands qu'inquiétait la folle entreprise du jeune roi.

Or c'est probablement ce parti qui, en février ou mars 987, l'a définitivement emporté auprès du roi. La lettre écrite par Gerbert à l'archevêque de Cologne fait plus que le suggérer : elle laisse deviner que le chef de ce parti n'est autre que le duc des Francs, Hugues Capet.

Outre l'allusion à ce *colloquium* prévu pour le 18 mai, qui devait dans l'esprit de Gerbert ramener la paix entre Louis V et Adalbéron de Reims, la lettre contient un renseignement essentiel sur ce qui s'est produit à la fin du mois de mars, à l'époque même où aurait dû avoir lieu le procès de l'archevêque de Reims. Gerbert néglige d'évoquer ce procès, mais relate que le 29 mars, au palais royal de Compiègne, on a parlé de paix entre le royaume occidental et la Germanie. Louis V a en effet rencontré celle qui, par excellence, pouvait servir d'entremetteuse, de trait d'union entre les deux royaumes : Béatrice de Haute-Lorraine, qui avait su en d'autres temps montrer ses remarquables qualités de négociatrice. Le fait que la duchesse Béatrice soit la sœur d'Hugues laisse peu de doute sur le rôle de ce dernier : Hugues Capet est très certainement à l'origine de la rencontre entre le roi et la duchesse. A Compiègne, on a échafaudé un plan de paix avec l'empire : une rencontre a été prévue pour le 25 mai 987 entre, d'une part l'impératrice Adélaïde et le duc Conrad d'Alémanie, et d'autre part le roi Louis, la reine Emma et le duc Hugues.

Sans doute ce projet a-t-il immédiatement capoté : dans sa lettre, Gerbert annonce à l'archevêque de Cologne qu'il a réussi à convaincre Béatrice de ne pas aller plus avant dans les tractations sans en avoir préalablement informé l'impératrice Théophano qui seule, selon lui, était habilitée à formuler les conditions de paix. Il reste qu'en elle-même la composition de la réunion prévue le 25 mai en dit long sur les changements survenus au sein de l'entourage du roi. Dès la fin du mois de mars, Emma, de retour à la cour, et Hugues Capet dirigent de concert la politique du royaume. Richer nous avait présenté le duc des Francs comme un tuteur incapable de s'opposer aux volontés de son pupille. Grâce à la correspondance de Gerbert, nous savons qu'Hugues a bel et bien exercé une sorte de régence à partir de février ou de

mars 987 — et non au lendemain de la mort de Lothaire, comme le
laissait entendre Richer — et que celle-ci s'est traduite par une
politique de pacification de tous les conflits rallumés par Louis V
au temps de la disgrâce d'Emma. C'est donc par leurs soins et dans
cette perspective d'apaisement que fut fixée au 18 mai la rencontre
qui devait avoir pour objet la réconciliation du jeune roi avec
l'archevêque de Reims ; une rencontre qui n'avait donc plus rien
de ce procès sur fond de haine dont fait état Richer en dramatisant
à l'excès, et qui n'eut vraisemblablement jamais lieu.

En somme, Hugues, au printemps de cette année 987, jouait
auprès de Louis V le rôle que Louis IV avait autrefois tenté de
dénier à son propre père et que lui-même n'avait pu remplir sous
le règne de Lothaire : il méritait pleinement le titre de *dux Fran-*
corum, car c'est par son intermédiaire et par sa volonté que le *rex*
Francorum gouvernait le royaume des Francs.

Le 22 mai, Louis V mourait des suites d'un accident de chasse
survenu à Senlis, sur les terres de son tuteur. On l'enterra à la
sauvette, non pas à Reims, comme son père, mais à Compiègne,
afin d'éviter, nous révèle Richer, que son entourage ne se disper-
sât avant d'avoir procédé à « une délibération d'une très grande
utilité pour la *Respublica* ». Louis V étant mort sans héritier
direct, il s'agissait de lui trouver un successeur.

LA CONSÉCRATION ROYALE

Il ne fallut pas plus de six semaines pour faire d'Hugues Capet
un roi des Francs. Richer, que l'on est ici bien obligé de suivre (la
correspondance de Gerbert est muette sur l'événement), relate
qu'au lendemain de la mort de Louis V l'assemblée qui aurait dû,
selon lui, juger Adalbéron se sépara. « Tous les princes qui,
par leur sagesse et leur dévouement, seraient capables d'administrer les affaires du royaume ne sont pas présents », fait dire
Richer à Adalbéron qui proposa donc l'ajournement de la délibération sur le choix d'un nouveau roi, non sans prendre quelques précautions : « Prêtez avec moi serment au grand duc,
aurait-il dit à l'assistance, et engagez-vous devant moi à vous
abstenir de toute démarche, de toute entreprise relative au choix
d'un prince jusqu'à ce que nous soyons réunis de nouveau pour

en discuter. » Ainsi firent les assistants avant de se séparer.
Cette procédure rappelle étrangement celle que relate Flodoard
pour l'année 922. Avant d'en faire un roi, les grands de Francie,
rejetant Charles le Simple, avaient prêté serment au marquis
Robert, l'aïeul d'Hugues Capet. La dispersion de l'assemblée de
Compiègne fut suivie d'une entrevue entre l'archevêque et Charles de Lorraine, venu à Reims le supplier d'appuyer sa candidature au trône. Mais l'archevêque avait déjà choisi en fonction de
ses intérêts propres qui, à l'évidence, ne pouvaient s'accommoder de ceux de Charles, et ce dernier fut éconduit.

Puis, vers la fin du mois de mai si l'on suit la chronologie
proposée par Richer, qui situe le sacre aux calendes de juin
(1er juin), plus sûrement fin juin ou début juillet, vint le jour de
l'assemblée des grands du royaume. Elle siègea à Senlis, ville
relevant du domaine robertien. Hugues la présidait en vertu
d'une prérogative par deux fois confirmée depuis 936 : celle de
conduire, en tant que *dux Francorum,* la procédure d'élection du
roi. De nouveau, Richer met en scène l'archevêque de Reims en
un discours que le chroniqueur a vraisemblablement forgé de
toutes pièces, mais qui — une fois n'est pas coutume — sonne
plus vrai que nature. Adalbéron a commencé par évoquer devant
les grands les prétentions de Charles, le Carolingien : « Nous
n'ignorons pas que Charles a ses partisans, qui soutiennent qu'il
est digne du royaume parce que ses parents le lui ont transmis *(ex
parentum collatione).* » Et l'archevêque de poursuivre : « Pourtant si l'on examine cette question, l'on sait que la royauté ne
s'acquiert pas par droit héréditaire et qu'on ne doit élever à la
dignité royale que celui qui s'illustre non seulement par la
noblesse de son corps, mais encore par la sagesse de son âme,
celui que l'honneur protège, que la générosité fortifie. »

Sagesse, honneur et générosité : ce sont là vertus royales par
excellence, et Richer formule à sa manière l'idée, bien ancrée
dans les esprits depuis le VIIIe siècle, selon laquelle le roi, modèle
de vie pour son peuple, se doit d'aspirer à la perfection morale.
Jamais cependant les penseurs de la renaissance carolingienne
n'avaient formellement lié cette vision éthique de la royauté au
principe électif. En 987, la liaison est devenue possible car l'histoire récente la justifie : « des empereurs de race illustre », rappelle Adalbéron, n'ont-ils pas été déposés « à cause de leur

absence de vertu », et n'ont-ils pas eu « des successeurs tantôt égaux, tantôt inférieurs » par leurs origines ? C'est une référence à peine dissimulée à Charles le Gros et à Charles le Simple, ces deux monarques indignes dont le rejet avait par deux fois rompu la chaîne de l'hérédité au profit des ancêtres d'Hugues Capet.

Cette primauté de l'élection, qu'aurait ainsi affirmée Adalbéron en se fondant sur une telle évolution, n'est probablement pas aussi évidente à la fin du Xe siècle que le laisse entendre Richer. Comme on le soulignera dans un chapitre ultérieur, elle relève d'une vision purement idéologique de l'institution royale. Richer lui-même, dans d'autres développements, prêtera à Hugues Capet un tout autre discours qui justifie le changement dynastique par le fait que Louis V est mort sans descendance, et qui est sans doute plus conforme à l'état des mentalités. On comprend cependant que le primat de l'élection ait pu apparaître aux yeux des intellectuels de l'époque comme la solution idéale : elle permet en effet d'envisager l'impératif moral, non plus simplement comme une résultante de l'onction royale, comme c'était le cas du IXe siècle, mais bien comme sa condition. L'histoire récente l'a montré, l'hérédité ne garantit pas que le roi exercera sa fonction conformément à l'éthique royale ; l'élection, en revanche, offre cette garantie parce qu'elle tient compte de l'aptitude à régner de celui qu'elle désigne. Sur cette base, Adalbéron peut inciter les grands du royaume à écarter Charles de Lorraine « que l'honneur ne guide pas, que l'indolence engourdit et qui s'est abaissé et dégradé au point de servir sous les ordres d'un roi étranger ». Le roi étranger n'est autre que l'empereur ottonien et, bien que l'on imagine mal Adalbéron, tout dévoué à l'empire, porter lui-même une pareille accusation contre Charles, il est à peu près sûr qu'une telle considération a joué en faveur d'Hugues Capet. En acceptant, avec le duché de Basse-Lorraine, la vassalité de l'empereur, Charles était devenu un étranger au royaume et ne pouvait plus revendiquer le trône [1].

---

1. L'argument de Richer est intéressant pour l'histoire du sentiment national en France. Il préfigure celui qu'invoqueront en 1328, à la mort de Charles IV le Bel, les grands de France pour préférer à Edouard III d'Angleterre, neveu du défunt roi et son plus proche parent, le comte Philippe de Valois, son cousin germain. Ce dernier, dira un chroniqueur de l'époque, « était du royaume », alors qu'Edouard III ne l'était pas.

Au demeurant, ce reproche, tout comme l'argument tiré par Adalbéron lui-même d'une mésalliance indigne d'un futur roi (Charles aurait épousé une femme issue de la classe des vassaux), ne faisait sans doute que se rajouter à une image de marque déplorable. Charles n'était pas aimé, et avait tout fait pour mériter le mépris de ses contemporains : il avait trahi son propre frère et compromis sa belle-sœur ; accueilli au sein de l'empire, il avait renié le fils de César et tenté de lui prendre la Lorraine. En 984, son attitude d'hostilité à l'égard de la duchesse Béatrice de Haute-Lorraine avait valu à ce fils de roi auquel on n'aurait dû s'adresser qu'avec respect, la plus belle volée d'injures que le haut Moyen Age nous ait transmise : « Enflé, bouffi de graisse, chien, lui écrivait un digne prélat, Thierry de Metz : tu as abandonné la trace de tes pères, renié ton créateur ; souviens-toi combien de fois j'ai fermé du doigt ta bouche impudente quand, avec un sifflement de serpent, tu répandais des mensonges abominables contre l'archevêque de Reims, plus abominables encore contre la reine. Toi même connais mieux encore tout ce que tu as fait contre l'évêque de Laon. » Empruntant sa verve à Gerbert (c'était l'époque où Charles soutenait encore le jeune Otton III contre Henri de Bavière et Thierry de Metz), le frère de Lothaire avait répondu sur le même ton : « Modèle des hypocrites, ennemi public de l'État, ivrogne..., tu brouilles lois divines et lois humaines ; quand tu parles de lois en balbutiant, tu ressembles à l'escargot qui, dans sa coquille, s'imagine frapper des cornes...»

Cet échange d'injures est révélateur du peu d'estime dans lequel on tenait le dernier Carolingien : la personnalité trouble du duc Charles ne correspondait assurément pas à ce que l'on attendait de la majesté royale. Mais était-ce là une raison suffisante pour l'écarter du trône ? Difficile à affirmer. Ce qui est sûr, c'est qu'une tout autre considération aurait à elle seule suffi : Charles, depuis plus de dix ans, n'avait pas caché ses ambitions lorraines. Conscient, comme tous ceux de sa race, de la priorité de ses droits sur la Lotharingie, Charles ne laisserait jamais l'empire en repos ! Voilà ce dont, au lendemain de la mort de Louis V, était persuadé l'archevêque de Reims, dévoué corps et âme à la dynastie ottonienne. A quoi a fort bien pu s'ajouter une dernière considération : écarter le Carolingien au profit d'Hugues Capet, c'était aussi aplanir cet obstacle majeur au retour du royaume

franc au sein de l'empire que constituait la présence d'un membre de l'ancienne dynastie. Adalbéron s'imaginait peut-être qu'il
serait plus facile, lorsque viendrait le moment où Otton III,
devenu majeur, serait en mesure de restaurer l'empire, de parvenir à cette fin en favorisant l'accession au trône d'un roi dont la
légitimité était douteuse et ne pourrait lui être opposable. La
conclusion s'imposait : coûte que coûte, il fallait empêcher Charles de régner...

   « Examinez la chose attentivement, déclare donc l'archevêque
à l'adresse des grands. Considérez que la déchéance de Charles
résulte davantage de sa faute que de celle d'autrui ; souhaitez le
bonheur de la *Respublica* plutôt que son malheur ! Si vous souhaitez son infortune, élevez Charles au trône ; si vous souhaitez
sa fortune, couronnez comme roi l'éminent duc Hugues... Choi-
sissez le duc, le plus illustre par ses actions, sa noblesse et sa
puissance militaire ; vous trouverez en lui un défenseur, non
seulement pour l'État, mais encore pour vos intérêts privés.
Grâce à son dévouement, vous aurez en lui un père. Qui en effet
n'a trouvé refuge chez lui sans obtenir sa protection ? Qui, arra-
ché aux siens, ne leur a pas été rendu par ses soins ? »

   Hugues a donc été élu roi, puis couronné à Noyon. La date de
l'événement n'est aujourd'hui plus guère discutée. Celle que
fournit Richer — le 1er juin 987 — est difficile à accepter : on
imagine mal qu'Hugues Capet ait pu être élu et sacré moins de
dix jours après la mort de son prédécesseur ! Mieux vaut donc se
rabattre sur une autre date, au demeurant fournie par les annales
d'une abbaye très proche des Robertiens, celle de Saint-Denis :
Hugues Capet fut sacré roi à Noyon le dimanche 3 juillet 987.

TROISIÈME PARTIE

« *Rex Francorum* »

La succession s'était ainsi opérée sans bruit et sans bataille, et pour la troisième fois, un Robertien avait accédé à la royauté. Une accession qui, d'une certaine manière, pouvait apparaître comme le fruit du hasard. Car, contrairement à ce que l'on a parfois affirmé, Hugues n'avait en rien prémédité sa royauté ; celle-ci s'était simplement présentée à lui comme la conséquence logique de la mort inopinée d'un roi qui n'avait pas eu d'héritier en ligne directe.

Hugues est-il devenu roi par la seule grâce de l'archevêque de Reims, ainsi que le suggère la relation de Richer ? A-t-il simplement été le bénéficiaire consentant d'une opération politique menée par d'autres, et d'abord destinée à écarter du trône le prétendant carolingien ? Non, sans aucun doute. Hugues n'avait été qu'un allié occasionnel d'Adalbéron de Reims ; jamais il ne s'était comporté en « créature » des Ottoniens, comme Charles de Lorraine au temps où Otton II, envahissant le royaume franc, l'en avait fait l'éphémère souverain. Sa royauté, le Robertien la devait d'abord à la force d'un lignage qui avait déjà donné deux rois à la France et qui, avec Hugues le Grand, avait acquis au sein du royaume carolingien une position hors pair, caractérisée par un titre lui aussi hors pair, celui de *dux Francorum*.

L'évolution postérieure à la mort d'Hugues le Grand avait certes vu s'amoindrir la puissance robertienne au profit d'une nouvelle génération de princes, devenus difficilement contrôlables. Cependant, aucun de ces nouveaux princes n'avait jusqu'alors renié la primauté d'Hugues. Le comte de Rouen,

Richard, et celui d'Anjou, Foulques Nerra, qui venait tout juste de succéder à Geoffroy Grisegonnelle, lui étaient favorables ; en outre, Hugues avait pour lui la Bourgogne de son frère Henri, et peut-être aussi l'Aquitaine de son beau-frère Guillaume Fier-à-bras. Il est certes assez improbable que ce dernier ait participé en personne à l'assemblée qui fit d'Hugues un roi. Mais l'autorité des autres suffit sans nul doute face aux rares voix qui se prononcèrent pour Charles de Lorraine.

Au demeurant, Hugues avait su acquérir une stature propre. Ce titre de *dux Francorum* qui, depuis le milieu du Xe siècle, menaçait de ne plus jamais traduire qu'une préséance honorifique, Hugues, à quelques mois de l'échéance royale, l'avait rétabli dans son sens originel. Sans se compromettre avec le parti impérial, il avait su s'imposer comme l'arbitre du conflit qui opposait le Carolingien à l'archevêque de Reims, comme celui sans le concours duquel la paix était impossible, et à ce titre, comme le véritable chef du *regnum Francorum*. Sans cette primauté intelligemment retrouvée, Hugues serait probablement devenu roi. Mais son influence aurait été moindre au sein de cette province ecclésiastique de Reims déchirée entre les tenants du parti impérial et ceux qui, par devoir plus peut-être que par conviction, avaient soutenu la politique lorraine des Carolingiens.

Enfin, il ne fut probablement pas indifférent à quelques-uns, principalement dans les milieux ecclésiastiques, que la personnalité du duc des Francs n'ait pu prêter le flanc à des critiques aussi fondamentales que celles que l'on a vu Adalbéron proférer contre Charles de Lorraine. Le peu que l'on connaît de son action jusqu'à son accession au trône donne l'impression d'une intégrité morale que certains, nous le savons, ont parfois assimilée à de l'indécision. Son attitude à l'égard de Lothaire est significative : respectueux de la parole donnée, Hugues a fait preuve d'une fidélité sans faille, tout en se gardant bien de se laisser entraîner dans des entreprises désapprouvées par lui ou contraires à ses intérêts. En outre — Richer, nous le verrons dans un chapitre ultérieur, insiste à maintes reprises sur ce trait — Hugues n'agissait jamais précipitamment, mais après une large consultation de ses propres fidèles. Par sa retenue comme par son esprit de conseil, le duc des Francs semblait donc en mesure d'incarner aux yeux de beaucoup certaines des vertus que l'on attendait d'un roi.

Il est cependant une image qu'Hugues a su cultiver entre toutes : celle du prince protecteur des églises, soucieux aussi de susciter les réformes au sein des monastères soumis à son autorité. Il n'était certes pas le seul : un Arnoul de Flandre l'avait fait longtemps avant ; un Richard de Normandie s'y employait depuis les années 960 ; les nouveaux princes — Geoffroy d'Anjou, Thibaud et Eudes de Blois — commençaient eux-mêmes à entrevoir la nécessité, à la fois religieuse et politique, d'une rénovation des structures ecclésiales dans leurs propres domaines. Mais nul mieux qu'Hugues n'a su utiliser dans l'œuvre de réforme cette force montante, régénératrice entre toutes, que représentait le monachisme clunisien. Marmoutier, Saint-Maur-des-Fossés, Saint-Germain-des-Prés, Saint-Denis, quatre des plus considérables monastères de ses États furent confiés par le duc, ou par ses vassaux, aux soins du « père des moines », cet abbé Mayeul de Cluny avec lequel Hugues Capet semble avoir noué des relations d'étroite amitié. En un temps où le monde des laïques devait faire face à une très profonde crise des liens de fidélité, la puissance d'un monachisme réformateur, soucieux de régénérer la vie religieuse non seulement dans les enceintes monastiques, mais aussi au cœur des campagnes, ne pouvait que soutenir le combat des princes contre cette anarchie naissante qui accompagnait leur propre déclin.

Vingt à trente ans plus tard, l'organisation clunisienne sera l'objet de violentes attaques de la hiérarchie séculière. Avec virulence, l'évêque Adalbéron de Laon s'en fera le porte-parole, dénonçant comme cause du déclin politique cette collusion entre la jeune royauté capétienne et le successeur de Mayeul, le « roi » Odilon. Mais c'est qu'entre-temps Cluny aura mené une lutte qui n'est même pas esquissée en 980 : celle de l'exemption des monastères clunisiens de l'autorité des évêques.

Au moment de l'accession d'Hugues au trône, toute réforme est encore entreprise pour le bien de l'Église entière, et celle-ci, en son ensemble, ne peut que se féliciter de l'action régénératrice des princes. Les évêques le savent bien, qui, pour l'heure, n'hésitent pas à confier nombre d'églises paroissiales de leurs diocèses aux soins vigilants de la « milice monastique ». Or, sous cet angle,

l'image de marque d'Hugues Capet était bien celle que l'on attendait d'un roi. La vertu royale entre toutes, à ce point essentielle
que depuis un siècle le roi carolingien, au moment d'être sacré,
devait promettre de la pratiquer, n'était-elle pas de se présenter
comme le protecteur des églises et le gardien de la foi chrétienne ?
Cela aussi n'a pas dû être sans importance lorsqu'il s'est agi, de la
part des grands ecclésiastiques du royaume, de formuler leur
choix.

Avant d'aborder le règne proprement dit, il reste à s'interroger
sur ce qui a pu déterminer Hugues Capet à accepter cette dignité
royale que son propre père avait par deux fois renoncé à revendiquer. On se souvient de la raison probable de l'apparent dédain
de ce dernier pour la fonction royale : la tradition franque interdisait à un roi de détenir en propre et d'administrer des *honores*
comtaux ou abbatiaux. Or ces *honores* étaient alors des éléments
essentiels de la puissance robertienne ; y renoncer, c'était provoquer à terme l'effondrement de celle-ci sans espérer trouver la
moindre compensation dans une fonction royale très amoindrie.
Pour Hugues Capet, la question ne se posait plus en de tels termes. Des *honores* comtaux, il n'en possédait plus guère, hormis
celui d'Orléans, de Senlis et de deux ou trois *pagi* mineurs. Quant
aux *honores* abbatiaux, Hugues avait renoncé à la plupart d'entre
eux au profit d'abbés régulièrement élus par les communautés
monastiques nouvellement réformées. L'essentiel de sa puissance, le duc des Francs la devait désormais au réseau de fidélités
que ses ancêtres et lui-même étaient parvenus à tisser autour de
sa personne. En somme, en cette fin du Xe siècle, la primauté
d'Hugues entre Seine et Loire s'exprimait de la même manière
que celle du roi au sein du vieux pays carolingien : par des liens
vassaliques plus ou moins lâches, par des fidélités plus ou moins
solides.

En devenant roi, Hugues ne renonçait à rien de tout cela. En
outre, il y gagnait les anciennes fidélités royales : d'abord, celles
d'une bonne dizaine d'évêques de Francie, de Neustrie et de
Bourgogne qui devaient encore leurs sièges à la faveur royale, et
dont certains — archevêque de Reims et évêque de Laon en tête
— étaient détenteurs de prérogatives comtales sur leurs cités.
Mais aussi celles de grands laïques, ceux qui, traditionnellement,
portaient leur hommage au roi, tels que les comtes de Troyes, de

Vermandois et de Soissons, voire de plus grands encore comme le comte de Flandre ou le duc de Bourgogne, son propre frère ; ceux, enfin, qui, tel le puissant comte de Blois et de Chartres, oscillaient entre la vassalité du roi et celle du duc, servant préférentiellement l'un ou l'autre au gré de leurs intérêts. Devenir roi, c'était espérer se rattacher ces fidélités, c'était aussi se donner les moyens de mieux contrôler cette maison de Blois dont la puissance était au fil des années devenue menaçante.

En définitive, prendre le titre royal, n'était-ce pas, en ce temps de profond déclin des fidélités — un déclin qui affectait d'abord les principautés de la première génération — s'offrir une chance de survivre en tant que prince ? C'est peut-être au nom de cette nécessité vitale qu'Hugues n'a pas hésité à devenir roi.

Incertitudes

Aussitôt franchie l'étape majeure de l'élection et du sacre, Hugues Capet entreprit de mieux asseoir sa royauté. Il le fit d'abord vis-à-vis de l'extérieur en rendant sans délai Verdun à la maison d'Ardennes dont le chef, Godefroy, venait d'être libéré par ses geôliers, les comtes Eudes et Herbert. Cette restitution avait un double intérêt : celui de récompenser le soutien passé, et de se garantir pour l'avenir l'alliance d'Adalbéron de Reims, l'archevêque qui avait si bien su guider sa fulgurante course au trône ; celui enfin, de s'assurer, par un geste qui valait renonciation à toute prétention à la Lotharingie, l'appui de la Germanie, ou tout au moins sa neutralité dans l'hypothèse où Charles de Lorraine viendrait à réclamer *manu militari* son héritage.

L'abandon de Verdun mettait fin pour longtemps au rêve obsessionnel qui, de Charles le Chauve à Louis V, n'avait cessé de hanter les rois de la *Francia* de l'Ouest. Désormais et pendant des siècles, la royauté capétienne allait cantonner ses ambitions à l'intérieur des frontières du royaume occidental, telles que les avait tracées le partage de Verdun de 843. Il reste qu'Hugues, à qui l'on a parfois reproché ce désengagement peu glorieux, n'avait sans doute pas le choix, tant demeurait incertaine la situation au sein du royaume.

Charles de Basse-Lorraine avait certes été pris de vitesse, mais le Carolingien n'avait pas été éliminé et conservait des partisans. On sait, grâce aux sources de l'époque, que deux des plus hauts personnages du royaume accueillirent fort mal l'élection et le sacre d'Hugues. L'un, l'archevêque Seguin de Sens, refusa de prêter serment au nouveau roi. La raison n'en est pas des plus claires. La plupart des historiens voient dans le refus de Seguin le signe d'une fidélité envers les Carolingiens et font de la métropole sénonaise un foyer d'opposition à la nouvelle dynastie. Nous avons vu au début de ce livre qu'une chronique rédigée à Sens vers 1015, l'*Historia Francorum Senonensis,* confirme cette thèse en envisageant la prise de pouvoir d'Hugues Capet sous un jour particulièrement défavorable. On ne peut toutefois rejeter l'hypothèse d'une opposition liée avant tout à la traditionnelle rivalité existant entre l'archevêque de Sens, primat des Gaules, et celui de Reims. On se souvient qu'en 888 et en 922 un prédécesseur de Seguin, l'archevêque Gautier, avait par deux fois présidé les cérémonies du sacre de rois robertiens. Puis le métropolitain de Reims avait retrouvé sa prérogative, étayée depuis le temps d'Hincmar par la fameuse légende de la Sainte Ampoule. Plutôt que par une hostilité de principe à l'égard des Robertiens, l'attitude de Seguin de Sens ne s'expliquerait-elle pas par sa désapprobation à l'égard du rôle joué par Adalbéron de Reims dans une procédure que, conformément à la tradition robertienne, il se considérait comme seul en droit de présider ? Quelle qu'en fût la véritable raison, l'opposition de l'archevêque de Sens dura plusieurs mois et incita le roi à lui adresser une lettre le sommant de se présenter à la cour le 1er novembre afin de prêter serment et de remplir son devoir de conseil. Seguin ne tarda pas à se soumettre : dans les premiers mois de 988, il faisait partie d'une assemblée royale et souscrivait un diplôme d'Hugues Capet.

L'autre grand dont l'attitude hostile ne fait aucun doute est Albert de Vermandois, le dernier survivant des fils d'Herbert. Étroitement lié aux précédents rois depuis la fin des années 940, ce personnage se révolta ouvertement contre Hugues, qui rassembla une armée et menaça de marcher contre lui. Effrayé et isolé, Albert envoya un chanoine de Saint-Quentin, l'historien Dudon, auprès du duc Richard Ier de Normandie afin que celui-ci usât de son influence pour apaiser le roi. Grâce aux bons offices de Richard, Albert put faire sa soumission. L'isolement du vieux comte de Vermandois et l'échec de sa révolte témoignent sans doute de l'incapacité des fidèles de la dynastie carolingienne à se concerter en vue d'une riposte rapide. Ici, l'effet de surprise escompté par Hugues au moment de son sacre a sans doute pleinement joué, tout comme a pu jouer l'attentisme du premier intéressé, Charles de Lorraine.

Pourtant, même si les rares sources contemporaines n'évoquent guère que l'attitude hostile de Seguin et d'Albert, il est à peu près sûr que le coup d'État robertien en a inquiété bien d'autres parmi les plus puissants du royaume. Les événements ultérieurs le montreront : le comte Herbert de Troyes, personnage considérable, lui aussi membre de la maison de Vermandois et carolingien de souche, est loin d'être acquis au nouveau roi, à l'élection duquel il n'a sans doute pas participé. Il en est de même du comte Eudes de Blois, pourtant vassal de longue date des Robertiens. Quelques semaines avant le sacre, Hugues Capet, soutenu par le comte d'Anjou Geoffroy Grisegonelle, guerroyait aux frontières du Maine et du Chartrain contre un personnage nommé Eudes le Roux, vassal probable du comte de Blois. Ce détail est révélateur d'une lutte larvée entre Hugues Capet et Eudes, et d'une étroite alliance entre le Robertien et la maison d'Anjou, déjà rivale de celle de Blois. Sans doute le comte Eudes s'est-il jusque-là abstenu de prendre directement les armes contre son seigneur. Mais lui non plus n'a probablement pas été partie prenante à l'élection d'Hugues, et il n'est guère plus disposé à lui fournir l'aide et le conseil [1] en cas d'affrontement avec Charles.

De ces incertitudes, Hugues Capet est, on l'imagine, parfaitement conscient. Pourtant, nulle inquiétude ne transparaît de la lettre qu'il écrit dans les premiers mois de 988 au comte Borel de Barcelone, lequel, menacé par la grande offensive musulmane contre la marche d'Espagne, lui a demandé son aide : « Comme la miséricorde divine, dit-il, a placé entre nos mains le royaume des Francs dans l'état le plus tranquille, nous avons résolu, du conseil et avec le secours de nos fidèles, de venir au plus tôt en aide à vos embarras. » Et le roi d'ajouter que, si le marquis Borel accepte de lui prêter le serment de fidélité, il se déplacera en personne pour porter secours à la marche d'Espagne. Hugues songe-t-il sérieusement à entreprendre une telle expédition ? On peut en douter. En revanche il est certain que l'appel du marquis d'Espagne a servi de prétexte à une tout autre

---

1. Ces deux mots désignent alors le contenu du service vassalique.

opération qui, elle, témoigne de l'acharnement d'Hugues Capet à chercher à consolider au plus vite, et comme rendre irréversible, l'acquisition du titre royal par son lignage.

De son union avec Adélaïde de Poitou, Hugues a eu un fils, Robert. Né autour de 970, le jeune prince a donc seize à dix-sept ans au moment où son père accède au trône. Pour lui, Hugues a voulu la plus parfaite des éducations, celle que l'on réserve ordinairement à un futur clerc, ou à un futur roi : à partir de 980, Robert est devenu l'élève du meilleur pédagogue du temps, Gerbert, dans le cadre de la plus prestigieuse des écoles épiscopales, celle de Reims. Là, il a acquis une solide culture que célèbrera son biographe Helgaud de Fleury et qui, du vivant même d'Hugues Capet, étonne l'historien Richer : « Grâce à une activité et une intelligence remarquables, écrira celui-ci, non seulement Robert excellait dans les affaires militaires, mais il devint incomparable dans les disciplines religieuses et canoniques. Il s'adonnait aux études libérales et assistait même aux synodes d'évêques pour discuter et décider avec eux des affaires ecclésiastiques. »

Ce jeune prince talentueux, Hugues Capet, « désireux de laisser après sa mort un héritier reconnu pour le royaume », résolut très tôt, peut-être même dès les lendemains de son propre sacre, de l'associer au trône. A l'instar de Lothaire huit ans plus tôt, Hugues ne faisait en cela que suivre la pratique en vigueur à Byzance et dans la Germanie ottonienne. Après s'être concerté avec ses grands, Hugues s'entretint de son projet avec l'archevêque Adalbéron de Reims. Ce dernier marqua d'abord son désaccord : selon lui, « on ne pouvait créer régulièrement deux rois la même année ». Pour cet inconditionnel partisan de la dynastie ottonienne, soucieux de ne pas inscrire dans la longue durée l'appropriation du trône des Francs par une autre lignée, une telle réponse n'était certes pas gratuite.

Mais Hugues trouva la parade en invoquant un argument autrement plus fort, celui de la *defensio regni,* de la protection du royaume, dont le roi était seul redevable devant Dieu. « Il exhiba, nous dit Richer, une lettre de Borel, duc de l'Espagne citérieure, dans laquelle le duc demandait secours contre les barbares. » L'expédition devait avoir lieu le plus rapidement possible, et il fallait donc que l'on créât au plus tôt un second roi pour que « si l'un des deux périssait à la guerre, l'armée ne fût pas privée d'un chef ». Et Hugues d'achever en décrivant les malheurs qui s'abattraient sur le royaume en cas de disparition du roi unique : « Le pays serait ravagé ; l'on verrait la division entre les grands, la révolte des méchants contre les bons et la réduction à l'esclavage de la nation franque. »

L'argument porta : le jour de Noël 987, en l'église Sainte-Croix d'Orléans, Adalbéron de Reims sacrait le jeune Robert. Avec, à ses côtés, un roi de dix-sept ans, Hugues savait que le titre royal avait désormais de bonnes chances de demeurer après sa mort au sein de la lignée robertienne. En droit, l'élection ne le cédait en rien à l'hérédité, et il devrait en être ainsi durant six générations de rois qui, tous, allaient prendre soin de faire élire et sacrer leur successeur de leur vivant. Dans les faits cependant, cette précaution, par six fois répétée au profit de l'aîné, affaiblirait chaque fois un peu plus le principe électif, jusqu'au jour où la légitimité capétienne n'aurait plus d'autre fondement que le fait dynastique lui-même.

Procède du même souci d'assurer l'avenir de la dynastie la volonté, elle aussi très tôt affichée par Hugues, de faire prendre femme à son rejeton. Il fallait viser haut et Hugues Capet, dans un premier temps, visa de fait très haut : il chargea Gerbert de rédiger une lettre à l'adresse des empereurs Basile et Constantin, leur demandant d'accorder à Robert la main d'une princesse byzantine. Le projet n'eut pas de suite. Les rois francs avaient-ils cherché à atteindre des sommets inaccessibles ? C'est vraisemblable, mais il n'est pas non plus exclu qu'à une alliance prestigieuse, mais lointaine, avec Byzance, Hugues ait finalement préféré un mariage certes moins brillant, mais politiquement plus rentable. En mars 988, le comte Arnoul II de Flandre était mort, laissant une veuve d'un peu plus de trente ans, Rozala, et un fils encore enfant, le futur Baudouin IV le Barbu. Faire de la veuve l'épouse de Robert, c'était s'assurer pour quelques années, sinon l'autorité comtale, tout au moins une grande influence sur l'ensemble du pays flamand. La différence d'âge était certes importante : dix à quinze ans. Mais Rozala n'était pas encore assez vieille pour ne plus espérer donner d'héritier à la dynastie. A une date que l'on ignore, mais qui suivit sans doute de très près celle de la mort d'Arnoul, Robert épousa donc la veuve, et c'est peut-être alors qu'Hugues Capet décida de restituer au jeune Baudouin IV les territoires autrefois conquis par Lothaire sur la Flandre : Douai, Arras et la riche abbaye de Saint-Vaast.

Au total, Hugues, après huit mois de règne, paraissait avoir réussi, au prix de quelques concessions de taille, à asseoir sur de plus solides bases sa jeune royauté. Que Charles fît valoir ses prétentions, et ce n'est pas un, mais deux rois légitimés par l'élection et le sacre qu'il lui faudrait abattre. Deux rois qui, à défaut du soutien inconditionnel de tous les grands laïques, semblaient pouvoir compter sur celui des principaux évêques du Nord. En témoigne assez un plaid royal tenu à Compiègne au début de 988, auquel assistèrent trois archevêques — Reims, Bourges, Sens — et six évêques, tous ou presque en provenance du vieux pays carolingien. L'Église franque était donc passée dans le camp robertien. Dans la tourmente qu'allait bientôt traverser la nouvelle dynastie, l'épiscopat devait plus étroitement encore se lier à elle, et contribuer très largement à la sauver du naufrage.

L'ENTRÉE EN SCÈNE DE CHARLES DE LORRAINE

Charles, en effet, se décida à faire valoir ses prétentions. Assuré de solides appuis en Basse-Lorraine, il projeta de mettre la main sur Laon où la dynastie conservait un noyau de partisans, dirigé par Arnoul, clerc de l'église cathédrale et fils illégitime de l'ancien roi Lothaire. Au mois de mai 988, les rois Hugues et Robert, qui résidaient à Compiègne, apprirent que le Carolingien était passé à l'action : la cité royale — dont les habitants supportaient difficilement les exactions que leur faisait subir, au dire de Richer, l'évêque Adalbéron — avait été prise par trahison.

En même temps, Charles de Basse-Lorraine avait mis la main sur deux de ses plus farouches adversaires : l'évêque de Laon et Emma, la veuve de Lothaire, ceux-là même sur lesquels il avait fait courir l'accusation qui lui avait valu d'être chassé du royaume de son frère. Aussitôt, le Carolingien s'attacha à consolider sa position. A Laon d'abord, dont il entreprit de restaurer les fortifications : « Il surmonta de hauts créneaux la tour dont les murs étaient alors peu élevés et l'entoura entièrement de larges fossés », relate Richer, qui nous montre aussi le duc de Basse-Lorraine se préoccupant de ravitailler sa garnison « en faisant venir des vivres de tout le pays de Vermandois ». Détail qui laisse entendre que le comte Herbert III de Vermandois, fils et successeur d'Albert mort quelques semaines plus tôt, soutenait le Carolingien.

Charles semble également avoir cherché à nouer des premiers contacts en direction de Reims. Sa démarche nous est connue grâce à la correspondance de Gerbert. Probablement impressionné par cette soudaine résurrection politique du Carolingien, ce dernier paraît avoir prêté une oreille complaisante aux propositions de Charles, et l'on est frappé du ton modéré de la lettre qu'il adressa lui-même en juin 988 au duc de Basse-Lorraine : « Si mon service peut être profitable à Votre Excellence, je m'en réjouirais. Et si je ne suis pas venu à vous selon vos ordres, c'est à cause du climat de terreur entretenu par vos soldats répandus dans toute la contrée. » Et Gerbert d'ajouter qu'il est disposé à se rendre auprès de Charles, si celui-ci consent à lui envoyer une escorte. « En attendant, conclut-il, je vous conseille fidèlement de traiter avec égards la reine et l'évêque, et de ne pas souffrir de vous laisser enfermer à l'intérieur de murailles. » Un personnage comme Gerbert ne semblait donc pas indifférent aux appels de Charles, et l'on constatera bientôt qu'il devait par la suite adhérer un court moment au parti carolingien.

Quant aux rois Hugues et Robert, ils réagirent d'abord en suscitant la tenue d'un synode d'évêques au cours duquel ils obtinrent l'excommunication de Charles et de ses complices. Cette mesure n'avait rien d'illusoire : en excommuniant le Carolingien, les évêques du Nord, Adalbéron en tête, renouvelaient leur soutien aux deux rois et s'engageaient à faire front. Puis, Hugues et Robert convoquèrent leurs vassaux et tinrent conseil avec eux. D'après Richer, on délibéra pour savoir s'il fallait attaquer Laon « sans attendre que l'adversaire y eût établi des troupes plus importantes et, une fois la ville prise, tuer le tyran, ou s'il convenait, au contraire, d'accueillir avec bienveillance Charles au cas où celui-ci viendrait à demander qu'on lui accordât, par don royal, la possession des biens qu'il avait usurpés ».

Une fois encore, l'historien ne sait trop que penser du témoignage de Richer. A plusieurs reprises, on verra le chroniqueur insister sur le trouble qu'aurait fait naître la revendication de Charles dans la conscience du premier Capétien, de la même manière qu'elle a pu, comme on vient de le constater, jeter le doute dans l'esprit d'un Gerbert. Quelle qu'en soit la raison profonde, sa façon d'envisager la réaction d'Hugues Capet et de son entourage n'a rien d'invraisemblable : on verra, au travers d'une lettre d'Hugues à l'impératrice Théophano, qu'à l'instar du roi Eudes un siècle plus tôt, le Robertien fut effectivement tenté de résoudre par la négociation une crise qui mettait sérieusement en cause sa légitimité.

Pour l'heure en tout cas, Richer, après avoir posé les termes du dilemme, fait triompher la manière forte : « Les plus énergiques, relate-t-il, estimèrent qu'il fallait entreprendre le siège, assaillir l'ennemi et ravager par le feu le pays qu'il avait envahi. » Vers la fin du mois de juin, une armée de six mille guerriers marcha donc contre Laon. S'il faut en croire Richer, un premier siège se serait déroulé jusqu'à la fin de l'automne, sans le moindre résultat, suivi au printemps de l'année suivante d'un second siège qui se serait achevé en août par une véritable débandade de l'armée royale. « Un jour que les sentinelles du camp étaient alourdies par le vin et le sommeil », les troupes de Charles, elles-mêmes sous l'emprise du vin, assaillirent le camp royal, y mirent le feu et forcèrent à fuir Hugues et sa suite. Une lettre d'Adalbéron de Reims, présent au siège, nous fournit la date de cet épisode peu glorieux : le 15 août.

Confronté au témoignage d'Adalbéron, celui de Richer pose un inextricable problème de chronologie. La succession des événements, tels que les relate Richer, imposerait de situer le désastre subi par l'armée royale au 15 août de l'année 989. Cependant, Adalbéron, témoin oculaire, étant mort le 21 janvier 989, Richer s'est de toute évidence trompé dans la chronologie des deux sièges, qu'il semble par ailleurs possible de restituer grâce à la correspondance de Gerbert et d'Adalbéron. Comme l'ont établi J. Havet et F. Lot, c'est à la fin du premier siège, qui eut lieu à l'été 988, qu'il conviendrait de situer la sortie opérée par Charles et l'anéantissement du camp royal. Quant au second siège, une lettre adressée par l'archevêque de Reims à son homologue de Trèves laisse entendre qu'il aurait été entrepris, non pas au cours de l'été suivant, mais deux mois tout au plus après le désastre, à partir du 18 octobre 988, pour être levé presque aussitôt. Tout cela nous mène évidemment fort loin de la chronologie suggérée par Richer.

Ce dernier écrit quelque huit ans après les événements et s'appuie probablement, non sur des sources annalistiques, mais sur une tradition orale ou de vagues souvenirs personnels. On sait qu'il est coutumier des chronologies approximatives, et dans le cas présent comme en d'autres circonstances, sa mémoire semble n'avoir fixé de l'événement que le sensationnel : l'audacieux coup de main de Charles contre le camp royal figure au nombre de ces épisodes qu'il est difficile d'oublier ! Au paragraphe précédant le récit du désastre, Richer a, de même, consacré un long développement à la construction d'un énorme bélier qui devait permettre à l'armée royale de détruire les murailles de la ville ; une description très précise, faite par un contemporain manifestement impressionné par les préparatifs du siège de Laon, mais superflue si l'on sait que le site de la ville, « qui culmine, précise Richer, au sommet d'une colline », rendit inutilisable la machine : les soldats d'Hugues Capet ne parvinrent jamais à la hisser jusqu'au pied des murailles !

Richer, en outre, semble ignorer que le premier siège de Laon fut mené de pair avec une intense activité diplomatique. Une lettre adressée par Hugues Capet à l'impératrice Théophano laisse entendre qu'alors que ses troupes campaient sous les murs de Laon, le Robertien n'excluait pas l'éventualité d'un accord avec Charles. Avant même, vraisemblablement, d'entreprendre le siège, il avait accepté les propositions de médiation de l'impératrice Théophano — dont Charles, en tant que duc de Basse-Lorraine, était le vassal — et paraissait disposé à lever le siège sous trois conditions : la remise d'otages par le Carolingien, la libération de la reine Emma et l'élargissement de l'évêque de Laon. Hugues était donc prêt à négocier, peut-être même à abandonner au Carolingien la cité de Laon. S'il n'y eut pas de négociation, c'est parce que Charles en refusa les termes : dans sa lettre, Hugues informait l'impératrice que le duc de Lorraine avait renvoyé les ambassadeurs de Théophano et rejeté les trois conditions présentées par ceux-ci. Ce faisant, Charles montrait qu'il n'était pas disposé à se contenter de la possession de Laon :

il revendiquait le titre royal et ce dessein excluait toute possibilité d'accord avec Hugues Capet et son fils Robert.

En revanche, ce but impliquait que le Carolingien se rappro-chât de l'archevêque Adalbéron, alors présent au siège à la tête des contingents rémois. N'était-ce pas l'archevêque de Reims qui, traditionnellement, consacrait le roi ? Adalbéron n'avait-il pas joué un rôle essentiel dans l'élection du Robertien ? Comme il l'avait fait deux mois plus tôt à l'intention de Gerbert, Charles tenta de prendre contact avec l'archevêque. Ses premières lettres restèrent sans réponse. Enfin, au mois d'août, Adalbéron adressa au duc de Lorraine une lettre dont le ton ne le ménageait guère : « Comment pouvez-vous me demander conseil, à moi que vous considérez comme l'un de vos pires ennemis ? Comment pou-vez-vous donner le nom de " père " à celui auquel vous vouliez ôter la vie ? »

En même temps, Adalbéron semble avoir éprouvé le besoin de minimiser son rôle dans l'élection d'Hugues. Au duc qui, dans une de ses lettres, avait évoqué l'entretien qu'ils avaient eu au lendemain de la mort du roi Louis V, il répondit : « Puisque vous me demandez de me souvenir, rappelez-vous quels conseils je vous donnais concernant les démarches à faire auprès des grands du royaume ? Qui étais-je en effet pour imposer à moi seul un roi des Francs ? Ce sont là affaires d'ordre public, et non d'ordre privé. Vous pensez que je haïssais la race royale : j'atteste mon rédempteur que je ne la hais point [...].

« Vous me demandez ce que vous devez faire ; il est bien dif-ficile de vous répondre. Je ne le sais pas vraiment, et si je savais, je n'oserais le dire. Vous me demandez votre amitié ? Fasse le ciel que vienne le jour où il sera permis d'œuvrer honorablement à vous servir. Car, bien que vous ayiez envahi les sanctuaires de Dieu, fait arrêter la reine à qui vous aviez prêté le serment que l'on sait, fait jeter en prison l'évêque de Laon, méprisé l'ana-thème des évêques — je ne parle pas de mon seigneur [Hugues Capet] contre qui vous avez entrepris une tâche au-dessus de vos forces —, je ne puis oublier le bienfait que vous m'avez rendu lorsque vous m'avez soustrait aux coups de l'ennemi [2]. Je pour-rais vous en dire davantage et vous montrer que vos partisans

---

2. Allusion possible au siège de Reims par le roi Louis V.

sont d'abord des imposteurs et cherchent à réaliser leurs ambitions à travers vous. Mais ce n'est pas le moment, car ce que j'ai dit m'effraie et c'est pour cette raison que je n'ai pas répondu à vos premières lettres. » Et l'archevêque achève : « Il serait possible de traiter, de communiquer ou de conférer ensemble à ce sujet si mon neveu, l'évêque de Verdun, pouvait parvenir jusqu'à nous après avoir donné des otages. C'est en effet lui qu'il est permis de croire sur un tel sujet, et sans lui, nous ne pouvons ni ne devons rien faire. »

Cette réponse de l'archevêque de Reims à la requête de Charles est donc une fin de non-recevoir. Mais une fin de non-recevoir habile, dans laquelle Adalbéron, tout en étant ferme à l'égard du Carolingien, semble vouloir lui signifier que leurs relations futures dépendent du sort de son neveu, l'évêque Adalbéron de Verdun. Celui-ci, un an plus tôt, s'était offert comme otage aux comtes Eudes de Blois et Herbert de Troyes au moment de la libération de son père, le comte Godefroy, et était depuis lors demeuré leur prisonnier. Évoquer ainsi le sort du jeune évêque, c'est inciter Charles à œuvrer pour sa libération (ce qu'il consentira peut-être à faire : Adalbéron de Verdun sera délivré un mois plus tard) ; et c'est aussi une façon de désigner au Carolingien ces faux amis qui cherchent, en le soutenant, « à réaliser leurs ambitions ». La lettre de l'archevêque de Reims laisse ainsi deviner qu'Eudes et Herbert figuraient parmi les partisans de Charles de Lorraine. Rien n'indique qu'ils aient pris part à la défense de Laon contre les troupes royales. Mais il leur suffisait de s'abstenir de servir Hugues Capet, et notamment de refuser de mettre à la disposition du roi les forteresses qu'ils possédaient en Laonnais et en Rémois. Il n'en fallait pas plus pour permettre aux troupes de Charles de se répandre dans la contrée et jusqu'aux portes de Reims.

On comprend ainsi mieux qu'Hugues Capet ait pu songer, dès les premiers jours du conflit, à un accommodement avec Charles : il savait qu'il ne devait pas compter sur l'aide de son vassal de Blois, et moins encore sur celle du comte de Troyes. Adalbéron le soulignait dans sa lettre : d'aussi grands personnages qu'Eudes et Herbert déterminaient désormais leur politique en fonction de leurs seuls intérêts. Ils l'avaient fait au temps de Lothaire en participant à la conquête de Verdun aux côtés d'un monarque qui leur semblait apte à leur apporter un surcroît de richesse et d'honneur. Ils le faisaient maintenant, sinon en prenant les armes aux côtés du Carolingien, tout au moins en s'abstenant de servir un roi dont ils n'avaient pas intérêt à voir se consolider la puissance.

Deux mois environ après la déroute des troupes royales sous les murs de Laon, l'évêque Adalbéron, astreint à résidence dans le donjon de sa cité, faussait compagnie à ses geôliers. Au moyen d'une corde, il se laissa glisser le long de la muraille, sauta sur un cheval qui l'attendait au pied du rempart et s'enfuit vers Hugues Capet. Le second siège de Laon (fin octobre 988), qui suivit de peu l'évasion du prélat, ne donna aucun résultat. A la cour du roi, on dût alors se rendre à l'évidence : le Carolingien avait bel et bien remporté la première manche. Il l'avait remportée au plan militaire en tenant en échec l'armée royale. A la fin de l'année, ses troupes tenaient fermement le Laonnois. Au cours de l'hiver, Charles s'empara de la forteresse royale de Montaigu, envahit le Soissonais et s'aventura même jusque sous les murs de Reims avant de regagner Laon avec un butin considérable.

Mais Charles n'était-il pas aussi sur le point de l'emporter au plan diplomatique ? Au travers de la correspondance de Gerbert et d'Adalbéron de Reims, l'on devine que le roi Hugues chercha, tout en combattant Charles, à attirer dans son alliance le jeune Otton III et sa mère, l'impératrice Théophano. Dans sa lettre rédigée en juillet 988 par les soins de Gerbert, Hugues ne se contentait pas d'informer Théophano du refus de Charles de recevoir les ambassadeurs germaniques. Il lui proposait une rencontre entre elle-même et la reine Adélaïde, son épouse, en vue de resserrer l'alliance entre les deux royaumes : « Soucieux, disait-il, de confirmer pour toujours notre mutuelle amitié, nous avons décidé qu'Adélaïde, la compagne de notre trône, vous rencontrera le 22 août au village de Stenay, et que nous observerons à perpétuité entre votre fils et nous, sans fraude, ni dol, toutes les décisions bonnes et justes que vous y aurez prises ensemble. » Hugues espérait-il ainsi réunir les deux royaumes dans une lutte commune contre l'intrus ? L'hypothèse est loin d'être invraisemblable. Mais Théophano n'accepta probablement pas la rencontre puisqu'elle se trouvait à Meersburg, sur les bords du lac de Constance, vers la fin du mois d'août.

Par la suite, la correspondance, souvent obscure, de Gerbert fait état à plusieurs reprises de vaines tentatives d'Hugues Capet pour mettre sur pied une conférence analogue. Une lettre écrite en septembre ou octobre 988 par Adalbéron de Reims à un destinataire inconnu fait ainsi allusion à un colloque *pro pace inter reges*, « en vue de la paix entre les rois », qui avait été annoncé, mais qui, finalement, ne se serait pas réuni. L'archevêque s'inquiète auprès de son correspondant de la raison de cet échec.

Une autre lettre, que l'on attribue à Hugues Capet et dont on ignore le destinataire, contient une nouvelle proposition de rencontre : « Nous ne voulons pas violer sciemment une amitié conclue, ni répondre par l'injure à l'injure des vôtres. Entre le premier janvier et le début du carême, nous sommes prêts à vous rencontrer aux confins de notre France, de la Bourgogne et du royaume de Lorraine, quand vous aurez fixé le jour et le lieu, afin d'éviter que la paix et la concorde des royaumes et des églises de Dieu ne disparaissent par notre faute. » Certains historiens ont proposé d'identifier le destinataire de cette lettre avec le vieux roi Conrad de Bourgogne, lequel, pour une raison inconnue, se serait brouillé avec Hugues. Mais l'hypothèse s'appuie uniquement sur la mention de la région proposée par Hugues en vue de la rencontre (les confins de la *Francia*, de la Bourgogne et du royaume de Lorraine). Elle est donc très fragile.

En outre, il convient de rapprocher cette missive royale de deux lettres émanant d'Adalbéron de Reims. Dans la première, écrite vraisemblablement en décembre 988, l'archevêque conjure son correspondant d'avoir soin de donner suite « à ce que contient la lettre royale que je vous ai envoyée, à la fois à cause de votre amitié à notre égard et parce que la paix de l'Église de Dieu a tout à gagner de la paix des princes ». Et l'archevêque d'ajouter : « Si nous sommes privé de votre présence, nous risquons d'être tenu pour infidèle et suspect. » Dans la seconde, adressée à un évêque lorrain qui est peut-être Adalbéron de Metz, et à coup sûr le même que le destinataire de la première missive, Adalbéron de Reims fait de nouveau allusion à une lettre royale et nous en livre la substance : l'évêque lorrain avait été prié de se rendre le 28 décembre à Reims, en compagnie du comte Godefroy de Verdun, pour rencontrer des ambassadeurs d'Hugues Capet.

L'archevêque de Reims constate que l'évêque a manqué au rendez-vous et lui demande de le tenir rapidement au courant de ses intentions.

Le fait que des grands du royaume de Lorraine aient ainsi été contactés par Hugues Capet en vue d'assurer « la paix de l'Église et des princes » est assez révélateur des préoccupations du roi des Francs aux lendemains de son échec sous les murs de Laon. Ces contacts n'ont évidemment pas pour but un rapprochement avec le roi Conrad de Bourgogne à qui n'était pas destinée la missive royale proposant une conférence « aux limites de la *Francia,* de la Bourgogne et du royaume de Lorraine ». Celle-ci s'adressait à un très haut personnage du royaume germanique, peut-être même à l'impératrice Théophano, et les contacts pris par Hugues Capet avec le comte Godefroy de Verdun et l'évêque lorrain visaient à rendre possible la rencontre projetée à la frontière des trois royaumes. La « paix de l'Église et des princes », c'est donc la paix entre les royaumes franc et germanique, qui n'est certes pas rompue (il n'y a pas d'acte de guerre entre Hugues et le jeune Otton III), mais qui est menacée par l'entreprise de Charles de Lorraine contre la royauté d'Hugues.

En somme, Hugues Capet est tenté de rendre responsables de ses malheurs les Ottoniens dont Charles, détenteur d'un *honor* lorrain, est le sujet. Il souhaite convaincre Théophano du danger que représente le Carolingien pour la concorde entre les deux royaumes, et de la nécessité de faire front commun contre un adversaire qui, pour l'heure, revendique le royaume de l'Ouest, mais pourrait bien un jour revendiquer aussi celui de Lorraine. Or, manifestement, la diplomatie d'Hugues ne parvient à aucun résultat tangible et l'on sait même, grâce à une lettre adressée au roi franc par l'évêque de Verdun, que la plupart des évêques de la province de Trèves lui sont hostiles : « Votre puissance est suspecte aux yeux de beaucoup de nos comprovinciaux », écrira le prélat au roi des Francs, ce qui signifie en clair qu'Hugues est considéré comme un usurpateur par les Lorrains, qui penchent donc pour leur duc, Charles. D'où l'échec de la rencontre prévue à Reims le 28 décembre entre un évêque lorrain, le comte Godefroy et les ambassadeurs d'Hugues Capet.

En faisant la sourde oreille aux propositions d'Hugues, Théophano aurait-elle décidé de jouer la carte carolingienne ? Charles,

qui consent à libérer en décembre 988 la reine Emma, tante
d'Otton III, l'a probablement compris ainsi, et il est pour l'heure
le principal bénéficiaire de l'inertie saxonne. Hugues Capet, lui,
sait peut-être que le jeu de Théophano est plus subtil. En laissant
se développer anarchie et guerre civile au sein du royaume franc,
l'impératrice déstabilise la nouvelle dynastie et croit ainsi ouvrir
la voie à ce dont on rêve à l'est depuis près d'un demi-siècle : le
retour du *regnum occidentale* au sein du nouvel empire universel, celui des Ottons, qui sera bientôt celui d'Otton III, son
fils.

LA TRAHISON D'ARNOUL

Enfermé dans sa cité épiscopale, incapable d'empêcher les
bandes à la solde du Carolingien et de la maison de Vermandois
de ravager les environs de Reims, l'archevêque Adalbéron tomba
gravement malade dans les tout premiers jours de l'année 989. Se
sentant mourir, il envoya des messagers auprès du roi Hugues
pour le prier de se hâter vers Reims. Il craignait, nous dit Richer,
que Charles ne profitât de sa mort pour « s'emparer de la ville
comme il s'était déjà emparé d'autres places ». Le roi se mit
aussitôt en route. Il arriva à Reims le 23 janvier 989 : Adalbéron
venait tout juste d'expirer.

Pour Hugues, la mort de l'archevêque constituait un événement grave. Malgré ses réticences au sacre anticipé du jeune
Robert, Adalbéron avait bien servi sa cause et contribué à maintenir la cohésion des évêques de Francie autour de la personne du
nouveau roi. Pour Hugues, le défunt serait décidément bien difficile à remplacer, et le choix royal ne pouvait ici qu'être déterminant. Pourtant, si l'on en croit Richer, le roi, après avoir reçu
le serment de fidélité des habitants, du clergé et de l'aristocratie
de Reims, aurait pris congé d'eux « en leur accordant la liberté de
choisir le seigneur qu'ils voudraient ». Rompant en apparence
avec une pratique, constante sous les derniers Carolingiens, qui
avait vu le roi peser de tout son poids sur le choix des archevêques, Hugues semblait donc ne pas vouloir influer sur l'élection
du futur maître de Reims.

La réalité était sans doute bien différente. S'il faut en croire Gerbert, Adalbéron, avant de mourir, avait désigné l'écolâtre de Reims pour lui succéder, et l'avait fait avec l'approbation du clergé rémois et des évêques de la province ecclésiastique. En accordant selon la coutume la *licencia eligendi* [3] sans paraître imposer son candidat, Hugues savait donc quelle serait l'issue de l'élection : Gerbert serait élu et son élection présentait bien des avantages. Homme de confiance du précédent archevêque, Gerbert était un habile politique, plus souple que son maître, universellement connu et apprécié, et que les négociations les plus difficiles ne rebutaient pas. Installé dans sa nouvelle position, Gerbert serait peut-être en mesure de résoudre par la négociation le conflit qui opposait Hugues à Charles, et de restaurer de meilleures relations avec la dynastie saxonne.

Mais Gerbert perd un temps précieux. Alors même que des propositions précises lui ont été faites par le roi Hugues et les évêques comprovinciaux, il hésite, diffère sa réponse, s'assure auprès d'un grand ecclésiastique de Germanie que l'on n'a pas mieux à lui offrir au sein de l'empire. Pendant ce temps, Hugues Capet a été saisi d'une autre candidature, celle d'Arnoul, le bâtard de Lothaire, qui avait contribué à livrer la ville de Laon à son oncle Charles de Lorraine. « Arnoul, relate Richer, lui fit demander l'archevêché de Reims par des personnages de l'entourage royal. » Ceux qui appuyèrent sa démarche sont connus : il s'agit de l'évêque Adalbéron de Laon, et surtout de l'évêque Brunon de Langres, fils du comte Renaud de Roucy et d'Albrade, demi-sœur du roi Lothaire, qui était par conséquent proche parent de Charles et d'Arnoul. Grâce à la forte influence exercée depuis un demi-siècle par le lignage de Roucy dans la région de Reims, le soutien de Brunon de Langres valait à Arnoul l'appui de la *militia* rémoise.

A la lumière des événements qui suivirent, on peut tout imaginer sur le véritable motif de cette candidature : Arnoul n'œuvrait-il pas dans l'ombre pour son oncle Charles ? Sa candidature ne visait-elle pas à assurer à terme au Carolingien le contrôle de la métropole religieuse des Francs, à défaut duquel ce dernier ne serait jamais roi ? Nul doute qu'Hugues et Robert

---

3. L'autorisation d'élire.

n'aient mûrement pesé ce risque. Mais ils virent aussi un certain nombre d'avantages à accueillir favorablement la demande du fils de Lothaire : Arnoul s'était déclaré disposé à abandonner son oncle Charles. « Il engagea sa foi, relate Richer, promit de venger l'injure faite au roi, de s'employer de toutes ses forces contre les ennemis du roi et de lui restituer sous peu la ville de Laon dont ceux-ci s'étaient emparé. »

Le fait qu'Arnoul, une fois pris ces engagements, reçût du Capétien le siège vacant ne pouvait que fortifier à terme la royauté d'Hugues. Montrer ainsi que l'on se souciait du sort des membres de l'ancienne dynastie, n'était-ce pas, par un acte de justice et de magnanimité, contribuer à normaliser, à légitimer la présence sur le trône d'un non-Carolingien, à retirer tout fondement à la tentative d'usurpation de Charles ? N'était-ce pas, d'un point de vue plus pratique, désunir durablement le parti carolingien ? Tout cela supposait qu'Arnoul ne fût pas de connivence avec Charles. Mais l'intègre Brunon de Langres, unanimement vénéré pour sa sagesse, ne s'était-il pas lui-même porté garant d'Arnoul, allant jusqu'à s'offrir en otage au roi ?

Gerbert eut beau attacher à sa cause le jeune évêque Adalbéron de Verdun, lequel écrivit au roi une lettre l'exhortant à ne pas donner l'archevêché à « un traître, un perfide et un sot », rien n'y fit : la décision d'Hugues Capet était prise. Le roi fit mine de respecter sa parole à l'égard des Rémois. Il vint à Reims en compagnie d'Arnoul et le proposa à l'élection du clergé et du peuple, tout en clamant haut et fort qu'il respecterait les vœux de la majorité.

L'élection fut un simulacre. Soucieux de plaire au roi, le peuple « déclara Arnoul digne de l'épiscopat s'il tenait ses promesses ». Puis, relate Richer, « Arnoul fut conduit par le roi et les grands au monastère de Saint-Remi, situé à un mille de la ville, où l'on célèbre de toute antiquité la cérémonie de l'ordination des évêques ». Là, Hugues Capet exigea d'Arnoul une promesse de fidélité dont la formule fut consignée sur un chirographe souscrit par le futur archevêque. Un exemplaire de la promesse revint au roi ; un autre fut conservé par les archives de l'église de Reims. Nous en connaissons le texte grâce aux actes du concile de Saint-Basle qui, deux ans plus tard, prononcera la déposition d'Arnoul pour trahison :

« Moi Arnoul, avant de devenir archevêque de Reims par la grâce de Dieu, je promets aux rois des Francs Hugues et Robert de leur conserver la foi la plus pure, de leur fournir le conseil et l'aide, selon mon savoir et mon pouvoir dans toutes leurs entreprises, de ne pas fournir sciemment, en étant infidèle à leur égard, le conseil et l'aide à leurs adversaires. Je fais cette promesse devant la Majesté divine, les saints bienheureux et toute l'Église, pour obtenir, si je la respecte, la récompense de l'éternelle béatitude. Si, en revanche — ce que je ne veux pas et ce qu'à Dieu ne plaise — je m'écarte de mes promesses, que toute bénédiction se convertisse pour moi en malédiction ; que mes jours soient abrégés, qu'un autre reçoive mon évêché et que mes amis se détournent de moi et deviennent à jamais mes ennemis. Je souscris ce chirographe rédigé par mes soins comme gage de mon salut ou de ma malédiction... »

Les rois Hugues et Robert prirent encore de multiples précautions. Arnoul dut en outre déclarer qu'il déliait de leur obligation d'obéissance ses évêques suffragants au cas où il manquerait à ses promesses. Enfin, il dut faire jurer aux chevaliers et aux habitants de Reims d'être fidèles aux rois et de garder en leur nom la cité et les forteresses de l'*episcopatus* si lui-même venait à être fait prisonnier ou manquait à sa parole.

Cette juxtaposition de serments est un signe des temps. Au niveau des plus grands, un serment de fidélité ne garantit plus contre la trahison. Hugues Capet le sait plus que tout autre, lui dont le propre père n'avait pas craint de rompre à trois reprises le serment prêté à Louis IV d'Outremer, son seigneur. On voit ici que l'une des parades à l'infidélité d'un grand consiste dans le rattachement direct, par serment, des vassaux et des sujets de ce grand à la personne du roi. Il est vrai que cette précaution n'est possible qu'à l'encontre des titulaires d'*honores* à la nomination du roi : les évêques. A deux siècles de distance, elle n'en préfigure pas moins les efforts des descendants d'Hugues Capet pour rompre au profit de la royauté les cloisonnements politiques et sociaux qui, depuis le Xᵉ siècle, interdisaient à tout seigneur d'avoir autorité sur les dépendants de ses propres vassaux.

Rassuré, le roi installa Arnoul sur son siège épiscopal et regagna Paris. Quant à Gerbert, il cacha son amertume, rédigea le procès-verbal de l'élection du nouvel archevêque au nom des évêques de la province de Reims, et accepta de remplir auprès de celui-ci les fonctions de secrétaire et de conseiller assumées sous son prédécesseur.

Le fait qu'Hugues n'ait entrepris, dans les mois qui suivirent, aucune action d'envergure contre Charles de Lorraine est assez révélateur. La royauté, manifestement, semblait prête à acheter fort cher sa tranquillité, et Arnoul constituait une pièce maîtresse du dispositif mis en place par les rois en vue d'une paix durable avec Charles : qu'Arnoul réussît à convaincre Charles de reconnaître le Robertien comme roi, et ce dernier pourrait en toute quiétude conserver Laon. Désespérant de l'appui de la Germanie, ne pouvant compter sur le soutien de ses plus grands vassaux, le roi des Francs venait de jouer sa tranquillité comme on joue aux dés.

A peine investi, le nouvel archevêque de Reims, oubliant ses serments, entreprit de livrer la cité à Charles de Lorraine. Richer, qui relate la trahison, évoque sur un ton mélodramatique les états d'âme d'Arnoul : « Lorsqu'il fut pourvu de cette dignité aussi éminente, Arnoul songea à l'infortune qui faisait de lui, avec Charles, l'unique survivant de sa race. Il lui semblait lamentable que Charles, en qui résidait le seul espoir de relèvement de sa lignée, fût frustré de l'honneur royal. C'est pourquoi il s'apitoyait sur son oncle, pensait à lui, lui consacrait son affection et le chérissait comme son parent. »

Pour Richer, le thème du douloureux conflit entre la fidélité due au seigneur et celle qu'impose la solidarité du sang figure parmi ceux qui méritent les plus belles envolées lyriques, et notre chroniqueur ne s'est pas privé de l'utiliser abondamment. Il est toutefois plus probable que, conformément à un plan préétabli dont le premier acte consistait à faire d'Arnoul le maître de Reims, on en soit passé au second acte visant à favoriser, par la prise de Reims, l'accession de Charles à la royauté. Grâce aux actes du concile de Saint-Basle, dont s'est par ailleurs inspiré Richer, on connaît jusque dans ses moindres détails le complot destiné à livrer Reims au prétendant carolingien.

Soucieux de ne pas paraître trahir le roi, Arnoul devait faire semblant d'avoir lui-même été trahi. En outre, en livrant Reims au Carolingien, l'archevêque devait aussi faire en sorte de livrer les principaux grands de la région afin de décapiter toute résistance. Il lui faudrait donc convoquer ces grands à Reims sous prétexte d'une délibération, puis, une fois ceux-ci présents, se faire dérober de nuit les clefs des portes de la cité par un personnage de son entourage, qui endosserait seul l'habit du traître en faisant entrer clandestinement dans la ville Charles et son armée. Une fois celle-ci introduite, on se saisirait d'Arnoul, précise Richer, en même temps que de tous les grands réunis. Ainsi Arnoul parviendrait-il à affaiblir la puissance royale, « à accroître la force de domination de son oncle sans passer lui-même pour un déserteur ».

On trouva le complice : un prêtre de l'église de Reims nommé Augier ; et un jour d'août 989, les principaux vassaux de l'archevêque furent convoqués. Parmi les présents figuraient les comtes Gilbert de Roucy et Guy de Soissons, auxquels se joignit l'évêque Brunon de Langres. Tous trois étaient proches parents d'Arnoul et de Charles, et l'archevêque espérait peut-être les convaincre d'embrasser le parti carolingien. La nuit venue, le prêtre Augier ouvrit la voie aux troupes de Charles. Celles-ci, sous la conduite du comte de Rethel, se répandirent dans la ville, qu'elles saccagèrent, et parvinrent jusqu'au palais épiscopal où elles s'emparèrent ostensiblement d'Arnoul, de Gerbert et de leurs invités.

Quelque temps plus tard, alors qu'Hugues, soutenu par les évêques de la province de Reims, faisait encore mine de croire en la fidélité d'Arnoul et obtenait d'un synode réuni à Senlis l'excommunication des envahisseurs de l'archevêché de Reims, l'archevêque félon jetait le masque. Il prêtait serment de fidélité à Charles, aussitôt suivi par les comtes de Soissons et de Roucy qui furent libérés. Seul l'évêque Brunon refusa de trahir Hugues et fut astreint à résidence au château de Roucy.

Quant à Gerbert, il continua de servir l'archevêque et manifesta au moins en une occasion son parti pris en faveur du Carolingien. « Le propre frère du divin Auguste Lothaire, héritier du trône, écrivit-il dans une lettre adressée à l'évêque Adalbéron de Laon, a été chassé du royaume. Ses rivaux ont été créés rois intérimaires : c'est l'opinion de beaucoup de gens. De quel droit l'héritier légitime a-t-il été déshérité ? De quel droit a-t-il été privé de la couronne ? » L'idée d'un interrègne n'était pas nouvelle : Gerbert et son maître Adalbéron l'avaient peut-être partagée au moment de l'élection d'Hugues, envisagée par eux comme une solution d'attente jusqu'à la majorité du jeune Otton III. Mais qu'Hugues et Robert fussent considérés comme ayant ravi la royauté à l'héritier légitime, voilà qui surprenait de la part de l'ancien conseiller d'Adalbéron, de celui qui avait contribué à faire du Robertien un roi des Francs.

Sincère ou non, cette volte-face de Gerbert illustre assez bien la grande incertitude qui, au début de l'automne 989, enveloppait la vie politique du royaume. Charles tenait Laon et Reims ; à sa personne il avait rallié les comtes de Vermandois, de Rethel, de Soissons, de Roucy et de Troyes. Un autre grand, le comte Eudes de Blois, demeurait dans l'expectative, sans doute satisfait de voir ainsi contestée la primauté de son seigneur et rival. Quant à Hugues, il savait que le dernier rempart de sa royauté résidait dans la fidélité des évêques francs. Contrairement à ce qu'avait dû espérer Charles de Basse-Lorraine, pas un seul parmi eux, pas même Brunon de Langres, son parent, ne fut tenté de suivre l'exemple d'Arnoul et de rejoindre son parti. En cet instant crucial, les évêques, par leur fermeté, sauvèrent la jeune royauté capétienne : un sacre royal ne pouvait avoir lieu qu'en présence et avec le consentement d'un nombre suffisant de hauts dignitaires ecclésiastiques. Charles, ayant à ses côtés le seul Arnoul, tout archevêque de Reims que fût ce dernier, ne put jamais se faire élire et sacrer roi.

Dix mois durant, de septembre 989 à juin 990, les adversaires s'observèrent. A trois reprises, Arnoul fut sommé de se rendre à Senlis devant une cour royale formée de prélats. Par trois fois, l'archevêque félon déclina l'invitation, prétextant qu'il n'était pas libre de ses mouvements. Au printemps 990, la trahison d'Arnoul, à laquelle personne n'avait jusqu'alors osé croire, devint évidente aux yeux des rois et de leur entourage épiscopal à la suite d'une rencontre entre celui-ci et l'évêque de Soissons. Déclinant de nouveau l'invitation de son suffragant à gagner la cour du roi, Arnoul reconnut alors avoir prêté serment à Charles et regagna Laon.

C'est probablement à l'époque de cette entrevue que Gerbert décida de changer de camp. Laissé libre de ses mouvements par Charles qui le croyait gagné à sa cause, l'écolâtre de Reims prit un beau jour le chemin de Senlis, où résidaient Hugues et Robert, et fit sa soumission aux rois. Sa décision n'était certes pas soudaine : Gerbert n'aimait pas son rôle de traître, et sa correspondance témoigne assez de ses états d'âme : « Nous sommes devenus les princes des scélérats », confiait-il déjà vers mars 990 à l'un de ses correspondants, l'abbé de Sainte-Colombe de Sens. Il semble que, lors d'une rencontre avec l'évêque Brunon de Langres, alors en résidence forcée à Roucy, le prélat l'ai convaincu de rejoindre le camp royal. En mai ou juin, l'écolâtre, désormais en paix avec sa conscience, pouvait écrire à l'évêque Ecbert : « Maintenant, je suis à la cour royale, méditant les paroles de vie avec les prêtres du Seigneur. Je n'ai pu souffrir de rester plus longtemps, par amour pour Charles et Arnoul, l'organe du démon en plaidant pour le mensonge contre la vérité. »

Gerbert, pardonné, redevint le secrétaire d'Hugues Capet à l'époque même où le roi résolut de saisir le pape Jean XV en vue d'obtenir canoniquement la condamnation et la déposition de l'archevêque de Reims. En juillet 990, une ambassade royale prenait le chemin de Rome, porteuse de deux lettres, l'une émanant des évêques et rédigée sur un ton de supplique, l'autre émanant du roi Hugues, au style surprenant : « C'est donc à vous, successeur des apôtres, qu'il appartient de statuer sur le sort de ce nouveau Judas ; sinon, craignez que le nom du Seigneur ne soit blasphémé par nous et qu'excité par un juste ressentiment autant que par votre silence nous n'entreprenions la ruine de la ville [Reims] et l'incendie de toute la province. Vous serez sans excuses devant Dieu, votre juge, si vous laissez notre requête sans réponse et sans jugement. »

Le pape Jean XV, qu'Aimoin de Fleury n'allait pas tarder à dépeindre comme un personnage « mû par un lucre honteux, vénal en toutes choses », n'était certes pas homme à inspirer le respect. Le ton de la lettre d'Hugues Capet n'en était pas moins excessif et maladroit. Parvenus à Rome vers le milieu du mois d'août, ses ambassadeurs y furent fort mal reçus.

La papauté fut d'autant moins portée à accueillir favorablement l'injonction du roi des Francs qu'une autre ambassade envoyée par le comte Herbert de Troyes, partisan de Charles, venait au même moment d'atteindre Rome, ayant dans ses bagages de quoi gagner à sa cause l'individu sans scrupule qu'était Jean XV : les messagers d'Herbert et de Charles offrirent au pape des présents somptueux, parmi lesquels figurait un cheval blanc. Comprenant après trois jours d'attente infructueuse qu'ils n'obtiendraient rien du pape, les messagers d'Hugues prirent le chemin du retour. Cette fin de non-recevoir pontificale ne devait pas tarder à peser lourd dans le grand débat qui, à partir du concile réuni en 991 à Saint-Basle en vue de juger Arnoul, allait opposer aux tenants de la primauté romaine (rassemblés derrière Abbon de Fleury et les clunisiens) un épiscopat royal partisan de l'indépendance à l'égard d'une papauté discréditée et par trop soumise à l'empire.

Avant même le retour de son ambassade, Hugues avait profité de la belle saison pour lancer une chevauchée en pays adverse. « Il partit plein de fougue, relate Richer, et conduisit l'armée à travers les terres d'où ses adversaires tiraient leur blé. » Laonnois et Soissonnais furent pillés et incendiés au moment où les paysans engrangeaient leurs récoltes. Après quoi Hugues, nous dit le chroniqueur, prit le chemin de Laon avec l'intention d'assiéger une nouvelle fois la ville. Mais Charles décida d'affronter Hugues en terrain découvert. Ayant à ses côtés Arnoul et les vassaux de l'église de Reims, il rangea son armée en bataille et attendit le choc. Lorsque les deux armées furent face à face, « elles s'arrêtèrent, et hésitèrent ». Et le chroniqueur d'expliquer : « Des deux côtés l'indécision était grande ; Charles manquait de troupes, et la conscience du roi lui reprochait d'avoir agi contre le droit en dépouillant Charles de l'honneur paternel et en s'appropriant le trône ; l'un et l'autre persistèrent dans leur hésitation. C'est alors que les grands suggérèrent au roi de rester quelque temps avec l'armée : si l'ennemi s'approchait, il faudrait engager le combat. Si nul n'attaquait, il faudrait se retirer avec l'armée. Du côté de Charles, la même décision fut prise, si bien que des deux côtés l'on ne bougea pas et l'on finit par battre en retraite. Le roi ramena son armée et Charles se retira à Laon. »

Dans son livre sur *Les Derniers Carolingiens,* F. Lot n'est guère indulgent à l'égard du comportement du roi, tel que vient de le décrire Richer : « Pour expliquer la conduite étrange de Hugues Capet, dit-il, Richer prétend qu'il avait des remords, qu'il se rendait compte d'avoir agi criminellement en dépouillant Charles du trône de ses ancêtres pour se l'approprier lui-même. Le fait n'est pas impossible : c'est la raison la plus honorable qu'on puisse alléguer en faveur du Capétien. Toutefois sa pusillanimité vis-à-vis de Charles fait un triste contraste avec son ardeur impitoyable contre les paysans sans défense du Laonnois. »

Le jugement est sévère. Ici comme en d'autres circonstances, F. Lot a peut-être un peu trop négligé de prendre en compte le fait que nos connaissances sur le premier Capétien ne nous sont le plus souvent fournies qu'au travers du miroir déformant qu'est l'œuvre de Richer. Celui-ci n'était pas présent lors du face-à-face entre l'armée de Charles et celle d'Hugues. Sachant simplement qu'il n'y avait pas eu de véritable combat, Richer a cherché, comme à son habitude, à l'expliquer en sondant les consciences et en supposant chez le Robertien ce sentiment de culpabilité qu'appelait sa propre conception de la dramaturgie.

Il paraît pourtant plus plausible d'admettre qu'Hugues, privé des imposants contingents rémois passés à l'adversaire, peu soutenu par les autres princes du Nord, n'avait pas les moyens de venir à bout de son concurrent. S'il n'en avait pas été ainsi, près de deux ans ne se seraient pas écoulés sans autre expédition militaire que cette chevauchée destinée surtout, semble-t-il, à couper l'approvisionnement de l'adversaire en récolte fraîche. Une preuve de la faiblesse de l'armée royale nous vient d'ailleurs du récit que donne Richer des conditions dans lesquelles, aux lendemains de son équipée, Hugues obtint le ralliement du plus puissant de ses vassaux de *Francia,* Eudes de Blois. Pour prix de son alliance et de son aide éventuelle contre Charles de Lorraine, le comte de Blois et de Chartres exigea la place forte de Dreux que le roi s'empressa de lui concéder. Ce geste en dit long sur l'incapacité du roi à faire face à Charles avec ses seules forces, composées pour l'essentiel des milices épiscopales du Nord et de celles de sa poignée de grands vassaux d'Ile-de-France.

Il reste que cette alliance avec Eudes se révéla coûteuse et inutile. Ce n'est pas grâce au concours du comte de Blois qu'Hugues Capet mit un point final au long affrontement avec le duc de Basse-Lorraine, mais grâce aux manœuvres d'un prélat de son entourage, l'évêque Adalbéron de Laon.

LE COMPLOT D'ADALBÉRON DE LAON

Subtilis machinatio in Karolum et Arnulfum — « habile machination contre Charles et Arnoul » —, tel est le titre donné par Richer au prologue de l'extraordinaire récit qu'il va nous faire de la capture de Charles de Lorraine et de son neveu. Au cœur d'une intrigue compliquée et presque diabolique, figure en effet l'évêque Adalbéron de Laon dont l'historiographie retiendra le diminutif « Ascelin », en l'associant parfois à des qualificatifs aussi peu flatteurs que celui de « vieux traître » ou de « faux évêque de Laon ».

A l'issue de deux années d'incertitude politique, Adalbéron-Ascelin savait qu'il ne recouvrerait pas son siège épiscopal par la force. Il résolut donc, nous apprend Richer, de rentrer à Laon et d'en chasser Charles par la ruse. Un jour de l'hiver 990-991, il envoie à Arnoul de Reims des messagers chargés de lui proposer une réconciliation. « Il est blessé de s'entendre traiter de transfuge et de traître pour ne pas s'être soumis à Charles après lui avoir juré fidélité, et il tient à en effacer la honte », commente Richer. « Il désire revenir auprès de son Altesse [Charles] et lui prodiguer l'amitié que l'on doit à son seigneur. » La proposition est accueillie avec empressement par l'archevêque de Reims. Une rencontre a lieu, au cours de laquelle les deux hommes s'engagent à se soutenir mutuellement auprès de leur maître respectif : Arnoul plaidera auprès de Charles la cause d'Adalbéron, et ce dernier œuvrera en vue d'une réconciliation entre Hugues Capet et l'archevêque de Reims. On se sépare. « Arnoul, relate Richer, va trouver Charles ; il lui vante les mérites d'Adalbéron sans savoir qu'il est un imposteur. Il déclare même que l'évêque lui rendra de très grands services et respectera sa foi. Charles accueille avec faveur son neveu, promet de suivre son conseil et ne refuse pas de rendre l'évêché. »

Dans son récit, Richer, qui, visiblement, n'aime guère Adalbéron, ne craint pas d'opposer à l'attitude sincère de Charles et d'Arnoul le comportement trouble du couple Hugues Capet/Ascelin : « Pendant qu'on délibérait loyalement chez

Charles, Adalbéron s'entretenait avec le roi de Charles et d'Arnoul et de la prise de la ville. En lui exposant les combinaisons rapportées plus haut, il flattait le roi de l'espoir qu'il avait de reprendre la ville. » Richer laisse ainsi entendre qu'Hugues Capet se serait prêté avec complaisance aux manœuvres douteuses de l'évêque de Laon. On ne peut cependant exclure que le chroniqueur, qui a reconstruit l'intrigue sous l'éclairage du dénouement final, ait interprété à sa manière les événements qui l'ont précédé. Il lui était facile d'attribuer aux uns et aux autres des comportements ou des intentions que ce dénouement rend a posteriori plausibles, mais que les acteurs du drame n'ont pas nécessairement eus. Aussi convient-il de se demander s'il ne peut exister une autre analyse, tout aussi plausible, du comportement du roi [4].

Mais d'abord, reprenons le récit de Richer. Adalbéron rencontra Charles et Arnoul, et simula la soumission. Puis il revint auprès du roi qui, nous dit Richer, « approuva sa tactique ». Hugues promit de recevoir Arnoul, « d'écouter favorablement sa justification sur les accusations dont il était l'objet et, s'il réussissait à se disculper, de lui rendre la même faveur qu'autrefois ». Arnoul se rendit donc chez le roi pour obtenir son pardon, et il fut fort bien reçu. Renonçant à écouter sa justification, Hugues Capet déclara à l'archevêque qu'il suffisait que ce dernier lui gardât pour l'avenir une fidélité inébranlable. Puis le roi lui assigna une tâche : Arnoul devrait s'employer à lui assurer la soumission du Carolingien, car si Hugues ne pouvait plus occuper Laon dans les mêmes conditions qu'auparavant, du moins était-il concevable d'amener Charles à tenir du roi les biens dont il s'était emparé. « Après quoi, conclut Richer, Arnoul prit congé du roi. Il rapporta à Charles les excellentes dispositions du souverain... et chercha, depuis lors, à réconcilier Charles avec le roi. »

Sur la base des détails que vient de nous fournir Richer lui-même, il semble assez peu vraisemblable qu'Hugues Capet ait trempé dans les machinations d'Adalbéron de Laon, et l'on doit pareillement se demander dans quelle mesure l'évêque de Laon

4. Ce fut la démarche de F. Lot dans son *Étude sur le règne de Hugues Capet.*

avait lui-même médité longtemps à l'avance un plan visant à s'emparer du Carolingien.

Pour bien comprendre ce qui se passe au cours de cet hiver 990-991, il faut se souvenir du contexte politique. De part et d'autre on n'entrevoit guère d'issue au conflit. Faute du soutien de l'épiscopat, Charles ne sera pas roi. Quant à Hugues, il a échoué au plan militaire ; il a de même échoué au plan diplomatique aussi bien auprès de la Germanie que de la papauté. Soutenu par cette dernière, Arnoul, qu'il voulait faire déposer, est intouchable. Mieux vaut donc négocier avec le Carolingien. Hugues peut fort bien avoir chargé l'évêque de Laon de prendre contact avec Charles en vue d'une paix sur la base d'une reconnaissance mutuelle des positions acquises par les deux adversaires : celle de la royauté d'Hugues par Charles de Lorraine ; celle de l'implantation de Charles à Laon par Hugues Capet. Les rencontres décrites par Richer se placeraient tout naturellement dans ce contexte de négociation sans qu'il soit besoin, comme l'a fait le chroniqueur, d'attribuer à Hugues Capet, voire même à l'évêque de Laon, des intentions a priori suspectes.

Entrerait aussi dans le dispositif de paix la réintégration d'Adalbéron dans son évêché. Probablement même s'agissait-il d'un préalable à la paix entre Hugues et Charles, et c'est pourquoi, un beau jour, l'évêque quitta la cour royale pour faire son entrée à Laon où, nous dit Richer, il fut reçu en grande pompe. Peut-être est-ce en cet instant précis que le rôle joué par Adalbéron commença à s'écarter de celui d'un simple négociateur. Car Charles exigea de lui un serment de fidélité : « Voici de Saintes Reliques, fait dire Richer au Carolingien, posez votre main dessus et prêtez-moi serment de fidélité à l'encontre de tous ; ne faites aucune réserve si vous voulez être mon compagnon. »

Promettre fidélité *contra omnes*, cela revenait à rompre tous les engagements antérieurs, à créer une exclusivité au profit du Carolingien. Ce que Charles exigeait d'Adalbéron, c'était par conséquent le reniement de la promesse de fidélité *contra omnes* que tout évêque de Francie devait au roi. On doit se demander si, ce faisant, Charles n'avait pas voulu prendre sur le roi un avantage politique qui équivalait à une rupture du processus de paix. On ne peut ainsi exclure que les exigences du Carolingien à son endroit n'aient conduit après coup l'évêque à reconsidérer son analyse des chances d'une paix entre Hugues et Charles et, une fois comptés ses partisans au sein de la cité, à décider de livrer Charles au Capétien. Bien plus tard, Gerbert prétendra qu'Arnoul, de retour à Laon au lendemain de sa réconciliation avec le roi, « rompit de nouveau la foi du serment et ne respecta pas les conditions » de l'accord conclu avec Hugues. Gerbert ne fait-il pas allusion à une rupture des négociations qui aurait suivi la prestation de serment d'Ascelin et son passage apparent dans le camp du Carolingien ?

Adalbéron, en effet, avait juré fidélité à Charles sans la moindre hésitation. Par la suite, il se comporta comme s'il avait rompu tout lien avec le roi et pleinement adhéré au parti de Charles : « On ne l'écarte d'aucune affaire, écrit Richer ; lorsqu'il s'agit des fortifications de la ville, lui-même discute et décide ; il s'enquiert des affaires de chacun, il est le conseiller de tous. »

Charles n'en conservait pas moins des doutes sur la sincérité de l'attachement de l'évêque à sa personne. Le fait est qu'Adalbéron n'en était probablement pas à sa première prestation de serment au profit du Carolingien. Si l'on en croit Richer, l'évêque, prisonnier deux ans plus tôt, s'était déjà engagé par serment, ce qui ne l'avait pas empêché de s'enfuir vers Hugues Capet. Un soir que l'on sait être, grâce à Richer, celui du dimanche des Rameaux de l'an 991 (29 mars), au cours d'un banquet, le duc de Lorraine, en un geste hautement symbolique, rompit le pain, le trempa dans une coupe de vin et le tendit à l'évêque : « Dédaignant, aurait-il dit, les accusations des médisants qui me disent de me défier de vous, je vous offre, à l'approche de la Passion de Notre-Seigneur, ce vase qui convient à votre dignité avec le vin et le pain rompu. Videz cette coupe en signe de cette fidélité que vous m'avez jurée et que vous devez me garder. Mais si vous n'avez pas l'intention de la garder, ne touchez pas à cette coupe pour ne pas donner le spectacle horrible du traître Judas. » Ascelin porta la coupe à ses lèvres et, une nouvelle fois, protesta de sa fidélité : « Je garderai ma foi ; sinon, que je périsse avec Judas. »

Pendant la nuit qui suivit, alors que Charles et Arnoul dormaient, l'évêque de Laon fit en secret entrer ses partisans dans le logis : à leur réveil, Charles et Arnoul furent saisis et enfermés. Il ne restait plus qu'à avertir le roi Hugues de la capture du Carolingien. « Adalbéron, écrit Richer, envoya en toute diligence des messagers au roi qui était à Senlis pour lui annoncer que la ville autrefois perdue venait d'être recouvrée, que Charles avait été fait prisonnier avec sa femme et ses enfants, et qu'Arnoul avait été trouvé et pris [...]. Que le roi vienne sans délai avec tous ceux qu'il pourra réunir, qu'il ne perde pas de temps à lever une armée ; qu'il envoie des messagers à tous ses voisins en qui il avait confiance pour les inviter à venir le rejoindre, mais qu'il vienne vite, même peu accompagné ! »

En présentant ainsi le message d'Adalbéron au roi, Richer, en pleine contradiction avec ce qu'il nous apprend par ailleurs de la collusion entre Hugues et Adalbéron, laisse implicitement entendre que le monarque avait lui-même été pris au dépourvu par l'action de son évêque. Deux ans plus tôt, Charles avait attendu dans les environs de Reims qu'Arnoul lui eût ouvert les portes de la ville. Le 30 mars 991, Hugues prenait connaissance d'un coup de main qui s'était fait sans lui, et probablement à son insu, mais dont il allait être le grand bénéficiaire : à son arrivée, il reçut le serment de fidélité des habitants de Laon et prit livraison de Charles et d'Arnoul. Enfermé à Orléans, le Carolingien ne devait jamais plus faire parler de lui.

Une victoire sans panache, acquise non par les armes, mais par la trahison, permit ainsi à Hugues Capet d'évincer définitivement la descendance de Charlemagne. Le procédé allait peser fort lourd sur l'image de marque du premier Capétien.

ÉPILOGUE

Une fois Charles emprisonné, il restait à régler le sort d'Arnoul, l'archevêque de Reims. Il n'était plus question de porter l'affaire devant le pape dont le concours avait fait défaut l'année précédente. Hugues et Robert décidèrent de convoquer pour la mi-juin 991 une assemblée d'évêques à Saint-Basle de Verzy, près de Reims, avec pour mission de juger et déposer l'archevêque félon. En dépit du nombre limité d'évêques présents — pas plus de treize, tous ou presque originaires de *Francia* et de Bourgogne, régions d'influence robertienne — l'assemblée prit le titre pompeux et quelque peu disproportionné de « concile des Gaules », et se donna pour président le « primat des Gaules » en la personne de l'archevêque Seguin de Sens. Il n'en fallait pas moins pour qu'elle pût rendre la sentence que l'on attendait d'elle : ne prétendait-on pas, depuis le temps d'Hincmar de Reims, qu'un « concile des Gaules » avait pouvoir de formuler des décisions inattaquables, fût-ce par le pape lui-même ?

Pour sa défense, Arnoul avait fait appel à l'abbé Abbon de Fleury (Saint-Benoît-sur-Loire), réputé pour son autorité en matière de droit canon et pour ses affinités avec Cluny, elle-même étroitement liée à l'Église romaine. L'abbé de Fleury fonda sa défense sur l'incompétence du concile. On ne pouvait, selon lui, juger et déposer un évêque en faisant l'économie d'un synode général réuni avec l'autorisation du pontife romain. L'argumentation était tout entière axée sur la primauté romaine et n'était pas sans fondements : en bon canoniste, Abbon avait cité des textes, invoqué des précédents, fait référence aux grands papes qui, tel Grégoire le Grand, avaient autrefois porté à son zénith l'autorité de l'Église romaine.

Rien n'y fit. A la thèse de la primauté romaine, l'évêque Arnoul d'Orléans, « promoteur » du concile, répliqua en invoquant l'autorité d'autres grands docteurs de l'Église et en produisant les canons des anciens conciles d'Afrique. Puis il enfonça le clou : comment pouvait-on, protesta-t-il en substance, comparer les grands papes d'autrefois à ceux d'aujourd'hui, dépravés et corrompus ? Et comment pouvait-on soutenir la thèse de l'autorité de papes aussi manifestement indignes de leur mission ? Suggérée par Gerbert, qui avait intérêt à la déposition d'Arnoul dont il briguait le siège, l'argumentation de l'évêque d'Orléans mit un point final aux débats portant sur la compétence du concile. Arnoul comparut alors, confessa son crime et, en présence des rois Hugues et Robert, renonça publiquement à sa charge.

Quelques jours plus tard, l'élection de Gerbert, soutenue par les rois, à l'archevêché de Reims, parachevait la victoire définitive du premier Capétien dans un conflit qui avait occupé près de la moitié du règne et qui, pour une bonne part, devait son issue favorable au soutien sans faille de l'épiscopat franc.

CHAPITRE II

Les dernières années

Ayant achevé sa relation de la déposition d'Arnoul, Richer entreprend aussitôt le récit d'un acte de guerre qui illustre assez bien l'une des difficultés majeures auxquelles, une fois Charles de Lorraine évincé, se trouva confronté le premier Capétien.

Le chroniqueur relate qu'à l'époque même où se déroulait le concile de Saint-Basle de Verzy, le comte Eudes de Blois décida de s'emparer du château de Melun et invita ses fidèles à hâter cette annexion par tous les moyens. Son objectif, tel que l'expose Richer, était de s'assurer, pour ses armées, la possession d'un passage sur la Seine. Richer ne s'est évidemment pas soucié d'intégrer ce projet dans le cadre d'un dessein politique plus large. A le lire, et à lire la plupart des chroniqueurs et annalistes de l'époque, on serait presque tenté d'opiner au jugement pourtant hâtif et injuste porté par Charles Petit-Dutaillis sur les gouvernants du début de l'époque féodale, présentés comme des personnages « inconscients des fins à suivre, aux passions changeantes, à la versatilité enfantine, aux ruses de paysans incapables de suivre une ligne politique ».

Chez Eudes Ier de Blois, le dessein politique existe sans nul doute. Et si Richer n'a pas su en donner les lignes générales, du moins semble-t-il avoir eu conscience du fait qu'au lendemain de la chute de Charles de Lorraine, ce fut au tour de la maison de Blois de s'affirmer comme la grande rivale de la royauté d'Hugues Capet. Il est significatif que le comte Eudes occupe une place considérable — pas moins de quinze chapitres — au sein des dernières pages de sa chronique ; c'est qu'à ses yeux celui-ci

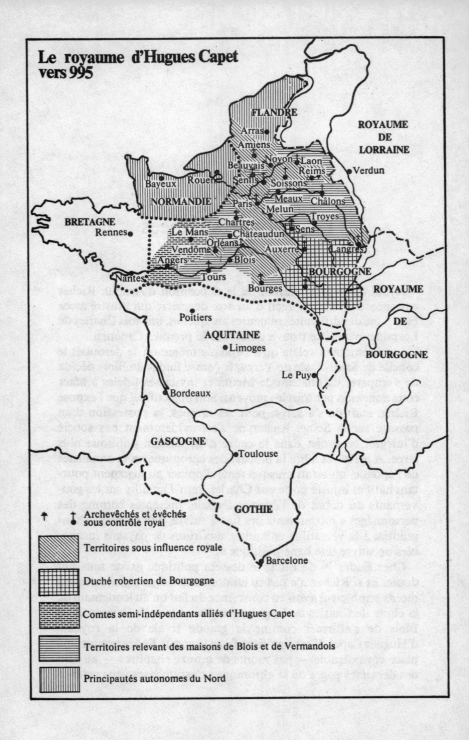

Le royaume d'Hugues Capet vers 995

FLANDRE

Arras
Amiens
Beauvais
Noyon Laon
Reims
Verdun
ROYAUME
DE
LORRAINE

Bayeux Rouen
Senlis
Soissons
NORMANDIE
Paris
Meaux
Châlons
Melun
Chartres
Troyes
Le Mans Châteaudun
Sens
Vendôme Orléans
Auxerre Langres
Angers Blois
BOURGOGNE
Nantes Tours
Bourges
ROYAUME

BRETAGNE
Rennes

Poitiers
DE

AQUITAINE
BOURGOGNE
Limoges

Le Puy

Bordeaux

GASCOGNE

Toulouse

GOTHIE

Barcelone

† Archevêchés et évêchés
• sous contrôle royal

Territoires sous influence royale

Duché robertien de Bourgogne

Comtes semi-indépendants alliés d'Hugues Capet

Territoires relevant des maisons de Blois et de Vermandois

Principautés autonomes du Nord

est devenu l'un des personnages majeurs de la vie politique du royaume occidental.

Pour saisir ce qu'ont pu être les ambitions du chef de la maison de Blois, il suffit presque de regarder sur la carte du nord de la Gaule ce que représente alors la primauté territoriale du successeur de Thibaud le Tricheur. De son père, Eudes avait hérité les quatres comtés neustriens de Blois, Chartres, Châteaudun et Tours auxquels, du vivant même du comte Thibaud, la maison de Blois avait ajouté, grâce à l'accession de l'un des siens à l'archevêché de Bourges, la maîtrise des forteresses de Saint-Aignan-sur-Cher, de Vierzon, et peut-être aussi des Aix-d'Anguillon en Berry. Mais Eudes était aussi, par sa mère Liegard, un Vermandisien, petit-fils d'Herbert II et neveu du comte du Palais, Herbert le Vieux. Du chef de sa mère, il avait hérité le comté de Provins et de nombreux biens situés dans les régions de Beauvais (peut-être même le comté de cette ville), de Reims, de Laon, voire de Sens. On sait aussi qu'Eudes avait été partie prenante, vers 981-983, à la succession du comte palatin Herbert le Vieux : tandis que son cousin le comte Herbert (le Jeune) de Troyes héritait Épernay et le comté de Perthois, Eudes paraît avoir recueilli le comté d'Omois dont le chef-lieu était la forteresse de Château-Thierry, et peut-être aussi la riche abbaye Saint-Médard de Soissons. Bref, à la fin du Xe siècle, le comte de Blois possédait en propre un vaste ensemble territorial réparti de part et d'autre du domaine robertien et coupé en deux tronçons par des territoires relevant directement (Orléans) ou situés sous l'influence d'Hugues Capet (Gâtinais, Étampois, Parisis).

On aperçoit dès lors ce qui allait être l'un des éléments de la politique du comte de Blois. Comme plus tard son fils Eudes II, contemporain du roi Robert le Pieux, le comte Eudes Ier ne pouvait qu'être tenté d'achever l'encerclement du domaine capétien en opérant la jonction entre les deux pôles de sa puissance. Une première illustration de cette politique remonte au règne du roi Lothaire : Eudes et son cousin Herbert de Troyes parvinrent à se faire concéder par leur parent, l'évêque Herbert d'Auxerre, des territoires situés dans le nord du *pagus* d'Auxerre, entre Berry et Champagne. Si l'on ignore quels étaient le nombre et la situation géographique de ces premiers jalons, on sait du moins que la donation fut assez considérable pour susciter réprobation et critiques chez l'auteur de la *Geste des évêques d'Auxerre*. Sans doute existait-il des voies plus directes que ce long détour par l'Auxerrois. L'action projetée en 991 contre Melun, forteresse située sur la Seine en amont de Paris, montre assez qu'Eudes entendait couper au plus court, au besoin en taillant sa route au cœur de la zone d'influence royale.

De la politique et des ambitions du comte de Blois, ce n'est là qu'un aspect parmi d'autres, déjà propre en lui-même à inquiéter le pouvoir royal. Car sa puissance, Eudes ne la tire pas seulement de ses possessions personnelles. A l'est, il est étroitement lié à son cousin le comte Herbert de Troyes et de Meaux ; et même si, à partir de 987-988, les deux comtes agissent moins souvent de concert qu'au temps du roi Lothaire, Eudes semble bien avoir toujours conservé la pleine liberté d'utiliser les domaines d'Herbert comme base d'opération, voire comme refuge pour ses troupes. Au sud, il est en bons termes avec le duc d'Aquitaine Guillaume IV Fierebrace qui a épousé sa sœur Emma. A l'ouest enfin, l'influence du comte de Blois s'étend sur le comté de Rennes dont les détenteurs successifs, les comtes Béranger, puis Conan Ier, sont ses fidèles. A la génération précédente, cette suprématie sur la Bretagne avait été partagée avec le comte d'Anjou lorsqu'à la suite de la mort du duc de Bretagne Alain Barbe-Torte (952), le comte Foulques le Bon avait obtenu la main de la sœur de Thibaud le Tricheur, veuve d'Alain, ainsi que la garde du jeune Drogon, héritier de ce dernier. Thibaud et Foulques s'étaient alors partagé la succession d'Alain, le premier se réservant une influence prépondérante sur le comté de Rennes, le second obtenant la garde de celui de Nantes jusqu'à la majorité de Drogon. La mort de Drogon, probablement provoquée par Foulques, aurait dû permettre au comte d'Anjou de substituer à son droit temporaire de gardien une maîtrise directe et définitive sur le Nantais. Il n'en fut rien, car les habitants de Nantes, après avoir repoussé seuls une attaque normande, se choisirent pour chefs deux fils naturels d'Alain Barbe-Torte, les comtes Hoël et Guerech.

Dans les années qui suivent, la puissance montante des comtes de Rennes va profondément modifier les relations entre les maisons de Blois et d'Anjou. Soutenu par Eudes Ier, le comte Conan affiche dès la fin des années 970 ses prétentions à la domination sur toute la Bretagne et ne tarde pas à se poser en concurrent des comtes de Nantes. Ceux-ci n'auront alors d'autre ressource que d'accepter l'encombrante alliance angevine qui portera aussitôt ses fruits. Vers 981-982, Conan de Rennes, qui a vaincu Guerech à Conquéreuil, est chassé du Nantais par Geoffroy Grisegonnelle, lequel est alors en mesure d'imposer l'hégémonie angevine au comte de Nantes, sous la forme d'un serment de fidélité. A quelques années de l'accession d'Hugues Capet à la royauté, la question bretonne a donc contribué à jeter la discorde entre les deux grandes maisons qui se partageaient l'essentiel de l'ancienne Neustrie robertienne.

Une discorde qui, par ailleurs, pouvait s'alimenter de l'inextricable complexité que présentaient, en cette fin du Xe siècle, les droits respectifs des comtes de Blois et d'Anjou aux frontières communes des deux principautés. Tandis que Saumur, place forte située dans la partie orientale de l'ancien *pagus* d'Angers, relevait du comte de Blois, le domicile d'Amboise, les places fortes de Loches et de Buzançais figuraient au nombre des enclaves tenues par le comte d'Angers à l'est de Tours, au cœur de la zone d'influence blésoise : un enchevêtrement explosif, propre à favoriser l'extension d'un conflit né sur les confins bretons à l'ensemble des pays riverains de la Basse-Loire.

Nul doute qu'Hugues Capet n'ait été au fait de ces réalités. Il savait aussi qu'Eudes Ier, personnage dynamique et entreprenant, aux influences multiples, aux vastes possessions réparties entre Neustrie et *Francia*, se comportait comme un prince territorial, maître du choix de ses alliances et tout à fait indépendant de son seigneur qu'il n'avait pas soutenu dans sa lutte contre Charles. Il sait enfin que celui dont l'aïeul n'était cinquante ans plus tôt qu'un simple vicomte de Blois et de Tours n'aspire à rien d'autre qu'à ce *ducatus Francorum* qui, en 987, s'est trouvé par la force des choses absorbé dans la fonction royale.

Cette prétention n'est pas née en même temps que la royauté d'Hugues. Dès le début des années 980, l'engagement d'Eudes aux côtés de Lothaire en avait sans doute constitué le premier signe. Dès cette époque aussi, Hugues Capet s'était préoccupé de faire échec aux ambitions de son vassal en mettant à profit la rivalité qui naissait entre celui-ci et le comte d'Anjou à propos de la Bretagne. Vers 985, le fils de Geoffroy d'Anjou, Foulques

Nerra, avait épousé Élisabeth, fille de Bouchard le Vénérable, comte de Vendôme et de Paris. Cette union s'était faite sous l'égide du duc des Francs, dont Bouchard était le fidèle d'entre les fidèles : elle aboutissait à mettre sur pied, face à Eudes, une alliance plus étroite entre le Robertien et la maison d'Anjou.

Au moment de l'accession d'Hugues à la royauté, cette alliance est plus forte que jamais. Peu avant l'élection du Robertien, Hugues Capet et Geoffroy Grisegonnelle ont fait de concert le siège d'un château — Marçon — dont la localisation est incertaine, mais qui semble avoir appartenu à un vassal d'Eudes de Blois. Peu après le sacre, Geoffroy Grisegonnelle, qui vient de mourir, est enterré en présence du roi à Saint-Martin de Tours, une abbaye demeurée robertienne alors que le comté de Tours est tombé aux mains de la maison de Blois, et dont la principale dignité — celle de doyen — est sur le point d'échoir à un personnage issu de la famille de Buzançais, fidèle au comte d'Anjou. En resserrant ainsi les liens entre la maison d'Anjou et l'enclave royale de Saint-Martin, Hugues Capet cherchait de toute évidence à affaiblir encore la position déjà fragile d'Eudes Ier en Touraine.

Il est possible que la menace permanente que représentait pour Eudes l'alliance royauté-Anjou-Vendôme ait constitué l'un des facteurs qui incitèrent celui-ci, entre 988 et 991, à ne pas prendre le parti de Charles — l'oncle de son épouse, Berthe de Bourgogne — aussi ouvertement que son cousin et allié Herbert de Troyes. Mais à l'inverse, Eudes a su de son côté pleinement utiliser ses propres alliances pour entraver l'action des partisans d'Hugues Capet.

Comme le souligne Richer, le comte de Blois n'est pas étranger à la lutte qui, à l'époque même de l'affrontement entre Hugues et Charles, a eu pour théâtre le comté de Nantes, soumis depuis quelques années à l'influence angevine. En 989 ou 990, profitant de la mort du comte Alain, fils de Guerech, le comte Conan Ier de Rennes a réussi à s'emparer de la cité de Nantes. Pour Eudes, le succès de son fidèle avait un double intérêt : celui de faire tomber toute la Bretagne sous son influence exclusive, et celui de prendre à revers la puissance angevine, d'obliger Foulques Nerra, successeur de Geoffroy Grisegonnelle, à concentrer l'essentiel de ses forces sur la frontière occidentale de ses États au détriment de son alliance avec une royauté elle-même en mauvaise posture. Ce contexte aiderait à mieux comprendre qu'à la fin de 990 Eudes ait pu aussi facilement obtenir d'Hugues Capet la forteresse de Dreux en échange de son éventuel soutien contre Charles de Lorraine : le roi savait qu'il ne pouvait, pour l'heure, compter sur celui de son allié d'Anjou, trop préoccupé par les conséquences de la chute de Nantes.

De façon plus générale, il semble que, pour parvenir à la primauté au sein de la *Francia,* Eudes ait résolu, avec une habileté consommée, de tout faire pour affaiblir la royauté en concentrant ses coups, non contre le roi en personne, mais contre ses alliés. Au cours des luttes qui suivent la chute de Charles de Lorraine, et dont la première phase s'ouvre avec l'affaire de Melun, le comportement d'Eudes est bien celui d'un vassal qui cherche à briser la puissance de son seigneur, tout en se souciant de ne pas encourir l'accusation de félonie à l'égard de celui-ci. L'un des arguments que lui prête Richer en vue de convaincre ses vassaux de l'aider à s'emparer de Melun est significatif : « Il n'a pas à redouter d'être accusé de parjure puisque la forteresse avait autrefois appartenu à son aïeul [sans doute Herbert II de Vermandois] et appartient maintenant, non pas au roi, mais à une tierce personne. »

Eudes ne recherche donc pas l'affrontement direct avec le roi. Son jeu est plus subtil et peut apparaître comme la conséquence d'une évaluation relativement fine du rapport des forces au sein du royaume : Eudes sait qu'il n'a pas atteint ce degré de puissance qui lui permettrait, à l'instar d'Hugues le Grand cinquante ans plus tôt, de s'en prendre directement à l'autorité royale. Mais il sait aussi que la position d'Hugues Capet au sein de l'ancienne Neustrie robertienne dépend pour une part de la puissance des deux seuls grands vassaux laïques qui semblent prêts à apporter un actif concours à la royauté : le comte Bouchard et Foulques d'Anjou, son gendre. Les combattre, c'est affaiblir le roi sans le combattre directement, mais c'est aussi escompter que le roi n'osera réagir lui-même.

Or sur ce dernier point, Eudes, nous allons le voir, s'est finalement trompé.

DE LA PRISE DE MELUN À L'AFFAIRE BRETONNE

La « tierce personne » qui possède le château de Melun n'est autre que Bouchard le Vénérable, comte de Paris, de Vendôme, de Corbeil et de Melun, celui dont l'inébranlable fidélité assure à Hugues Capet la maîtrise de la zone située entre Orléans, cité royale, et les évêchés royaux de *Francia*. C'est donc au comte Bouchard qu'a décidé de s'en prendre le comte de Blois en lui arrachant Melun, position clé en amont de Paris.

La place forte était gardée par un vassal de Bouchard, un personnage nommé Gautier, que l'émissaire du comte Eudes n'eut apparemment aucun mal à corrompre : « En devenant le fidèle d'Eudes tu obtiendrais sa faveur, ses conseils et son assistance ; au lieu d'un seul château, tu en posséderais plusieurs... Le roi, impuissant à régner, vit sans gloire, alors que le succès toujours grandissant accompagne Eudes. » Richer a probablement imaginé ces arguments. Ils n'en sont pas moins révélateurs de la relative instabilité des liens vassaliques qui marque cette époque où la fidélité fondée sur l'intéressement tend à supplanter, chez le vassal, l'ancienne relation où l'élément moral était prédominant. Le Xe siècle est rempli de ces instants où les fidélités vacillent au gré des retournements de fortune qui affectent les plus grands.

Convaincu par ces arguments, le châtelain Gautier ne résista pas lorsqu'Eudes se présenta devant la forteresse ; il lui prêta fidélité. Contrairement à ce qu'avait sans doute escompté le comte de Blois, les rois Hugues et Robert refusèrent le fait accompli et réagirent en battant le rappel de leurs vassaux. Le comte d'Anjou Foulques Nerra répondit aussitôt à la convocation : Melun appartenait à son beau-père. Les Normands de Richard Ier se joignirent aussi à l'ost royal : le fait qu'Eudes ait précédemment acquis le château de Dreux, traditionnellement convoité par les Normands, n'est sans doute pas étranger au soutien plutôt inattendu d'un prince qui avait brillé par son absence dans la lutte contre Charles de Lorraine. A l'issue d'un siège difficile — Melun était construite sur une île de la Seine —, la forteresse fut reprise et le traître pendu. « Sa femme, souligne

Richer, fut aussi l'objet d'outrages inouïs : elle fut suspendue par les pieds, dépouillée de tous ses vêtements, et périt d'une mort atroce à côté de son mari. » Eudes, demeuré dans le voisinage à la tête de son armée, n'avait pas osé intervenir dans le combat. A la nouvelle de la reddition de Melun, il se retira.

Il semble que l'affaire de Melun ait été suivie de très près par deux séries d'opérations militaires mettant Eudes aux prises avec le comte Bouchard le Vénérable d'une part, et Foulques Nerra d'autre part. La première nous est relatée par Eudes de Saint-Maur, le biographe du comte de Vendôme. La lutte entre Eudes et Bouchard eut pour théâtre le *pagus* de Melun, et connut un temps fort : « par un jugement de Dieu », l'armée du comte de Blois aurait été mise en déroute au cours d'une bataille livrée près du village d'Orsay. Quant au conflit entre le comte de Blois et son adversaire d'Anjou, il nous est connu par Richer qui le relate, mais sans donner la moindre date, entre son développement sur la prise de Melun et le récit qu'il donne ensuite d'une réconciliation qui serait intervenue un peu plus tard entre le comte de Blois et le roi. Foulques se jeta sur les États du comte Eudes et s'avança jusqu'aux portes de Blois, incendiant et ravageant tout sur son passage. Eudes riposta aussitôt en dévastant à son tour la terre du comte d'Anjou « avec une barbarie telle, précise le chroniqueur, qu'il ne laissa ni une chaumière ni un coq ».

La chronologie de tous ces événements reste très imprécise. Mais on peut admettre comme probable que Foulques Nerra qui, souligne Richer, « soutenait le parti des rois », et son beau-père luttèrent durant plusieurs mois contre l'adversaire commun, et qu'ils le firent selon un plan concerté qui eut l'aval, et peut-être aussi le soutien actif d'Hugues Capet. L'offensive de Foulques en pays blésois aurait ainsi eu pour principal objectif d'ouvrir un second front et de soulager le comte Bouchard du poids de la guerre. Ce qui est sûr, c'est qu'Eudes n'est pas sorti vainqueur de cette première confrontation avec les alliés d'Hugues Capet, et que son échec est dû à l'action résolue et rapide du roi contre Melun, ainsi qu'à l'efficacité du système d'alliance mis sur pied par les Robertiens. Selon Richer, le comte de Blois finit par prendre l'initiative d'envoyer aux rois une députation en vue du rétablissement de la paix. L'ambassade fut bien accueillie et Eudes put finalement rentrer en grâce auprès d'Hugues. Il est probable que cette paix suspendit la lutte entre Bouchard et Eudes, et peut-être aussi celle qui opposait ce dernier à Foulques Nerra. Mais on ignore quand elle survint.

Tout ce que l'on sait, c'est qu'à la fin du printemps 992, Foulques Nerra était en mesure de tenter de nouveau sa chance en Bretagne face au comte Conan de Rennes qui tenait Nantes depuis bientôt deux ans. Cela signifie que le calme était au moins provisoirement revenu aux frontières orientales de son comté et qu'Eudes ne guerroyait pas alors contre lui. Et cela confirme aussi l'ampleur de l'échec du comte de Blois, dont l'entreprise de Foulques est vraisemblablement la conséquence directe.

En mai ou au début de juin, le comte d'Anjou, se posant en défenseur des droits du jeune Judicaël, fils bâtard de l'ancien comte nantais Hoël, rassemblait une armée et venait mettre le siège devant Nantes. Gagnée à prix d'argent, la garnison de la ville lui ouvrit ses portes, mais la forteresse construite deux ans plus tôt à l'ouest de la cité résista, et le comte d'Anjou dut se retirer pour lever des troupes plus nombreuses. Aussitôt le duc Conan, qui se trouvait en Vannetais au moment de la prise de Nantes, rassembla une puissante armée qu'il divisa en deux troupes. L'une fut dirigée sur Nantes pour bloquer la ville tandis que l'autre, sous les ordres du prince breton, s'installait à proximité de Conquéreuil, à l'emplacement même où, dix ans plus tôt, Conan avait déjà vaincu les Angevins.

La bataille s'engagea le 27 juin. Les Bretons avaient imaginé une redoutable ruse en creusant de profondes tranchées qu'ils avaient camouflées au moyen de claies recouvertes de fougères. La première charge de la cavalerie angevine fut arrêtée net : plus de mille chevaliers roulèrent dans les tranchées et furent égorgés. Au soir de la bataille, les Bretons étaient maîtres du terrain, et l'armée angevine en pleine déroute, lorsque le duc Conan, qui s'était porté trop avant au milieu de l'adversaire en fuite, fut surpris et tué. Aussitôt la fortune changea de camp. Découragés, les Bretons prirent la fuite et le champ de bataille resta aux Angevins.

La victoire n'assurait pas seulement à Foulques une prééminence sur le Nantais. L'échec de Conan était aussi celui d'Eudes de Blois qui paraît alors avoir compris que pour atteindre ses ambitions, il lui faudrait adopter d'autres méthodes et mieux utiliser son propre système d'alliance. C'est du moins ce qui ressort des dernières pages de la chronique de Richer, où s'entremêlent le récit d'autres face-à-face entre le comte de Blois, la royauté et son allié d'Anjou, et celui des retombées de la décision prise en juin 991 par le concile de Saint-Basle de Verzy.

L'AFFAIRE DE L'ARCHEVÊCHÉ DE REIMS

Si l'on en juge par l'ampleur et le contenu des développements que consacre Richer à cette question, la déposition d'Arnoul et ses conséquences constituent l'autre grande affaire des dernières années du règne, une affaire qui, selon notre chroniqueur, ne serait d'ailleurs pas sans lien avec la lutte du comte Eudes. On évoquera cette possible connexion, qui est un point sur lequel Richer n'a pas réussi, c'est le moins que l'on puisse dire, à convaincre le lecteur, tant son montage paraît ici artificiel et dépourvu de rigueur logique.

La condamnation d'Arnoul et l'élection de Gerbert avaient été, on s'en souvient, l'œuvre d'un épiscopat royal soucieux de marquer ses distances avec la papauté : Jean XV avait négligé d'appuyer Hugues Capet contre Arnoul ; et le concile de Saint-Basle, qui prononça la condamnation de l'archevêque, dressa aussi, par la bouche de son promoteur, l'évêque d'Orléans, un véritable réquisitoire contre l'autorité pontificale, en affirmant sans ambages l'autonomie de décision de l'assemblée des évêques des Gaules.

La papauté ne prendra pas immédiatement connaissance des termes exacts de ce réquisitoire, puisque les actes du concile de Saint-Basle ne seront achevés par Gerbert et remis au légat pontifical qu'en juin 995. Il est même possible que la nouvelle de la déposition d'Arnoul ait mis quelque temps à parvenir à Rome. Dans une lettre adressée à Hugues Capet en 995, le légat du pape, l'abbé Léon de Saint-Boniface de Rome, laissera entendre que l'événement n'aurait pas été connu des milieux pontificaux avant l'année 992, époque où, envoyé par Jean XV en Germanie et séjournant à Aix-la-Chapelle, il l'aurait lui-même appris de la bouche d'évêques allemands. Une telle lenteur — six mois à un an — suppose un total isolement de l'Église romaine et semble de prime abord difficile à croire, même si l'on tient compte de la crise que traverse l'autorité pontificale à Rome où domine une faction dirigée par le patrice Crescentius.

Il reste que c'est seulement en 992 que le pape, par la voix du légat Léon, paraît avoir pour la première fois réagi à la décision du concile de Saint-Basle. Alors qu'il réside à Aix-la-Chapelle, le légat pontifical convoque un concile général qui devra se pencher sur l'affaire de la déposition d'Arnoul. Le choix du lieu de réunion — le palais d'Aix — n'est évidemment pas fortuit. Les relations ne sont guère bonnes entre Capétiens et Ottoniens depuis la fin de l'été 988. L'impératrice Théophano, avec qui Gerbert avait entretenu de bons rapports, n'est plus là pour apporter son éventuel soutien à l'ancien écolâtre de Reims. Elle est morte le 15 juin 991, quelques jours avant la déposition d'Arnoul et l'élection de Gerbert. L'influence restaurée de l'impératrice Adélaïde, grand-mère du jeune Otton III, a aussi son importance. La rivalité entre Adélaïde et Théophano n'était un secret pour personne et Gerbert, dans cette lutte, avait toujours été du côté de Théophano. En outre, Adélaïde, sœur du roi Conrad de Bourgogne, était la tante de Berthe, épouse du comte Eudes de Blois. Son retour aux affaires après la mort de Théophano risquait d'élargir encore le fossé qui s'était creusé au fil des ans entre Hugues Capet et la dynastie ottonienne, puisqu'au sein même du royaume occidental il ne pouvait que conforter les ambitions du plus encombrant des vassaux du Capétien. Dans ce contexte, réunir un concile général à Aix pour discuter d'un problème interne à l'épiscopat franc, ce n'était pas seulement mettre en cause l'autonomie de décision du « clergé des Gaules », c'était aussi, de la part du légat pontifical, appuyer implicitement la thèse traditionnelle de l'appartenance du royaume franc au système ottonien.

Les évêques de France furent convoqués à Aix. Pas un ne s'y rendit, et le concile s'abstint de prendre la moindre décision. Mais quelque temps plus tard (fin 992 ou début 993), le pape convoquait à Rome les rois Hugues et Robert, ainsi que les évêques des Gaules. Une nouvelle fois, les évêques firent corps autour des deux rois, et personne ne répondit au mandement pontifical. Hugues se borna à envoyer à Rome un archidiacre de l'église de Reims chargé « d'expliquer » au pape l'affaire d'Arnoul, ainsi qu'une lettre, rédigée en son nom par Gerbert. Hugues Capet y proposait au pape de le rencontrer à Grenoble, « lieu où les pontifes Romains ont l'habitude d'aller à la rencontre des rois des Francs », ce qui équivalait de sa part à un refus poli, mais définitif, de se rendre en personne à Rome.

Hugues n'en resta probablement pas là. Dans sa chronique, Richer fait allusion, mais sans donner de précision chronologique, à un synode réuni à Chelles sous la présidence du roi Robert : « Comme le pape de Rome avait blâmé, écrit-il, la déposition d'Arnoul et l'élévation de Gerbert, et que les évêques, auteurs de ces mesures, et tous ceux qui y avaient pris part, avaient eu à subir diverses remontrances, les évêques des Gaules décidèrent de se réunir pour délibérer sur le blâme. » En suivant ici la chronologie établie par F. Lot, on peut dater la réunion du concile de Chelles des années 993-994, et la considérer comme le signe d'une détérioration rapide des relations avec la papauté, consécutive au refus d'Hugues et de son clergé de se rendre à Rome.

De fait, ce synode fut un véritable défi lancé au pape : quatre archevêques — Gerbert de Reims, Seguin de Sens, Archembaud de Tours et Daimbert de Bourges — auxquels se joignirent plusieurs de leurs suffragants, y proclamèrent que si le « pape romain » prenait une décision « contraire aux décrets des pères », cette décision serait nulle et sans effets. L'idée n'était certes pas neuve. S'il faut en croire les actes du concile de Saint-Basle, l'évêque Arnoul d'Orléans l'aurait déjà exprimée en 991 : « Nous enseignons, avait-il dit, que les canons sacrés promulgués en divers lieux et en divers temps, mais toujours sous la même inspiration divine, ont une autorité éternelle et nous croyons que tous doivent les observer... Une décrétale nouvelle peut-elle infirmer les canons et les décrétales des premiers papes ?... à quoi bon les lois établies si tout est soumis au caprice d'un seul. » Au synode de Chelles, ce qui n'avait été en 991 qu'un argument d'orateur prenait rang de principe premier du gouvernement de l'Église, officiellement reconnu comme tel par l'assemblée des évêques des Gaules.

Comme l'a suggéré F. Lot, il n'est pas impossible que l'énoncé solennel de ce principe ait été aussi à l'usage interne du clergé franc : il aurait constitué une mise en garde d'un tout autre genre adressée au chef de file des partisans de l'exemption monastique, Abbon de Fleury. Il faudrait alors situer le synode de Chelles dans le prolongement de graves incidents qui se produisirent en 993 ou 994 lors d'une assemblée d'évêques et d'abbés, réunie aux approches de Pâques au monastère de Saint-Denis. La réunion s'était envenimée lorsque les évêques, au premier rang desquels figuraient Gerbert, Seguin de Sens et Arnoul d'Orléans, avaient accusé les moines de Saint-Denis, défendus par Abbon, d'usurper au détriment de l'Église séculière les dîmes ecclésiastiques. Elle dégénéra en bataille rangée lorsque Gerbert prétendit célébrer l'office divin dans l'église abbatiale. L'épiscopat considérait en effet comme pris en « contradiction avec les lois ecclésiastiques », donc dépourvus de valeur juridique, les anciens privilèges pontificaux interdisant à tout prêtre étranger de célébrer des messes publiques à Saint-Denis sans l'autorisation de l'abbé. La population du bourg abbatial vint prêter main-forte à ses moines contre les évêques : le malheureux archevêque de Sens « fut frappé d'un coup de hache entre les épaules et couvert de boue par le peuple », relate joyeusement le biographe d'Abbon, Aimoin de Fleury. Quant aux autres évêques, « la peur leur donna des ailes et dans leur fuite, ils abandonnèrent un riche et copieux repas qu'ils s'étaient fait préparer et ne se sentirent en sécurité que sous les murs de Paris ».

A Chelles, l'épiscopat, soutenu par la royauté, aurait par conséquent averti les réguliers qu'il tiendrait pour nulle toute décision pontificale mettant en cause le pouvoir d'ordre des évêques sur les monastères. Dans l'énoncé du principe se mêleraient donc étroitement le souci d'affirmer l'indépendance du clergé des Gaules par rapport au siège apostolique et celui de résister aux velléités d'émancipation du monachisme réformé.

Mais le synode de Chelles ne s'en tint pas à cette double mise en garde. Les évêques « voulurent également, relate Richer, ratifier de façon irrévocable la déchéance d'Arnoul et l'élévation de Gerbert, telles qu'elles avaient été énoncées par leur ordre, en vertu du texte canonique suivant : *les statuts d'un synode provincial ne doivent pas être annulés sans motifs* ». C'était répondre au pape Jean XV qu'en application du principe de la supériorité des anciens canons de l'Église, celui-ci ne saurait légalement contester la décision prise deux ans plus tôt à Saint-Basle de Verzy. En

993-994, l'épiscopat franc faisait plus que jamais bloc autour d'une royauté qui, de son côté, semblait disposée à le soutenir face aux velléités autonomistes de certains monastères. Abbon de Fleury le sentait bien qui, peu de temps après la lamentable affaire de Saint-Denis, dut écrire l'*Apologeticus*, œuvre destinée à se réhabiliter aux yeux des rois ; Arnoul d'Orléans, son ennemi personnel, celui contre lequel il allait bientôt obtenir du pape Grégoire V un privilège d'exemption, l'avait accusé d'avoir fomenté les troubles de Saint-Denis, qui avaient vu les moines courir sus aux évêques du roi.

Que se passa-t-il dans les mois qui suivirent le synode de Chelles ? Nous n'en savons rien. Il faut attendre les premiers mois de 995 pour voir de nouveau la papauté se manifester dans l'affaire de Reims. En 995, le jeune Otton III vient tout juste d'atteindre l'âge de la majorité (quinze ans), et la papauté, qui est depuis plusieurs années aux prises avec la puissante famille romaine des Crescentius, cherche appui auprès du souverain germanique. Il n'est alors pas douteux que, tôt ou tard, Otton III se portera vers l'Italie et restaurera à son profit l'empire disparu en 983, à la mort de son père.

Ce contexte est essentiel pour expliquer l'attitude adoptée par le pape Jean XV. Ce n'est pas vers le royaume franc, mais une fois encore vers les États d'Otton III que le pape, refusant de tirer la leçon de l'échec de l'assemblée d'Aix, envoie au printemps 995 le légat Léon avec pour mission de tenir un concile au sujet de l'affaire de Reims. D'après Richer, le légat et les évêques allemands, après s'être concertés, adressèrent aux rois Hugues et Robert une députation « pour leur faire connaître l'ordre du pape ainsi que la volonté de l'épiscopat germanique, et les persuader de venir, eux et leurs évêques, à une réunion commune ». Les rois, ajoute le chroniqueur, écoutèrent sans faire d'objection les ambassadeurs des évêques de Germanie et leur firent savoir qu'ils allaient soumettre la question au conseil de leurs grands.

Les ambassadeurs s'en retournèrent, et c'est alors que, toujours selon Richer, des membres de l'entourage royal déclarèrent à Hugues et à Robert que l'invitation faisait partie d'un complot machiné depuis longtemps par l'évêque Adalbéron de Laon et le comte Eudes de Blois : « L'un et l'autre avaient formé le dessein d'introduire le roi Otton en Gaule et d'en expulser les rois par la ruse et la force, et les évêques de Germanie ne se réunissaient que pour mener à bien le complot projeté. » Et Richer de décrire la réaction d'Hugues et de Robert : « A la révélation de cette trahison, les rois envoyèrent des députés aux évêques pour leur notifier qu'ils ne viendraient pas, n'ayant pas auprès d'eux les grands sans le conseil desquels ils ne pouvaient rien décider ni rejeter, qu'en outre il leur semblait indigne de soumettre leurs propres évêques à la censure de ceux de Germanie... et que si ceux-ci avaient quelque désir à exprimer, ils devaient venir en Gaule pour les signifier ! »

Achevons le récit de Richer : ignorant qu'il était découvert, l'évêque de Laon conseillait aux rois de se rendre à la réunion, lorsqu'il fut sommé par Hugues Capet de lui restituer la tour de Laon, et de lui remettre le jeune Louis, fils de Charles de Lorraine, que le roi lui avait confié en garde. Ascelin refusa et fut alors confondu par l'entourage royal. En décrivant longuement le face-à-face entre Adalbéron de Laon et les familiers du roi, Richer donne quelques précisions sur le complot lui-même. Ainsi apprend-on que le roi Otton III se trouvait à Metz avec, non loin de lui, une armée rassemblée qui devait fondre sur l'escorte royale et capturer Hugues et son fils. On y apprend aussi que l'objectif était bien de transférer le royaume franc sous la domination du roi de Germanie qui aurait fait d'Adalbéron un archevêque de Reims, et du comte Eudes de Blois un duc des Francs.

La relation de Richer n'est certes pas exempte de confusion. A le lire, on ne sait au juste à quel type de réunion Hugues et Robert étaient conviés. Au début du récit, il est question d'un synode réuni à l'initiative des évêques allemands. Puis Richer, sans transition explicative, fait allusion à une entrevue *(collocutio)* entre les deux rois francs et le jeune Otton. Même imprécision quant au lieu de la réunion : à l'origine, les ambassadeurs des évêques de Germanie sont chargés de demander aux rois Hugues et Robert « de fixer eux-mêmes le lieu et la date de la convocation ». Pourtant, alors que ceux-ci ont suspendu leur réponse pour demander conseil aux grands du royaume, les évêques de Germanie, nous dit Richer, ont commencé aussitôt à se rassembler à « l'endroit désigné », que l'on sait être le village de Mouzon, situé hors des frontières du royaume occidental. De son côté, le roi Otton semble attendre Hugues et Robert à Metz alors que Mouzon, domaine de l'archevêché de Reims, est situé beaucoup plus au nord, à proximité de la frontière du royaume franc. Bref, le récit de Richer manque de cohérence, et les renseignements contradictoires qu'il donne laissent d'autant plus perplexe que son témoignage est celui d'un contemporain : trois ans, tout au plus, séparent la rédaction des derniers chapitres de son œuvre des événements qu'il y relate.

En gommant les détails discordants de son récit, on pourrait en conclure qu'un concile auquel devaient participer en mai ou juin 995 les rois Hugues et Robert, ainsi qu'Otton III de Germanie, n'aurait été qu'un traquenard dressé par la cour impériale avec la complicité des évêques allemands, d'Adalbéron de Laon, du comte Eudes, voire même du légat du pape, contre les deux monarques francs. Une telle version est difficilement crédible. L'époque est certes cruelle, mais on imagine mal l'épiscopat germanique et le légat pontifical tremper dans une machination qui devait aboutir, aux dires de Richer, à l'élimination physique des deux rois.

Mieux vaut considérer, comme l'a fait F. Lot, que Richer a probablement superposé et réuni en un seul deux faits bien distincts. Le premier serait un complot contre Hugues, fomenté par Adalbéron et Eudes avec la complicité de la cour germanique ; le second serait la convocation, par le légat du pape, d'un concile chargé de résoudre l'affaire de l'archevêché de Reims ; un concile prévu en Lorraine, à Mouzon, auquel les rois francs et l'épiscopat refusèrent de participer. On pourrait expliquer cette superposition en admettant, sinon qu'un parfait synchronisme existe entre les deux événements, tout au moins que ceux-ci se déroulèrent la même année à quelques mois ou quelques semaines de distance. Un détail fourni par Richer, la présence d'Otton III à Metz au moment du complot, rend cette hypothèse très improbable. Otton III, dont les déplacements sont connus grâce à la datation de ses diplômes, ne paraît pas avoir été en mesure de se rendre à Metz en 995. Ferdinand Lot a remarqué qu'en revanche le roi de Germanie ne séjourna à Metz qu'une seule fois durant son règne, vers le 15 mai 993 : il convient donc de suivre ses conclusions en considérant que le complot dont parle Richer se situe en avril-

mai 993 et n'a, par conséquent, aucun rapport avec l'activité
conciliaire des évêques allemands.

Pourquoi, dès lors, Richer a-t-il superposé les deux événements ? L'erreur historique est bien sûr possible. L'amalgame
volontaire paraît cependant plus probable. On sait que Richer
utilise l'histoire à des fins presque exclusivement littéraires, sans
se soucier le moins du monde de relater les faits avec l'exactitude
d'un annaliste. Réunir les deux événements en un seul, c'était
donner une forte intensité dramatique au double face-à-face
entre les clergés et les rois francs et germaniques. Encore qu'ici,
l'intensité dramatique ne soit pas exclusivement le produit d'un
genre littéraire qui impose de donner une place privilégiée aux
intrigues, aux machinations, aux plans tortueux. Elle est probablement aussi le reflet du profond divorce qui est en train de
naître entre les deux royaumes issus de l'ancien empire carolingien. En associant Adalbéron de Laon qui, dans son propre imaginaire n'est pas dissociable du traître Judas, à l'entreprise des
évêques germaniques et de la papauté contre la France, son Église
et ses rois, Richer veut peut-être montrer qu'Hugues Capet et
l'Église franque sont les innocentes victimes d'un ennemi du
dehors qui s'est allié à Judas. Le procédé est excessif, mais d'une
redoutable efficacité de la part de celui qui, l'un des premiers,
semble avoir une très vive conscience de l'identité des peuples de
l'ancienne Gaule (ceux qu'il appelle les *Galli* par opposition aux
Flandrenses, aux *Allemanni,* aux *Germani*) et « d'une continuité
de la patrie gauloise à travers les âges et les dynasties [1] ».

Il faut revenir en quelques mots sur le complot de 993. Ses
deux instigateurs, Adalbéron de Laon et Eudes de Blois, étaient,
on le sait, étroitement liés aux milieux impériaux. Le premier
était Lorrain d'origine, membre d'un lignage — celui des comtes
de Verdun — très proche de la dynastie ottonienne. Sa participation au complot prouverait que le soutien qu'il avait apporté à
Hugues lors de son élection, puis dans la lutte contre Charles,
n'était qu'une fidélité de circonstance qui n'entamait en rien chez
lui le rêve d'un empire universel au sein duquel devait venir se
fondre le royaume des Francs de l'Ouest. Quant au second, Eudes

1. Histoire de France sous la direction de Jean Favier, tome I, *Les Origines,* par K. F. WERNER, Fayard, 1984, p. 32.

de Blois, on a vu que son mariage avec Berthe de Bourgogne le rattachait au vieux roi Conrad de Bourgogne et à l'impératrice Adélaïde, aïeule du jeune Otton III. Cette alliance explique pour une part sa participation au complot. Son ambition aussi : Eudes, on le sait, voulait exercer en Francie la prééminence qui, avant 987, avait appartenu aux ducs robertiens. L'un des moyens d'accéder au *ducatus Francorum* consistait à éliminer les deux Capétiens, et l'on conçoit fort bien qu'Eudes y ait songé au lendemain de cette première lutte contre Foulques Nerra et Bouchard qui lui avait révélé l'efficacité du système d'alliance mis en place par Hugues Capet.

La découverte du complot par les rois Hugues et Robert — Adalbéron aurait alors été emprisonné pour quelque temps — dut définitivement geler les relations entre la royauté franque et l'empire. Dans un tel contexte, l'initiative prise en 995 par le pape Jean XV et son légat était d'une étrange maladresse. Hugues avait les meilleures raisons du monde pour refuser de répondre à la convocation du légat Léon et interdire au clergé franc de se rendre au synode projeté.

Le synode eut lieu à Mouzon le 2 juin 995. Mais l'absence des prélats francs le rendait inutile. Seul Gerbert, bravant l'interdiction royale, vint défendre son dossier. Mais il n'eut pour interlocuteurs que quatre évêques auxquels s'étaient joints, outre le légat Léon, quelques laïques au nombre desquels figurait le comte Godefroy de Verdun. A l'annonce de l'abstention des prélats francs, la plupart de leurs collègues lorrains et allemands avaient eux-mêmes jugé inutile de se déplacer. On écouta Gerbert, on lui interdit de célébrer l'office divin jusqu'à la tenue d'un prochain synode et l'on décida de se rassembler de nouveau un mois plus tard, le 1er juillet 995. C'est Reims, la métropole religieuse du royaume occidental, qui fut cette fois choisie comme lieu de la future réunion : c'était la condition pour qu'aux prélats allemands se joignît l'épiscopat franc.

Entre-temps, le légat du pape prit connaissance des *Actes du concile de Saint-Basle* dont Gerbert venait d'achever la rédaction et dans lesquels l'archevêque de Reims avait approfondi et étayé les arguments présentés quatre ans plus tôt par l'évêque d'Orléans en faveur de la condamnation d'Arnoul. L'élaboration de ces actes avait bien évidemment constitué un geste politique :

face aux prétentions romaines à la primauté, soutenues par un épiscopat germanique qui voyait là un moyen détourné de subordonner le royaume occidental à l'empire ottonien, Gerbert, probablement commandité par les rois Hugues et Robert, y avait entrepris d'affirmer avec une force toute particulière l'indépendance totale du clergé des Gaules, non sans reproduire en termes très vifs l'accusation de vénalité et de débauche portée à Saint-Basle contre les papes de la fin du siècle.

Indigné à la lecture de l'ouvrage, le légat Léon riposta aussitôt par une lettre menaçante aux rois Hugues et Robert. A l'accusation de vénalité portée par Gerbert, il répondait à l'adresse des rois : « Vous n'avez pas craint de laisser écrire une pareille insulte contre l'Église romaine, votre mère ; il est donc bien clair que vous vous séparez d'elle. » A l'affirmation selon laquelle la papauté avait perdu toute autorité sur les Églises d'Orient, d'Afrique et d'Espagne, il leur répliquait : « Sachez que l'Église romaine est toujours honorée et vénérée par toutes les Églises ; elle n'est décriée et déshonorée que par vous seuls. » Et il terminait par l'évocation du concile de Saint-Basle : « Revenons à votre synode, pour vous objet de louange et de vénération, de blâme et de reproche pour tous ceux qui en entendent parler. Quel fidèle de l'Église pourra entendre de sang-froid qu'un archevêque arrêté par trahison, affaibli par une longue captivité, abandonné de tous, a été traîné chargé de fers au concile par une multitude de soldats vociférants et condamné sur un témoignage unique... Vous l'avez condamné sur le seul témoignage d'un prêtre [Augier], chose proscrite par toutes les autorités... vous dites qu'il s'est accusé lui-même et a confessé ses fautes. Jugez vous-mêmes si l'on pouvait accepter une telle confession ! Vous racontez dans votre opuscule qu'on lui disait : demande pardon pour avoir la vie sauve. C'était lui dire : si tu n'avoues pas ce que nous voulons, tu es mort. Voilà comment l'archevêque Arnoul, fait prisonnier comme le patriarche Joseph et jeté dans la fosse, a avoué par crainte de la mort ! »

Le ton de la lettre du légat pontifical le montre : la publication des *Actes du concile de Saint-Basle* a eu pour effet d'éclairer une fois pour toutes l'Église romaine sur les véritables enjeux de l'affaire rémoise. Ayant appris que le concile de Saint-Basle avait fait le procès de la papauté autant que celui d'Arnoul de Reims, le légat du pape savait désormais que la cause d'Arnoul était celle de Rome, et que le triomphe de la primauté romaine, si durement attaquée par les thèses de l'épiscopat franc, passait par le rétablissement de l'archevêque déchu sur le siège de Reims. Pour Gerbert, l'épiscopat et les rois francs, il n'y aurait plus, à l'avenir, de voie moyenne entre le schisme et la soumission, cette dernière impliquant nécessairement la réintégration d'Arnoul.

Dans de telles conditions, le synode de Reims ne pouvait rien résoudre. On y entendit Gerbert qui, ayant pris conscience un peu tard de l'impact négatif de ses « actes », adopta un ton plus conciliant à l'égard de Rome. On y entendit aussi la réplique du légat qui, elle, fut cinglante et dut autant mortifier les partisans de Gerbert qu'elle remplit de joie ceux d'Arnoul : « Votre bouche versait des torrents d'éloquence, écrira, enthousiaste, l'abbé Abbon de Fleury à l'adresse du légat. Interdit à l'aspect de ces coups de fouet flamboyants, je me vis pas la suite contraint de proclamer partout que vous étiez le tonnerre de l'Esprit Saint. » Mais aucune décision ne fut prise à Reims, où les évêques français ne pouvaient porter contre Gerbert une condamnation qui équivalait à une dénonciation de leur propre attitude passée, et surtout de celle des rois.

Autour d'Hugues et de Robert, la cohésion de l'épiscopat du Nord était encore telle, en cette année 995, que c'était aux rois, et à eux seuls, de décider de la conduite à tenir à l'égard de Rome.

L'ULTIME LUTTE D'EUDES DE BLOIS

En 994, ou plus vraisemblablement en 995 — la date exacte n'est pas connue —, la guerre reprenait entre le comte Foulques Nerra et Eudes de Blois. Richer situe le conflit en rapport avec l'affaire bretonne et semble le considérer comme la conséquence de la prise de Nantes par Foulques Nerra. C'est cependant vers la Touraine que le comte d'Anjou, prenant l'initiative, dirigea ses forces. Il se jeta sur les terres de son adversaire qu'il ravagea avant de construire en aval de Tours, à Langeais, une forteresse

— probablement l'un des premiers châteaux en pierre du Moyen Age — dans laquelle il installa une garnison.

Lorsque Richer, sur le point de relater l'événement, souligne que le roi « soutenait le parti de Foulques », il laisse entendre que l'offensive du comte d'Anjou avait reçu l'aval d'Hugues Capet, et peut-être même que la royauté avait offert à Foulques le comté de Tours, à charge pour lui de s'en emparer. C'est que, depuis le complot fomenté en 993 par Eudes et Adalbéron contre sa personne, Hugues savait mieux que jamais à quoi s'en tenir quant aux intentions du comte de Blois. Lorsque Foulques eut construit le château de Langeais, Hugues Capet alla encore plus loin. Au comte d'Anjou venu solliciter son secours pour empêcher Eudes de reprendre la place, il promit de rassembler son ost et de marcher contre Eudes.

Cet engagement direct de la royauté n'est sans doute pas étranger au fait qu'il importait d'assurer définitivement la victoire de son allié dans un conflit qui menaçait de se généraliser à l'ensemble des régions situées entre Aquitaine et Flandre. Car cette fois-ci, Eudes, tirant les leçons de l'échec passé, était loin d'être seul. Il était en passe de mettre sur pied une formidable coalition à laquelle Richer fait de vagues allusions. Selon lui, Eudes pouvait compter sur les Normands « qui avaient abandonné le roi pour s'allier à lui », sur les Aquitains et aussi, semble-t-il, sur les Flamands.

Il faut tenter d'expliquer ces ralliements. Celui des Flamands est sans doute à mettre en relation avec le comportement du roi Robert à l'égard de Rozala, l'épouse beaucoup plus âgée que son père lui avait donnée en 988. Vers 993-994 Robert avait répudié Rozala « parce qu'elle était vieille », précise Richer. La mère du jeune Baudouin IV de Flandre avait alors prétendu conserver la châtellenie de Montreuil-sur-Mer qu'Hugues Capet, qui l'avait conquise sur la Flandre vers 980, lui avait attribuée à titre de douaire. Hugues et Robert s'y étaient opposés et Rozala avait riposté en construisant face à Montreuil, sur la rive nord de la Canche, une forteresse destinée à entraver la circulation des marchandises sur le fleuve. L'alliance d'Eudes et du jeune Baudouin IV avait donc pour origine directe le désir de vengeance d'une épouse éconduite...

Quant à l'alliance avec l'Aquitaine, elle tient d'abord au fait qu'une sœur d'Eudes, Emma, était l'épouse du duc Guillaume IV Fier-à-bras ; mais le lien parental n'explique probablement pas tout. Si Guillaume IV soutient Eudes, c'est peut-être aussi parce qu'il est inquiet de voir se renforcer l'influence angevine en Poitou. Depuis quelque temps déjà, le comte d'Anjou tient Loudun du duc, à charge d'hommage : une inféodation consécutive à une guerre qui a autrefois opposé Guillaume IV à Geoffroy Grisegonnelle. Certains vassaux du duc, et non des moindres, sont aussi devenus des fidèles du comte d'Anjou ; c'est le cas du vicomte Aimery de Thouars qui a participé aux côtés de Foulques Nerra à la seconde bataille de Conquéreuil et qui a obtenu du comte d'Anjou la garde temporaire du comté de Nantes. En embrassant la cause d'Eudes, Guillaume IV cherche à reprendre en main un réseau de vassaux turbulents qui résiste d'autant plus difficilement à l'attraction angevine que l'action de Foulques Nerra est, pour l'heure, couronnée de succès.

Reste l'alliance normande, de prime abord surprenante : les ducs de Normandie et les comtes de Blois ne se sont jamais bien entendus. Au surplus, Richard Ier a jusque-là fait montre, sinon d'un soutien systématique (il ne paraît pas avoir pris part à la lutte contre Charles), tout au moins d'une attitude plutôt favorable au Capétien dont il est le vassal depuis le milieu du siècle, et qu'il a notamment appuyé contre Eudes en 991, lors de l'affaire de Melun. Si Richard penche cette fois pour le fils de Thibaud le Tricheur, son adversaire d'hier, c'est peut-être dans l'unique but de contrecarrer les ambitions du comte d'Anjou en direction de la Bretagne. Depuis quelque temps, un spectaculaire rapprochement semble s'être opéré entre Richard de Normandie et la maison de Rennes. D'après Richer, des troupes normandes auraient participé en 992 à la seconde bataille de Conquéreuil aux côtés du comte Conan Ier, et l'on sait aussi qu'un double mariage n'a pas tardé à sceller l'alliance entre Normands et Bretons : celui de Geoffroy Ier, fils de Conan, avec Havoise, fille de Richard Ier, et celui du futur Richard II avec une sœur de Geoffroy Ier nommée Judith. Que Foulques Nerra, appuyé par le roi, fût vainqueur d'Eudes de Blois, et se trouvait consolidée l'emprise angevine sur cette cité de Nantes que revendiquait la maison de Rennes. Plus grave encore : la prééminence des comtes de Rennes sur la Bretagne, et avec elle l'influence normande, risquait d'être pour longtemps compromise au profit des maisons de Nantes et d'Anjou.

Tels sont les alliés (Richer parle aussi de Lorrains, ce qui pourrait laisser entendre le soutien de personnages comme le comte Godefroy de Verdun, proche parent d'Adalbéron de Laon) auxquels Eudes, au lendemain de l'offensive de son adversaire, envoya des messages pour leur mander de joindre leurs forces aux siennes et leur fixer « l'époque et le lieu du rassemblement ». On imagine sans mal qu'un tel système d'alliance devait être en place plusieurs mois avant l'offensive de Foulques en Touraine, et qu'il était tout autant dirigé contre Hugues Capet que contre le comte d'Anjou. Dans un tel contexte, il n'est pas invraisemblable que Foulques et Hugues, sachant qu'une coalition se préparait contre eux, aient décidé de la devancer et de prendre un premier avantage là où le dispositif de défense du comte de Blois était le plus fragile : là où le comte d'Anjou, avec Amboise et Buzançais, celui de Vendôme avec Le Nouâtre, et le roi lui-même avec Saint-Martin de Tours, tenaient déjà des points stratégiques de première importance.

Sans attendre ses alliés, Eudes rassembla ses propres vassaux et mit le siège devant le château de Langeais où Foulques s'était enfermé. L'époque du siège — l'hiver 995-996 — nous est connue grâce à une charte du comte de Blois délivrée le 12 février 996 sous les murs de la forteresse. S'il faut en croire Richer, le comte d'Anjou, « convaincu que le roi, qui était en retard, ne viendrait pas à son secours et que lui-même ne serait pas en mesure de résister », entama avec son adversaire des négociations, presque aussitôt interrompues par l'arrivée de l'armée royale. D'assiégeant, Eudes, dont les alliés tardaient, devint assiégé : il tenta d'empêcher les troupes royales de passer la Loire. Mais Hugues Capet contourna l'obstacle. Remontant le fleuve, il s'apprêtait à le traverser à l'abri du château d'Amboise afin de prendre son adversaire à revers, lorsque des messagers du comte de Blois se présentèrent devant lui. Comprenant que la lutte était devenue inégale, Eudes, sans nouvelle de ses propres alliés, suppliait le roi de lui accorder une trêve.

Hugues Capet accepta la suspension des combats en échange d'otages et ramena ses troupes sur Paris. Quant à Eudes, Richer

nous le montre s'éloignant de la même manière avec son armée
— c'était sans doute l'une des conditions de la trêve accordée par
le roi — et se retirant à Meaux, puis de là, gagnant quelques jours
plus tard Châteaudun. On ne sait si Foulques accepta facilement
la cessation des hostilités qui le privait de la conquête de Tours.
Mais l'intervention royale lui avait permis de consolider son
implantation aux approches de la cité comtale. La trêve lui
apportait en effet un avantage considérable : il conservait le château de Langeais.

Pour Eudes, cette lutte fut la dernière. Dans les premiers jours
de mars, il fut frappé d'une maladie « que les médecins appellent
angine », précise Richer. Cette fois encore, le chroniqueur ne
résiste pas à la tentation de faire partager à son lecteur ses
connaissances cliniques : « Cette maladie, qui a son siège à l'intérieur de la gorge et qui résulte d'une inflammation rhumatismale,
provoque tantôt aux mâchoires et aux joues, tantôt au thorax et
aux poumons, des tumeurs qui s'accompagnent de vives douleurs. Par suite de l'enflure et de la fièvre, elle tue le patient au
bout de trois jours, non compris celui du début. »

Se sentant mourir, Eudes n'en analysait pas moins avec luci-
dité les risques que faisait courir aux siens sa soudaine disparition. Il n'avait pas eu le temps de faire la paix avec les rois et,
depuis Langeais, Foulques recommençait à s'agiter. Dans ces
conditions, souligne Richer, « il n'y avait guère d'espoir pour les
enfants d'Eudes de se maintenir au pouvoir ». En toute hâte, le
moribond envoya aux rois une ambassade chargée d'une ultime
démarche. Eudes leur promettait de les dédommager des torts
qu'il avait eus à leur égard, s'ils acceptaient une pacification du
conflit. Rien n'y fit : Hugues aurait sans doute consenti à accepter
la réparation, mais Robert s'y opposa violemment et les ambassadeurs du comte de Blois s'en retournèrent bredouilles. Le
12 mars 996, Eudes mourait, laissant à sa veuve, Berthe de Bourgogne, cinq enfants en bas âge et une principauté en grave
péril.

LES DERNIERS MOIS DU RÈGNE

Aussitôt la curée commença. Foulques passa alliance avec un comte aquitain, Audebert de la Marche, rival du duc Guillaume IV Fier-à-bras qui venait lui aussi de mourir. A l'instar du comte d'Anjou, Audebert entendait profiter de la désorganisation (toute relative, car Guillaume V, le fils de Fier-à-bras, était en âge de gouverner ses États) de la principauté aquitaine pour s'emparer de Poitiers. Il est probable que Foulques lui prêta main-forte. En échange, au printemps ou à l'été 996, Audebert l'aida à s'emparer de Tours.

La veuve d'Eudes, Berthe de Blois, entra alors en scène. Elle le fit d'une manière qui ne pouvait passer inaperçue et qui défraya longtemps la chronique. Pour sauver l'héritage de ses fils, et sans doute aussi par ambition personnelle, Berthe entreprit de séduire le jeune roi Robert et de se faire épouser par lui. Ses chances d'y réussir étaient fort nombreuses. Elle était encore jeune — trente ans tout au plus — et la différence d'âge avec Robert ne devait pas dépasser les cinq à six ans. Elle n'était pas stérile et l'avait montré en donnant au moins quatre fils à son défunt mari. On imagine qu'elle devait posséder en abondance les charmes nécessaires pour séduire un fringant jeune homme de vingt-quatre ans ; ce n'est que pure conjecture car les chroniqueurs de l'époque ne s'attardent guère sur ce registre ! Au surplus, elle était fille de roi — son père était le roi Conrad de Bourgogne — et issue de l'une des plus illustres familles de l'ancien empire, celle des Welf. Mieux encore : par sa mère, Berthe descendait à la fois du roi Henri Ier l'Oiseleur, son bisaïeul, et du Carolingien Louis IV d'Outremer, son grand-père. Nul, en ce monde, n'avait sang plus bleu, et Berthe était assurément, par ses seules ascendances, l'un des plus beaux partis de la chrétienté.

Sans doute son union avec Robert risquait-elle d'être considérée comme doublement « incestueuse » par le droit canonique : Berthe et le jeune roi étaient parents au troisième degré, et pour comble de malchance, Robert avait tenu quelques années plus tôt l'un de ses fils sur les fonts baptismaux et était donc devenu son « compère ». Mais l'Église savait se montrer accommodante en ce domaine, même si, pour l'heure, l'affaire de l'archevêché de Reims ne l'y engageait guère.

Très vite, le plus vite possible, car Foulques Nerra, on l'a vu, n'était pas demeuré inactif, Berthe entreprit sa première démarche. Sur la fin de sa chronique, Richer mentionne, avec un laconisme plutôt inhabituel chez lui (il vient d'interrompre définitivement la rédaction de ses *Historiae,* et les dernières pages de sa chronique ne contiennent plus que de brèves notes), qu'elle prit le roi Robert « pour défenseur de ses biens et pour avoué ». Fort heureusement, une autre source de l'époque, le *Rythmus satiricus* rédigé en cette même année 996 par Adalbéron de Laon, nous fait pénétrer au cœur des intrigues de la cour d'Hugues Capet et vient à point nous renseigner sur les suites de la démarche de la comtesse de Blois.

Pour obtenir le mariage, Berthe s'est adressée à un très haut personnage de l'entourage royal, le comte Landri de Nevers, qu'elle a chargé d'être son entremetteur auprès de Robert, et sans doute aussi du vieux roi Hugues. Le témoignage d'Adalbéron n'est certes pas exempt de passion. L'évêque de Laon voue une haine tenace au comte Landri qui, s'il faut en croire Richer, fut l'un de ceux qui dévoilèrent aux rois Hugues et Robert le complot fomenté en 993 par Eudes et Adalbéron. Son *Rythmus satiricus* tend vers un unique but : ruiner la faveur dont jouit Landri de Nevers à la cour royale en le présentant comme l'intrigant type, un fourbe qui trahit la confiance des rois en faisant mine de les servir. Le venin que distille le poème volontairement obscur d'Adalbéron s'appuie sur toutes les intrigues auxquelles fut mêlé le comte Landri, et le projet de mariage entre Berthe et Robert en fait partie. Comme prix de sa fonction d'entremetteur matrimonial, Berthe aurait promis au Bourguignon la ville de Provins. L'affaire fut menée promptement, sans connaître immédiatement, il est vrai, la fin souhaitée par Berthe : Robert ne résista pas aux charmes de la belle veuve et en fit, non son épouse, mais sa maîtresse. Le concubinage n'est pas le mariage et Adalbéron, en un ricanement rythmé, constate que Landri n'entra pas en possession de Provins.

Et de fait, tant qu'Hugues fut en vie, il n'y eut pas de mariage. Un premier empêchement vint de Gerbert à qui, relate Richer, la

comtesse de Blois s'était adressée, probablement dans le but
d'aplanir les obstacles canoniques. L'archevêque de Reims, qui
s'apprêtait à partir pour Rome défendre sa cause auprès du nouveau pape, Grégoire V, refusa d'entrer dans le jeu. Hugues
s'opposa-t-il aux projets matrimoniaux de Berthe et de son fils ?
C'est très probable. En accord avec Gerbert, Hugues ne souhaitait certainement pas rajouter un *casus* supplémentaire à la querelle qui l'opposait à la papauté dans l'affaire de la déposition
d'Arnoul. Peut-être redoutait-il aussi les conséquences du
mariage de Berthe et de son fils au niveau interne. Il était prévi-
sible que cette union affecterait gravement les bons rapports
qu'avaient jusque-là entretenus les comtes angevins avec la
royauté, voire même risquerait d'être mal comprise par un personnage aussi proche que Bouchard Le Vénérable, père de la
comtesse d'Anjou. Or Hugues paraissait toujours attacher une
certaine valeur à cette alliance. Bien que son fils Robert ait été
choisi aussitôt après la mort d'Eudes comme « défenseur et
avoué » par Berthe de Bourgogne, l'on ne sache pas qu'il ait tenté
quoi que ce soit pour empêcher Foulques de poursuivre sa mainmise sur la Touraine. C'est sans doute le signe qu'à ses yeux
l'intérêt de la royauté impliquait le maintien des alliances traditionnelles, ce qui excluait à l'évidence toute idée de mariage entre
la veuve d'Eudes de Blois et Robert.

Il est donc probable qu'en ce printemps 996 Berthe avait réussi
à jeter la discorde entre Hugues et son jeune et bouillant rejeton.
L'histoire, on le sait, allait largement démontrer le bien-fondé
des réticences du vieux roi : le mariage de Robert, qui suivit de
très près la mort d'Hugues Capet, eut pour conséquence une
modification radicale de la politique capétienne. Robert n'hésita
pas, dès la fin de 996, à rompre l'alliance avec Foulques, qu'il
chassa de Touraine au profit des fils d'Eudes. Soucieux de faire
valider par Rome son mariage incestueux, il crut judicieux
d'abandonner Gerbert à son sort (un sort au demeurant fort
avantageux : Gerbert devint archevêque de Ravennes, puis pape
sous le nom de Silvestre II) pour réinstaller le Carolingien
Arnoul, homme déconsidéré, sur le siège de Reims.

Dans l'un et l'autre cas, Robert manqua de clairvoyance : son
mariage ne fut pas reconnu par l'Église romaine, et les relations
entre la royauté et l'épiscopat franc ne furent plus jamais aussi

étroites qu'au temps du roi Hugues et de Gerbert. Dans les années qui suivirent sa séparation d'avec Berthe (1003), le fils d'Eudes Ier, Eudes II de Blois, qu'il avait élevé comme un fils, devint l'adversaire le plus dangereux de la royauté qui, à nouveau, sollicita et obtint l'alliance angevine. Renouer, même sur le tard, avec la politique du père, c'était pour le fils en reconnaître implicitement toute la sagesse.

Que sait-on des tout derniers mois qui précédèrent la mort du roi ? Peu de choses, presque rien. Il n'est pas impossible que, durant l'été 996, Hugues, malade et sentant sa fin prochaine, se soit rendu en compagnie de son fidèle Bouchard jusqu'aux confins de la Bourgogne et de l'Aquitaine, au monastère de Souvigny où reposait la dépouille mortelle de saint Mayeul, le grand abbé de Cluny qui avait été son ami. D'après l'hagiographe du saint, Hugues aurait attendu de ce pèlerinage « un réconfort dans sa maladie ».

De ses derniers instants, on ne sait guère plus. Richer, qui a longuement décrit dans ses *Historiae* la maladie et la mort des plus illustres, se contente ici d'une simple mention : « Hugues, qui avait le corps tout couvert de pustules, s'éteignit dans son château des Juifs. » « Les-Juifs » est un lieu-dit situé en Beauce, non loin de Chartres. Les obituaires fournissent une date approximative qui se situe entre le 22 et le 25 novembre. Hugues devait être âgé de quelque cinquante-cinq ans. Sa dépouille mortelle alla rejoindre à Saint-Denis, l'abbaye funéraire des rois, celles de son père Hugues le Grand, d'Eudes, son grand-oncle, et de Charles le Chauve, le premier roi des Francs de l'Ouest.

Il n'y eut pas de succession : Robert, par la grâce et la clairvoyance de son père, était roi associé depuis huit ans. Il régna désormais seul.

CHAPITRE III

La royauté d'Hugues Capet :
persistance d'une idéologie

Au travers des événements que l'on vient de décrire, il est de prime abord difficile de se faire une opinion sûre quant aux incidences du changement dynastique sur les fondements de l'institution royale. La *mutatio regni* s'est-elle traduite par une transformation de l'image idéale du roi, telle que l'avaient forgée les doctrinaires de l'époque carolingienne ? Les péripéties du règne pourraient le laisser croire, et l'étude des réalités politiques et sociales de la fin du Xe siècle, qui fera l'objet du dernier chapitre, nous donnera la mesure de l'incapacité matérielle de la royauté d'Hugues et de ses proches successeurs à assumer pleinement la mission traditionnelle des rois.

Sans doute les contemporains sont-ils conscients de la perte de prestige qui atteint alors la dignité royale. Souvenons-nous du jugement sans nuance de Richer, lorsqu'il entreprend de relater l'affaire de la prise de Melun : « Le roi, impuissant à régner, vit sans gloire. » Ce qui frappe cependant, c'est que ce constat n'implique pas, au plan des idées, l'abandon des vieux thèmes. Bien au contraire, les écrits d'Abbon de Fleury, certains passages de Richer et quelques lettres de Gerbert sont là pour nous laisser entrevoir l'effort d'analyse de la fonction royale et de ses méthodes d'action qui marque les années 987-996.

Sous cet angle, le règne d'Hugues est beaucoup plus riche que celui de n'importe quel monarque carolingien du Xe siècle, comme si son avènement avait persuadé les meilleurs esprits du temps de la nécessité d'une réflexion théorique ; comme si un retour aux sources de la royauté sacrée, rendu possible par la personnalité même du nouveau roi, représentait à leurs yeux l'ultime chance de l'institution.

FONDEMENTS

Contrairement à la plupart des collections canoniques forgées à la fin du haut Moyen Age, celle que rédige l'abbé Abbon de Fleury vers le milieu du règne d'Hugues Capet ne vise nullement à présenter dans son ensemble la législation ecclésiastique. Son objet, volontairement limité, est étroitement lié à ce qui n'a cessé d'être le grand combat de sa vie. Abbon est un farouche partisan de la réforme monastique et de l'autonomie des monastères à l'égard des évêques. Probablement rêve-t-il aussi de devenir lui-même le conseiller privilégié des rois Hugues et Robert. Cette double ambition transparaît de son œuvre. Tout comme son *Apologeticus,* sa *collectio* est dédiée aux deux rois, auxquels il demande de protéger de toute leur autorité l'*ordo monasticus,* et il en profite pour analyser la fonction royale d'une façon qui procède très directement de la pensée carolingienne. Il n'est pas jusqu'à l'intitulé du chapitre III de sa collection, le premier des deux chapitres consacrés au roi, qui ne s'en inspire. Le titre *De ministerio regis* [1] est emprunté à Jonas d'Orléans, l'un des meilleurs esprits du règne de Louis le Pieux, auteur d'un traité sur l'institution royale. La terminologie en procède aussi : la notion de *Respublica* est présente dans les premières lignes de son analyse, tout comme elle apparaît à la même époque chez Richer et dans la correspondance de Gerbert.

Au seuil de la féodalité, Abbon et ses contemporains conservent intacte l'idée que le *rex Francorum* exerce une fonction publique, qu'il a charge d'un ordre public supérieur, que cette mission doit s'accomplir à l'échelle du *totum regnum Francorum* et non dans les seules limites de l'étroite zone d'influence que les bouleversements du Xe siècle lui ont assignée. Il en résulte qu'Abbon ignore délibérément les autres pouvoirs nés de l'émiettement de l'autorité royale : seule la royauté mérite son

---

1. « De la fonction royale ».

attention en tant que pouvoir institutionnel, les grands du royaume, fussent-ils princes territoriaux, n'ayant, par vocation, d'autre fonction que celle de l'assister par « l'aide et le conseil » dans sa tâche de gouvernement. Pour lui, « tout ce qui n'est pas royauté ne peut que ressortir de l'usage, de défaillances passagè-res, mais n'est pas institution, ne bénéficie pas du soutien de textes canoniques et ne mérite pas de crédit [2] ».

La permanence de l'idéologie apparaît aussi dans la définition que donne Abbon du contenu de la mission impartie au roi. Lorsqu'il en traite, il cite les termes mêmes d'un canon que Jonas d'Orléans avait fait adopter lors d'un concile réuni à Paris en 829, sous le règne de Louis le Pieux. « La justice du roi, peut-on y lire, est de n'opprimer personne par abus de puissance, [...] d'être le défenseur des étrangers, des veuves et des orphelins, de réprimer les vols, châtier les adultères, [...] défendre les églises, nourrir les pauvres par des aumônes [...] défendre la patrie avec courage et justice contre les ennemis. »

Pour Abbon comme pour Jonas d'Orléans, la fonction royale a donc pour finalité de faire régner équité et justice, afin que le peuple que Dieu lui a confié puisse connaître la paix et la concorde. Mais cette finalité n'est possible que si le roi, garant devant Dieu d'un comportement de ses sujets en tous points conforme à l'éthique chrétienne, pratique lui-même les vertus chrétiennes : le roi doit éviter la colère, ne pas prendre orgueil de sa prospérité, avoir la foi catholique en Dieu, s'appliquer à la prière à certaines heures, ne pas prendre de nourriture avant les heures convenables : tels sont les préceptes moraux et religieux qu'à la suite de Jonas d'Orléans, Abbon propose aux rois du Xe siècle. Seul le monarque qui honore et craint Dieu, qui pratique une vie simple, dont l'âme est pure de toute souillure, est à ses yeux digne de sa mission. La permanence des préceptes témoigne bien de la persistance de l'image d'un roi garant de l'ordre social, soutien de l'Église du Christ, et qui, en plein déclin, n'en continue pas moins de symboliser l'alliance entre Dieu et son peuple.

De cette alliance, le sacre royal demeure le signe le plus pro-

---

2. J.F. LEMARIGNIER. « Les institutions ecclésiastiques en France de la fin du Xe siècle au milieu du XIIe siècle », dans Lot et Fawtier, *Histoire des ins-titutions françaises au Moyen Age*, t. III, p. 42.

bant, sinon l'élément fondateur. C'est par la cérémonie de l'onction qu'au Xᵉ siècle comme au IXᵉ, comme au temps des rois de l'Ancien Testament, le monarque reçoit de Dieu son pouvoir et sa mission. Une cérémonie qui fait entrer sa personne si pleinement dans l'ordre du sacré que l'on ne craint pas, à la fin du Xᵉ siècle, d'assimiler le sacre du roi à celui de l'évêque.

Or, on le sait, le champ du sacré est celui dans lequel s'exprime le mieux l'imaginaire. Au temps même d'Hugues Capet et de son fils Robert, un Aimoin de Fleury n'hésite pas, lorsqu'il relate au sein de son *Histoire des Francs* le baptême de Clovis, à faire état de la légende de la Sainte Ampoule renfermant l'huile sainte, miraculeusement envoyée par Dieu à l'évêque Remi de Reims, et non moins miraculeusement conservée et transmise aux consécrateurs des rois francs. Helgaud, biographe de Robert le Pieux, ira plus loin encore, attribuant à son héros le pouvoir de guérir les lépreux, première manifestation de ce don de thaumaturgie dont la commune renommée investira les rois de France. Les démarches irrationnelles d'Aimoin et d'Helgaud de Fleury ont le même objet que l'analyse raisonnée d'Abbon : celui de compenser le déclin royal par une exaltation de la fonction, voire par un rehaussement de son caractère religieux jusqu'à lui faire franchir les limites de l'incomparable et du merveilleux.

Cette dimension sacrée de la dignité royale impose à son titulaire, nous l'avons vu, un comportement conforme à son état. Mais selon quels critères se définit à la fin du Xᵉ siècle l'aptitude à régner ? Au temps de Louis le Pieux et de ses fils, le fait d'appartenir à la dynastie pesait plus lourd que tout autre critère dans la vocation à recueillir et exercer le ministère royal ; il restreignait, voire rendait illusoire, le recours à l'élection. En soutenant la marche de Pépin le Bref vers le trône, Dieu avait jeté son dévolu sur sa descendance, et nul, pendant plus d'un siècle, n'avait songé à troubler l'ordre de succession fondé sur la naissance.

Sans doute les crises qui ont secoué le IXᵉ siècle n'ont-elles pas manqué d'inciter les meilleurs esprits à réfléchir sur l'insuffisance de la seule dévolution par filiation. L'introduction, par Hincmar de Reims, de la promesse du sacre à l'occasion de l'avènement de Louis le Bègue en 877, en est l'un des signes : préalable nécessaire à l'onction, la promesse par laquelle le futur roi s'engageait à procurer paix et justice aux églises et au peuple chrétien lui imposait de se conformer à l'éthique de sa fonction et tendait à subordonner sa propre légitimité à la façon dont, dans son gouvernement, il respectait les clauses de l'engagement pris. Sa légitimité d'origine, celle que lui procurait sa naissance et qui le prédisposait à régner, se trouvait ainsi comme relayée par une légitimité d'exercice, tributaire des qualités qu'il déploierait dans son métier de roi.

Pourtant, en dépit des crises dynastiques de la fin du IXᵉ siècle qui virent une première fois l'élection l'emporter sur l'hérédité, en dépit de celle, tragique, qui déboucha sur la déposition de Charles le Simple et l'élection, coup sur coup, de deux rois étrangers à la dynastie, en dépit même de la *mutatio regni* de 987 qui marque le triomphe apparent du principe électif, l'idée demeure toujours, au temps d'Hugues Capet et de son fils, que l'ascendance royale fonde la légitimité. Souvenons-nous du discours que Richer prête à Hugues au moment de la désignation d'Arnoul à l'archevêché de Reims : « Si le fils de Lothaire, Louis, de sainte mémoire, avait laissé une postérité en quittant ce monde, elle lui eût légitimement succédé. » Il est vrai que cette conception trouve sa contradiction chez Richer lui-même : « Le trône ne s'acquiert pas par droit héréditaire, fait-il dire à l'archevêque de Reims, et l'on ne doit y élever que celui qui se distingue non seulement par la noblesse de son corps, mais encore par la sagesse de son esprit, celui qui a l'honneur pour bouclier et la générosité pour rempart. » Si Richer soutient tour à tour ces deux thèses, c'est sans doute parce qu'en cette fin du Xᵉ siècle, l'une et l'autre qui ont chacune leurs partisans, sont également considérées comme utiles à la légitimité d'Hugues Capet.

L'idée selon laquelle l'élection d'un roi non-Carolingien n'a pu avoir lieu légitimement qu'à cause de la disparition de la dynastie carolingienne permet à Hugues de se présenter, non comme un usurpateur, mais comme le successeur légitime des Carolingiens, respectueux de leur mémoire. Cette logique est poussée fort loin puisque, dans les milieux proches du trône dont Richer se fait le porte-parole, l'on tend à considérer *a contrario* le roi Robert, aïeul d'Hugues Capet, comme un usurpateur, coupable d'avoir interrompu le cours normal des choses, et dont la mort sur le champ de bataille de Soissons est le résultat d'un jugement de Dieu. En outre, l'argument de la légitimité dynastique permet au

nouveau roi de l'utiliser pour lui-même et pour sa descendance :
Robert le Pieux a vocation à régner parce qu'il est fils de roi et
qu'il appartient à une race royale. Son biographe, Helgaud de
Fleury, n'oubliera pas d'insister sur cette qualité insigne :
« Robert, dira-t-il, était de la plus noble naissance tant par son
père, l'illustre Hugues, que par sa mère Adélaïde... La couronne
placée sur sa tête montrait bien qu'il était de souche royale par
ses aïeux et ses bisaïeux. »

Mais l'argument tiré du choix des grands est utile aussi. Il l'est
face à Charles de Lorraine, Carolingien de souche, certes, mais
prétendant indigne, considéré par ses contemporains comme
inapte à régner, contre qui c'est à bon droit que l'on a choisi
Hugues sans pour autant violer le principe de la légitimité dynastique de l'ancienne race royale. En cette fin du Xe siècle, l'élection
et l'hérédité, qui avaient à maintes reprises semblé s'opposer, se
combinaient ainsi pour justifier une *mutatio regni* qui se voulait
sans heurt et sans rupture, en tous points conforme à la tradition
des anciens rois. L'utilité de l'élection par les grands se trouvait
pleinement reconnue lorsque, une dynastie faisant défaut, il fallait se donner un nouveau roi. Mais il importait qu'elle fût de
pure forme lorsqu'il s'agissait pour un fils de succéder à son père.
Le principe dynastique le voulait ainsi. Hugues Capet pour son
fils Robert, et après lui les rois des XIe et XIIe siècles, surent mettre
en œuvre cette nécessité en proposant de leur vivant leur héritier
— premier né depuis Robert le Pieux — à la désignation toute
symbolique des grands.

Sans doute Abbon de Fleury sait-il, lorsqu'il rédige sa collection canonique, que l'hérédité capétienne s'apprête à peser aussi
lourd, dans l'aptitude à régner, que l'hérédité carolingienne. Du
moins feint-il de l'ignorer en mettant exclusivement l'accent sur
l'élection. « Nous connaissons, dit-il, trois élections générales :
celle du roi ou d'un empereur, celle d'un pontife, celle d'un abbé.
La première, ajoute-t-il, se fait par l'entente *(concordia)* de tout le
royaume. » Et Abbon termine en soulignant que chacune de ces
élections est décidée « non par la considération d'une amitié
temporelle ou de l'argent, mais en considération de la sagesse
requise pour l'exercice de la profession concernée et du mérite de
la vie ».

L'analyse d'Abbon rejoint ainsi celle que Richer prêtait à

l'archevêque Adalbéron au moment de l'élection d'Hugues
Capet, et témoigne de la préférence des milieux ecclésiastiques de
l'époque pour l'élection fondée sur d'autres critères que la seule
« noblesse du corps ». Celle-ci, entendue comme l'ascendance
noble, voire royale, est sans doute nécessaire, de même que sont
nécessaires la beauté, l'intégrité corporelle, la vigueur physique :
« Je suis né avec tous les membres sans lesquels on ne peut prétendre à une dignité quelconque », fait dire Richer à Charles de
Lorraine. « Ta belle prestance nous semble surpasser celle de
tous les autres ; rien, dans tes membres, ne paraît insuffisant »,
peut-on lire dans le prologue du poème adressé au roi Robert le
Pieux par Adalbéron de Laon. On se souvient aussi de l'insis-
tance d'un Réginon de Prüm à décrire, comme pour justifier son
accession au trône, la fière apparence du roi Eudes, « homme
énergique, l'emportant sur tout autre par sa beauté et sa prestance physique ». Bref, il a fallu de toute antiquité, et il faut
toujours, au Xe siècle, être physiquement beau pour incarner la
majesté royale.

Mais aux yeux d'Abbon, il faut aussi posséder la force morale ;
il faut la sagesse, synonyme de tempérance et de prudence, qualité qu'exige de même Adalbéron de Reims et qu'avait reconnue
Réginon de Prüm au roi Eudes. Il faut enfin avoir eu une vie
conforme à la dignité à laquelle on prétend, et l'on sait qu'Adalbéron, aux dires de Richer, a fondé le choix d'Hugues Capet non
seulement sur son intégrité morale, mais sur le mérite de ses
actions passées. Un Abbon de Fleury, c'est sûr, préfère l'idée
d'une royauté élective à celle d'une royauté purement héridi-
taire. Et cette préférence, que n'avaient pas songé à proclamer les
penseurs carolingiens et que l'accession d'Hugues Capet donne
l'occasion d'expliciter, apparaît bien alors comme en cohérence
parfaite avec l'idéologie de la fonction. Dignité sacerdotale au
même titre que celle d'un évêque ou d'un abbé, la royauté
devrait, dans l'idéal, être pourvue selon les mêmes critères et les
mêmes procédures que ces dernières.

Mais Abbon est réaliste et ne fait pas de ses préférences un
cheval de bataille. La théorie de l'élection qu'il developpe, non
dans son chapitre sur le « ministère royal », mais sous le titre
suivant consacré à « la fidélité due au roi », lui sert d'abord à
appuyer son argumentation concernant l'obligation de servir

indéfectiblement un roi élu pour son mérite et ses aptitudes à gouverner. « Mieux vaut ne pas souscrire au choix du prince que de mépriser l'élu après l'avoir accepté », dit-il, probablement à l'intention de ceux qui, tels le comte Eudes Iᵉʳ de Blois ou Adalbéron de Laon, n'hésitent pas à la même époque à trahir leur souverain. En somme, Hugues est à ses yeux un roi d'autant plus légitime, auquel il convient d'obéir d'autant mieux qu'il a été élu en considération de ses qualités mêmes, qui sont celles que l'on requiert d'un roi.

Il faut enfin souligner qu'Abbon, lorsqu'il traite de l'obéissance au roi, semble, là encore, refuser de prendre en compte la réalité du déclin royal. Lorsqu'il aborde le thème du serment de fidélité au roi, il ne l'envisage pas, comme Richer est tenté de le faire, par référence au serment vassalique qui lie individuellement, et contractuellement, un individu à un autre. « Le roi consacré, dit-il, exige par serment de tous ses sujets la foi envers lui, afin que la discorde ne puisse s'élever dans quelque partie de son royaume. » Le serment prêté au roi ne peut donc qu'être général, comme au temps de Charlemagne. Il apparaît, aux yeux d'Abbon, comme la mise en œuvre normale et naturelle de cette *concordia totius regni* qui a présidé à l'élection royale, comme une nécessité d'ordre institutionnel visant à garantir l'obéissance de tous aux ordres du roi.

Ce refus d'une royauté seigneuriale fonctionnant selon les seules règles des rapports vassaliques, on le trouve de même dans la façon dont l'abbé de Fleury fonde en droit la fidélité due au roi : par référence à l'apôtre Pierre : *Deum timete, regem honorificate*, craignez Dieu, honorez le roi ; par référence, aussi, à la fameuse épître de saint Paul aux Romains qui justifiait la nécessité de l'obéissance des premiers chrétiens au César païen : *Qui potestati resistit, Dei ordinationi resistit*, celui qui résiste à la puissance instituée, résiste à l'ordre de Dieu ; par référence, enfin, à la nécessité de seconder le roi dans l'accomplissement de son *ministerium*, et de façon plus générale, à cette *utilitas regni* que le roi est notamment chargé de mettre en œuvre à l'égard des adversaires du royaume et des autres nations. C'est ainsi qu'Abbon, vers la fin de son chapitre, traite longuement du péril qu'entraînerait vis-à-vis de l'extérieur le non-respect de la foi promise par les peuples soumis au roi : « Quelle chance, s'interroge-t-il, auraient de tels peuples de lutter victorieusement contre l'ennemi, quel traité resterait inviolé, quelle promesse jurée imposée à l'adversaire pourrait être durablement respectée si ces peuples ne conservent pas la foi jurée à leurs propres rois ? » Il en va de leur existence même : « Qui serait assez fou pour se couper la tête de ses propres mains ? Ces peuples, oublieux de leur salut, se détruiraient eux-mêmes en retournant leurs propres forces contre leurs rois ! »

Ces interrogations sont le signe qu'Abbon jette un regard inquiet, et probablement sans grande illusion, sur les réalités politiques du temps. Elles marquent aussi la volonté qui est sienne et qu'il partage avec quelques-uns, dans l'ordre ecclésiastique, de résister à l'altération de la notion de puissance publique, de faire de la rupture dynastique de 987, qui a permis au royaume de se donner un roi digne, l'occasion d'un retour à cette monarchie pure et forte, ordonnatrice de toutes choses, que connut la chrétienté occidentale au temps de Charlemagne, ce roi dont « la piété et la prudence firent tant pour l'administration de la *Respublica* et l'utilité des églises ».

Tout cela est certes bien théorique, et Abbon n'est que le porte-parole des clercs, de ce petit nombre de lettrés qui, tout au moins en Neustrie et Francie, dans les zones où la royauté conserve encore quelque influence, rêvent toujours d'un ordonnancement du monde selon les principes carolingiens, qui veulent se persuader que l'âge de la royauté théocratique, protectrice et gardienne de l'Église du Christ, n'est pas révolu.

Mais on aimerait surtout connaître l'idée que le premier intéressé, Hugues Capet lui-même, se faisait de sa mission. Les maigres sources de l'époque ne nous en donnent malheureusement qu'une vue partielle et, d'une certaine manière, déformée. La promesse du sacre d'Hugues, qui nous a été conservée, est un texte rédigé à Reims par des clercs — Adalbéron ou Gerbert — et contient une formule stéréotypée qui intègre sans doute tous les ingrédients de la théocratie, mais qui ne peut a priori être considérée comme reflétant la conscience profonde du nouveau roi : « Je promets à chacun de vous [les évêques] de lui conserver le privilège canonique, la loi et la justice qui lui sont dus et de vous défendre autant que je le pourrai, avec l'aide du Seigneur, comme il est juste que le roi agisse en son royaume envers chaque évêque et l'Église qui lui est confiée ; je promets de concéder de notre autorité au peuple qui nous est confié une justice selon ses droits. » C'est là, quelque peu réduite, la promesse qu'avait prononcée un siècle plus tôt le roi Eudes, grand-oncle d'Hugues Capet. On connaît de même des lettres d'Hugues, mais toutes ont été rédigées par les soins de Gerbert qui, vraisemblablement, les a conçues lui-même avant de les soumettre à l'approbation du roi. Lorsque, dans la lettre d'Hugues à l'archevêque Seguin de Sens, Gerbert emploie le mot *Respublica* et fait allusion à « la paix et la concorde dans la Sainte Église du Seigneur et dans tout le peuple chrétien », peut-être traduit-il exactement, dans un langage en tous points conforme à la tradition carolingienne, les conceptions d'Hugues Capet. Ce n'est pas totalement sûr, mais est-ce si capital ?

L'essentiel n'est pas dans ce que pense profondément le roi lui-même, mais dans la façon dont, de sa propre initiative ou influencé par son entourage, il gouverne dans les faits.

MÉTHODES D'ACTION

En la matière, il existe certes bien des zones d'ombre. Au travers des textes, il est difficile de connaître la composition, même approximative, de l'entourage permanent du roi. Comme à l'époque précédente, le premier Capétien a auprès de lui un service chargé des écritures, la chancellerie, dont Adalbéron de Reims a été le chef — l'archichancelier — jusqu'à sa mort, en janvier 989. Il est probable qu'après son accession à l'archevêché de Reims Gerbert exerça cette même fonction, traditionnellement attachée, depuis 949, à la dignité d'archevêque de Reims.

Autrefois important, le service des écritures ne compte désormais en son sein qu'un chancelier, véritable chef permanent du service en l'absence de l'archichancelier, et deux à trois notaires. Nous connaissons le nom d'un chancelier d'Hugues Capet : il s'agit de l'évêque de Paris Renaud, fils du comte Bouchard le Vénérable. Nous connaissons de même un notaire, un personnage nommé Roger, probablement un clerc attaché à la « Chapelle » royale. L'ignorance des historiens sur le fonctionnement de ce service vient du très petit nombre de diplômes authentiques d'Hugues Capet qui nous soient parvenus : huit ou neuf, tout au plus, dont plusieurs ont été matériellement préparés par les soins des établissements bénéficiaires et ne contiennent donc pas la souscription — classique et réglementaire dans les actes issus de la chancellerie — d'un notaire ou du chancelier. C'est bien sûr le signe d'un déclin de l'institution, déjà sensible sous les derniers Carolingiens, qui témoigne lui-même de ce rétrécissement de l'influence royale que l'on observera dans le chapitre suivant.

Du personnel composant le *palatium*, le palais du roi, nous ne savons presque rien. Comme à l'époque précédente, comme plus tard sous le règne de Robert le Pieux, le roi est probablement entouré de grands officiers : un sénéchal, chargé de la gestion de ses palais, un chambrier, affecté à la chambre du roi en même temps qu'à la garde du trésor royal ; un bouteiller, chargé de l'approvisionnement de ses caves et de la gestion de ses vignobles ; un *comes stabuli*, ou connétable, dont le rôle, qui deviendra capital quelques siècles plus tard, est alors presque exclusivement domestique et réduit à l'entretien des écuries royales.

Il est impossible de placer des noms sur ces charges, sauf peut-être celui du comte Landri de Nevers qui pourrait avoir été sénéchal d'Hugues Capet vers la fin du règne. Quant à la fonction de comte du palais, essentielle au temps des grands Carolingiens puisque son titulaire présidait le tribunal du roi, les textes contemporains d'Hugues Capet n'en parlent guère plus que des autres. Elle n'a certainement pas disparu : sous Lothaire, elle était aux mains du comte Herbert, oncle des comtes Eudes de Blois et Herbert de Troyes. Sous Robert le Pieux, elle appartiendra au comte Hugues de Beauvais avant d'échoir au comte Eudes II de Blois-Champagne et à sa descendance. Mais nous n'avons pas la moindre idée de l'identité de son titulaire sous Hugues Capet, ni de son rôle exact, sauf à supposer que le comte palatin de la fin du Xe siècle, détenteur avant tout d'une puissance territoriale, n'est plus le « permanent » qu'il était auprès des rois du IXe, et que son titre est en passe de devenir purement honorifique.

Ces zones d'ombre s'étendent aussi à la composition ordinaire de la *curia regis*, la cour des fidèles qui entourent le roi, le suivent de palais en palais [3] et le conseillent dans les affaires courantes. Elles touchent donc principalement les organes formant en permanence l'administration centrale de la royauté : une « administration » probablement très atrophiée et méconnaissable, comparée à celle qui gravitait autour des rois du IXe siècle.

En revanche, les sources nous permettent d'avoir une idée assez claire de l'esprit qui préside à l'élaboration de la décision politique et des mécanismes qu'utilise le roi lorsque, dans les affaires les plus graves, il lui importe de s'entourer de larges conseils.

S'il est un point sur lequel insistent les auteurs contemporains d'Hugues Capet, c'est bien la nécessité de la pratique du conseil dans le gouvernement royal. L'idée n'est certes pas neuve. Les grands Carolingiens recouraient largement au conseil des grands du royaume, réunissant périodiquement des assemblées — les *placita* — au sein desquelles comtes et évêques fournissaient leurs avis et approuvaient la décision prise par le monarque. Dans la seconde moitié du IXe siècle, probablement sous l'influence de l'archevêque Hincmar de Reims, la notion de « conseil » prend un relief tout particulier en liaison avec l'affaiblissement progressif de la royauté : il est désormais moins question pour le roi de s'éclairer des avis des plus sages, afin de prendre une décision qui n'appartient en définitive qu'à lui, que de conformer celle-ci aux vœux de son entourage. Le *consilium* tend à devenir un élément réducteur de l'autorité royale. D'une monarchie forte, taillée à la mesure d'hommes forts, on a glissé vers un système de gouvernement aristocratique qui s'impose désormais au roi et que le haut clergé, qui ambitionne de jouer le premier rôle dans le conseil fourni au prince, considère comme la garantie d'une adéquation de la décision prise aux fins qu'il attribue au gouvernement : la paix et la concorde au sein du peuple chrétien. Ce n'est certes pas un hasard si cette volonté d'Hincmar et des milieux épiscopaux de contrôler la royauté se précise au moment même où, à l'initiative d'Hincmar lui-même, apparaît

---

3. Roi itinérant comme tous les monarques du Moyen Age, Hugues fréquente aussi bien les palais carolingiens, notamment Compiègne et Chelles, que les villes et châteaux de son ancien domaine ducal : Orléans, Senlis, Dourdan et surtout Paris.

dans le rituel du sacre la promesse prêtée par le roi : dans l'un et l'autre cas, le but est d'enrayer le déclin, d'imposer au roi de conformer ses actes à l'éthique de sa fonction.

Un siècle plus tard, dans un contexte politique certes bien différent, la nécessité du *consilium* reste au cœur des préoccupations des hommes d'Église. Dans sa collection canonique, Abbon de Fleury l'évoque sous deux angles différents : le canon du concile de Paris de 829, qu'il cite, contient un court passage invitant le roi à « instituer des hommes justes pour traiter des affaires du royaume, à avoir des conseillers d'âge, sages et sobres ». La nécessité du conseil est donc vue ici du côté du roi, comme une garantie contre toute décision mal fondée, voire injuste, génératrice d'une oppression par abus de pouvoir : *per potentiam*, pour reprendre l'expression même du canon de 829. Mais Abbon sait aussi que, compte tenu des réalités de son temps, la pratique du gouvernement par conseil ne dépend pas seulement du monarque. Sous le titre consacré à la fidélité due au roi, il s'interroge sur le risque de paralysie qu'entraîne l'isolement de la royauté par rapport à ces *primores regni* qui ne prennent plus la peine de venir garnir la cour du roi et l'assister de ses conseils : « Puisque le ministère du roi est de prendre en charge les affaires de tout le royaume afin que ne s'y cache rien d'injuste, comment pourrait-il pourvoir à de telles tâches sans l'assentiment des évêques et des grands du royaume ? Comment exercera-t-il le rôle que lui assigne son ministère face à la perfidie des rebelles, si les grands ne lui témoignent pas, avec respect, l'honneur qui lui est dû en lui fournissant l'aide et le conseil ? »

Ces questions, on le voit, ne portent pas simplement sur l'obligation faite au roi de gouverner avec l'aide et le conseil de ses fidèles. Elles traduisent surtout la nécessité du dévouement des *primores regni* envers le roi, qui implique que ceux-ci participent effectivement au gouvernement royal : « Le roi, en effet, ne peut suffire seul à l'utilité de tout le royaume ; c'est pourquoi une partie de sa charge étant laissée à d'autres qu'il estime dignes de cet honneur, lui-même doit être honoré d'un dévouement sincère afin que nul ne le contredise en quelque manière que ce soit. » A la fin du Xᵉ siècle, le but n'est plus tant d'imposer au roi la tutelle de ses *primores* que d'enrayer sa perte d'influence, de dénoncer cette désaffection des grands, source d'inefficacité et de dépérissement de l'institution royale.

Ce thème du gouvernement par conseil est également présent dans l'œuvre de Richer, envisagé sous un éclairage quelque peu différent où s'entremêlent une critique négative des méthodes de gouvernement des derniers Carolingiens et, comme en contraste, l'apologie de la pratique du conseil chez le premier Capétien. La critique négative apparaît une première fois dans le récit de la trahison dont est victime, en 923, le roi Charles le Simple de la part du comte Herbert de Vermandois. Le roi, nous dit Richer, reçut avec confiance les envoyés du comte et, « sans consulter les siens », accepta la rencontre qui s'avéra n'être qu'un guet-apens. Elle est présente aussi dans le récit des luttes que doit soutenir Louis IV : en 939, les grands de Lorraine « font au roi le grave reproche de tout décider sans s'entourer de conseil ». En 946, Hugues le Grand, qui s'apprête à libérer Louis IV qu'il a retenu plus de dix mois prisonnier, lui fait le même reproche : « Tes affaires ont prospéré tant que tu as suivi mes conseils... Puis tu as eu recours aux avis d'hommes infimes et imprudents et tu t'es écarté des conseils des gens sages ; une catastrophe bien méritée en a résulté. »

Il en est de même de Lothaire que Richer critique d'une façon à peine voilée pour avoir, à deux reprises, agi à l'insu d'Hugues Capet ; ou encore de Louis V qui, en 986, sous couvert de requérir de ses fidèles le conseil en vue de décider du sort d'Adalbéron de Reims, est présenté comme ayant imposé lui-même une ligne d'action qui embarrasse les grands et place le duc Hugues Capet dans une situation inconfortable. Le message est clair : en critiquant la façon de gouverner des derniers Carolingiens, Richer met l'accent sur l'une des causes, à tort ou à raison communément admises dans les milieux rémois dont il fait partie, des crises du Xe siècle et de l'irrémédiable déclin de l'institution royale.

A l'inverse, Richer ne tarit pas d'éloges sur les pratiques de concertation qui ont toujours, selon lui, marqué le gouvernement d'Hugues Capet. En 980, Hugues, qui n'est encore que duc, s'apprête à prendre une grave décision concernant ses relations avec le roi Lothaire. Il convoque alors ses grands parce que, nous dit Richer, « son habitude était de tout décider en recourant au conseil des siens ». De même, apprenant en 988 la prise de Laon par Charles de Lorraine, Hugues et Robert réagissent « non par une impulsion précipitée, mais, comme ils en avaient coutume en toutes choses, en prenant conseil de la façon la plus attentive ». C'est encore à Hugues Capet que Richer prête le discours suivant : « Ce n'est jamais sans profit pour ce qui est utile et honnête que l'on demande un conseil à des hommes savants. »

En faisant ainsi l'apologie de l'esprit de conseil d'Hugues, Richer, comme Abbon de Fleury, montre bien qu'aux yeux de ses contemporains la rupture dynastique de 987 devait impérativement se traduire par un changement radical dans les méthodes de gouvernement, par une renaissance de l'ancienne tradition du gouvernement par conseil autrefois prôné par Hincmar de Reims, et que les derniers Carolingiens semblaient — c'est du moins le reproche qui leur est fait — avoir délaissée. Mais il témoigne en outre du fait qu'Hugues était lui-même enclin à accepter cette nécessité, et nous savons, grâce à d'autres indices, qu'au niveau des intentions comme au niveau des faits, le premier Capétien a renoué avec la plus pure tradition carolingienne en ce domaine.

Les intentions d'abord : celles-ci sont explicitées dans la lettre — rédigée par Gerbert — qu'Hugues, qui vient d'être élu roi, adresse en 987 à l'archevêque Seguin de Sens pour le sommer de venir remplir son devoir de conseil : « Ne voulant en rien abuser de la puissance royale, peut-on y lire, nous décidons toutes les affaires de la *Respublica* en recourant aux conseil et sentence de nos fidèles. »

Les faits ensuite. Les événements du règne nous l'ont à maintes reprises montré : le roi gouverne effectivement par le conseil de ses fidèles, et dans ce gouvernement, l'épiscopat franc joue le premier rôle. A chaque étape importante, qu'il s'agisse d'affermir une royauté toute nouvelle, de lutter contre Charles et Arnoul ou de résister aux prétentions pontificales, les évêques du Nord sont là pour assister Hugues et soutenir la politique royale, soit par leur présence dans son entourage (c'est le cas en 988 lors d'un plaid royal où paraissent trois archevêques et cinq évêques), soit par la tenue de synodes qui rappellent par bien des côtés les grandes assemblées conciliaires du IX\ :sup:`e` siècle, sources d'inspiration en même temps que relais de la politique royale. Des conciles aussi importants que celui de Saint-Basle de Verzy, réuni sur l'ordre du roi, et celui de Chelles que préside Robert le Pieux, témoignent de la parfaite adéquation de la pratique du conseil des premiers Capétiens à l'idéologie. Ni Jonas ni Hincmar n'auraient renié cette forme de gouvernement où prédomine le haut clergé, où le religieux se confond avec la politique, où semble se prolonger l'idéal théocratique.

Le système carolingien n'est donc pas mort avec le changement dynastique. Il survit au contraire, sans doute parce que, du moins dans les régions de présence royale, l'on ne peut encore imaginer que la société puisse s'ordonner autrement qu'autour de la personne sacrée du roi. L'illusion durera la plus grande partie du règne de Robert le Pieux. Puis, passé le milieu du XIᵉ siècle et en liaison étroite avec cette « réforme grégorienne » qui prétendra faire de la papauté le nouveau pôle d'autorité de l'Europe chrétienne, les évêques commenceront à espacer leurs présences, puis à déserter un entourage royal de plus en plus marqué par la prédominance de la moyenne et petite aristocratie : celle des châtelains et des chevaliers du domaine capétien.

D'une royauté prolongeant le modèle carolingien, l'on aura glissé vers une royauté féodale, dont le fonctionnement est plus conforme à la réalité d'un pouvoir et d'une influence réduits à la seule *Francia*. L'idéologie n'en mourra pas pour autant et le monde féodal, cadre du triomphe de la relation vassalique, conservera l'image d'un roi des Francs supérieur en dignité à tout autre mortel, « personnage sacré, inattaquable quant à sa personne et à sa dignité royale [4] », symbole de l'identité du peuple franc.

Dans la seconde moitié du XIᵉ siècle, un Philippe Iᵉʳ, roi sans grand pouvoir, donne à son fils premier-né, le futur Louis VI, le nom royal par excellence des Mérovingiens et des Carolingiens : celui de Clovis, de Louis le Pieux et de Louis V ; signe qu'au tréfonds du déclin et plus d'un siècle avant le *reditus regni ad stirpem Karoli* [5], la dynastie capétienne n'oublie pas les racines

---

4. K.F. WERNER, « Les sources de la légitimité royale à l'avènement des Capétiens », dans *Les Sacres royaux,* Paris, Les Belles-Lettres, 1985, p. 57.
5. « Le retour du royaume à la race de Charlemagne. » Cf. introduction.

les plus profondes de la royauté franque, pas plus qu'elle n'en oublie la finalité. On ne peut comprendre le redressement qui s'amorce au XIIe siècle, sous Louis VI et Louis VII, ni l'irrésistible ascension de leurs successeurs, si l'on ne tient compte de cette permanence de l'idée par-delà le changement dynastique de 987.

CHAPITRE **IV**

Le royaume d'Hugues Capet :
pouvoirs et société

Les permanences que l'on a observées en analysant l'idéologie royale ne peuvent masquer les réalités. Malgré son souci de conserver à l'institution le prestige et le dynamisme qui avaient fait la force des rois du siècle précédent, Abbon de Fleury est lui-même conscient que le monarque n'a plus les moyens de sa mission et que le déclin est irréversible, sauf changement radical, mais improbable, dans le comportement des grands.

Un siècle plus tôt, tout s'ordonnait, ou donnait encore l'illusion de s'ordonner autour de la personne du prince. A la fin du Xᵉ siècle et depuis longtemps déjà, c'est en sécrétant elle-même ses propres mutations que la société des laïcs et des clercs quitte l'univers carolingien pour donner naissance à ce monde féodal où, sans jamais disparaître complètement, l'idée de chose publique passe à l'arrière-plan, où le cadre de vie de la plupart des hommes se trouve cloisonné par l'atomisation du pouvoir et le triomphe de l'attache personnelle.

L'IMPUISSANCE DU ROI

Bien des aspects du déclin royal ne sont certes pas imputables à l'arrivée du premier Capétien sur le trône. L'essor des « principautés territoriales », on l'a vu, appartient à un autre temps, à celui des premières ruptures dynastiques de la fin du IXᵉ siècle et du premier quart du Xᵉ siècle. Dès l'époque des successeurs de

Charles le Simple, l'indépendance des princes, et d'abord de ceux du sud du royaume, est un acquis qu'aucun monarque n'a pu durablement remettre en cause. A la faveur du règne contesté de Raoul, les grands du Sud ont cessé de se rendre à la cour du roi et, par la suite, ne lui prêtent hommage qu'au hasard des rares déplacements royaux vers les marches de leurs États. Ces hommages ne les engagent à rien d'autre qu'à la reconnaissance toute formelle d'un monarque lointain qu'ils s'abstiennent de soutenir lors de certaines crises majeures : en 945-946, aucun magnat du Sud ne se portera au secours de Louis IV, prisonnier d'Hugues le Grand. Cette indifférence n'est pas étrangère au fait que la plupart des princes n'éprouvent plus le besoin de chercher leur légitimité ailleurs qu'en eux-mêmes. L'investiture initiale faite par le roi au profit de leurs pères n'a plus besoin d'être renouvelée, car c'est désormais de Dieu et de leurs ancêtres qu'ils prétendent tenir directement leur puissance.

L'étude des actes des derniers Carolingiens révèle sans doute le souci qu'ont encore, non plus les princes, mais certains établissements ecclésiastiques de la marche d'Espagne, d'obtenir des diplômes confirmant leur patrimoine ou renouvelant la protection royale. Plutôt qu'à une présence effective du roi qui ne se rend plus en ces régions et n'y possède plus ni domaine propre ni même de fidèles, cette activité diplomatique tient peut-être au sentiment tout particulier de légitimité dont y est encore créditée la dynastie carolingienne, ou à l'illusoire croyance en une protection royale face au monde musulman tout proche. Dans le reste de l'Aquitaine, les diplômes royaux sont rares, voire inexistants en Gascogne, Bordelais ou Toulousain, et les fidélités absentes.

A cette réalité d'un repli de la royauté vers le nord, la *mutatio regni* ne change à vrai dire pas grand-chose. Simplement, l'attachement à l'institution royale qui animait les églises des confins sud s'estompe définitivement aux lendemains du sacre de 987, peut-être en relation directe avec l'inertie du roi Hugues face aux demandes de secours du marquis Borel. Jusqu'au XIIᵉ siècle, ni Hugues ni ses successeurs ne délivreront plus le moindre diplôme en faveur des monastères de la marche d'Espagne. C'est vers l'empereur Otton III que, sous l'influence de Gerbert devenu pape, se tourneront un peu plus tard ces églises avant de se donner à Cluny et à la papauté. Pour le reste, le règne d'Hugues n'a fait que prolonger les situations déjà acquises sous Lothaire et Louis V. « Me voici plus puissant en ce pays que le roi des Francs, car personne ici ne craint sa domination », peut s'exclamer vers l'an mil Abbon de Fleury en pénétrant en Gascogne où Saint-Benoît-sur-Loire possède le prieuré de La Réole. Il est probable que la même constatation désabusée aurait pu être faite treize ans plus tôt, dans les derniers mois du règne de Louis V, ce roi qui, au temps de Lothaire, son père, n'avait pas su s'imposer aux Aquitains.

C'est donc plutôt au regard des événements qui se sont déroulés dans le Nord qu'il est possible de mesurer l'impact du changement dynastique sur l'autorité royale. En comparaison avec les derniers Carolingiens, Hugues Capet est apparemment mieux pourvu. Il contrôle la plupart des évêchés des provinces de Sens, de Reims et de Tours ; il a pu joindre à son domaine propre celui des anciens rois et peut compter sur des fidélités nombreuses aussi bien en tant qu'ancien duc des Francs qu'à titre de successeur du Carolingien. Tout cela, en bonne logique, aurait dû lui apporter un surcroît de puissance et le situer très au-dessus du niveau atteint par un Lothaire à la veille de sa mort.

La réalité est tout autre, car si — à l'exception d'Arnoul de Reims et d'Adalbéron de Laon — les évêques du Nord lui sont entièrement dévoués, on ne peut en dire autant des grands laïques. Dans le nord du royaume, ces derniers ont certes pour la plupart prêté un hommage au premier Capétien. Beaucoup d'entre eux étaient déjà ses fidèles à l'époque où il était duc des Francs. C'est probablement le cas du duc de Bourgogne, son frère ; c'est aussi le cas des comtes de Blois, du Maine et d'Anjou, ainsi que du comte de Paris, Bouchard le Vénérable ; c'est sans doute enfin celui de Richard Ier, le comte de Rouen. D'autres le sont devenus dans les mois ou les années qui ont suivi son avènement : ainsi les comtes de Flandre et de Vermandois, peut-être aussi, mais beaucoup plus tard, le puissant comte de Troyes et de Meaux.

Ce que valent ces fidélités, l'histoire du règne nous l'a montré. En dehors du comte Bouchard, si étroitement lié à son seigneur que Paris, la cité dont il est le comte, reste l'un des séjours favoris d'Hugues Capet, tous les autres grands paraissent s'être abstenus de prêter main-forte au roi dans sa lutte contre Charles de Lorraine. Il est particulièrement frappant que Richer, qui cite parfois des noms, ne fasse jamais allusion à une quelconque présence du duc Henri de Bourgogne auprès de son aîné dans les moments difficiles. Les revers d'Hugues ne semblent pas le concerner. Richard de Normandie n'intervient pas plus dans le conflit contre Charles ; et s'il assiste le roi dans l'affaire de Melun, cela ne l'empêche pas, dans les années qui suivent, de s'allier à Eudes contre le comte d'Anjou que soutient Hugues Capet. Quant à Eudes, le plus puissant des comtes de la *Francia*, même s'il ne recherche pas le face-à-face direct avec son seigneur, évitant notamment la confrontation par les armes, son action n'en vise pas moins à affaiblir la puissance capétienne. On a d'ailleurs vu qu'Eudes, au moins en une occasion, a conçu un projet visant à l'élimination pure et simple du nouveau lignage royal au profit du roi Otton III.

Au travers de ces comportements se trouve posé tout le problème du contenu de la fidélité des *primores regni* : quelle obligation peut impliquer l'hommage prêté par les nouveaux princes de Neustrie au roi des Francs ? Celle de s'abstenir de tout acte d'hostilité à l'égard du roi, sans nul doute, encore que cette obligation soit interprétée de la façon la plus restrictive. En témoigne le raisonnement que Richer prête au comte Eudes, désireux de se disculper d'avoir fait offense au roi en tentant de s'emparer de Melun. Il n'a nullement « lésé la majesté royale », souligne-t-il, « car ce n'est pas au roi, mais à son compagnon d'armes [le comte Bouchard] qu'il avait enlevé la ville ». L'argument est clair : porter atteinte à un proche ou à un allié de son seigneur n'est pas faire acte d'hostilité contre celui-ci. D'ailleurs, « qu'importe à la dignité royale que ce soit Eudes ou Bouchard qui tient Melun » dès lors que l'un et l'autre sont également ses fidèles ?

En cette fin du Xe siècle, la liberté d'un grand est telle que l'obligation de s'abstenir de nuire à son seigneur n'implique que la seule « sécurité de son corps et de ses biens », et que, hors le cas de lèse-majesté envisagée dans son sens le plus restreint, le roi n'a pas à être partie prenante à un conflit opposant entre eux deux de ses fidèles. On ne saurait mieux nier l'existence d'un ordre public monarchique impliquant droit de correction du roi sur tout atteinte caractéristique à la paix du royaume. Plus grave encore, il semble bien que, dans l'esprit des grands, il n'existe pas d'autre obligation à l'égard du roi que celle de ne pas nuire.

Au début du XIᵉ siècle, l'historien Dudon de Saint-Quentin défendra pour le compte des ducs de Normandie une thèse allant dans ce sens, qui est probablement universellement admise par les principaux vassaux du roi de France. A la base de son raisonnement figure une analyse des conditions dans lesquelles Rollon, le premier comte normand de Rouen, a conclu avec Charles le Simple le traité de Saint-Clair-sur-Epte. Sans doute Rollon a-t-il prêté l'hommage au roi. Mais il a reçu la Normandie à titre d'alleu, et non à titre de « bienfait ». Dès lors, la *commendatio* prêtée au roi n'est pas un hommage à charge de service, mais un simple hommage de paix, un hommage purement personnel qui n'implique en aucune manière une obligation d'aide et de conseil à l'égard des successeurs de Charles. Cette thèse, on le voit, aboutit à établir une étroite liaison entre l'octroi d'un bénéfice et le service positif, caractérisé par l'aide et le conseil, et à faire du premier la condition du second.

Se situant, il est vrai, dans une optique très différente, qui est celle d'un rehaussement des obligations vassaliques, l'un des plus grands juristes du XIᵉ siècle, l'évêque Fulbert de Chartres, accréditera l'idée d'une telle liaison dans une lettre adressée vers 1020 au duc Guillaume V d'Aquitaine : celui qui prête fidélité à son seigneur doit s'abstenir de lui nuire, dira-t-il en substance, ajoutant que cette abstention n'est pas suffisante si le vassal veut mériter son fief ; dans ce cas, il doit en outre l'aide et le conseil. Cet argument juridique, Dudon l'a simplement renversé : l'origine allodiale de la Normandie exclut toute obligation de service du duc à l'égard du roi.

Cette thèse normande n'est sans doute que la traduction la plus élaborée, au plan juridique, d'une attitude assez générale chez les grands de la fin du Xᵉ et du XIᵉ siècles. Comme les princes de la génération précédente, les comtes prétendent tenir leurs *honores* de Dieu et de leurs ancêtres. Le droit héréditaire qu'ils invoquent fonde à leurs yeux une liberté en tous points identique à celle à laquelle prétend le duc normand à l'égard du roi. Si un personnage comme Eudes de Blois est en mesure de négocier son aide dans la lutte contre Charles en exigeant d'Hugues la remise du château de Dreux, c'est bien évidemment parce qu'il ne se considère plus comme obligé à l'égard du roi sur la seule base de son héritage personnel.

En somme, à la fin du Xe siècle, la perversion du système vassalique, appliqué au monde des grands, est désormais telle que leur fidélité n'a plus rien de contraignant. Parce qu'il doit l'essentiel de sa fortune présente à Hugues Capet, un Bouchard le Vénérable se comporte encore en fidèle dévoué. Mais Eudes de Blois, Richard de Normandie, et même Foulques Nerra, pourtant allié d'Hugues, sont à la tête d'un « héritage » que le roi ne peut leur reprendre et qui les rend totablement libres. Pour eux, l'aide ne se conçoit pas sans profit immédiat ; il ne peut donc y avoir de véritable service découlant du seul hommage rendu et visant à promouvoir les seuls intérêts royaux, mais uniquement des alliances de circonstance, nouées en considération d'intérêts communs.

Cette liberté des comtes permet assurément de mieux comprendre l'inertie d'Hugues Capet face à Charles de Lorraine, de même qu'elle explique les inquiétudes d'un Abbon de Fleury sur les moyens d'action de la royauté.

VERS L'ATOMISATION DU POUVOIR

On le sait : le fondement même de cette absence de sujétion d'un grand réside dans l'appropriation par celui-ci de l'intégralité des attributs de la royauté, de ce pouvoir de ban que ce grand détenait autrefois par délégation royale, et dont il dispose désormais sans le moindre contrôle d'une autorité supérieure. Cette « chute » de l'autorité royale au niveau des comtes n'est d'ailleurs pas un phénomène propre à la zone d'influence directe du premier Capétien. En Bourgogne, l'autorité ducale a connu un sort analogue au profit de comtes installés à Troyes, Chalons, Sens, Tonnerre, etc... Le même phénomène s'observe en Aquitaine où, sous l'autorité nominale et bien incertaine du comte de Poitou qui s'intitule duc des Aquitains, se juxtaposent désormais de multiples principautés autonomes dont les chefs exercent en pleine indépendance les attributs de la royauté.

Dans la plupart des cas, les comtes ne se sont pas contentés de débaucher les fidèles du roi ou du prince et de s'approprier leur ancienne fonction déléguée. Même les droits exclusivement royaux, c'est-à-dire cette part de la prérogative publique que le roi était autrefois le seul à exercer, se retrouvent dans la seconde moitié du Xᵉ siècle entre leurs mains. C'est le cas du droit de monnayage. Au IXᵉ siècle encore, toute pièce de monnaie circulant dans le royaume sortait d'ateliers royaux répartis sur tout le territoire [1]. Dans la première moitié du Xᵉ siècle, les ateliers sont tombés dans la propriété des princes. Passé 950, on les retrouve aux mains de certains comtes qui, tel Thibaud le Tricheur à Chartres, font frapper des pièces à leur nom.

Il en est de même du droit de fortification ; un droit jalousement protégé par les rois du IXᵉ siècle qui ordonnèrent à maintes reprises la destruction des châteaux « adultérins », érigés sans autorisation du pouvoir royal. L'un des phénomènes majeurs du Xᵉ siècle est justement le développement, à l'initiative d'autres autorités que celle du roi, d'un réseau castral beaucoup plus dense que celui qui existait précédemment.

Dès la fin du IXᵉ siècle, les luttes contre les Normands en ont donné le signal. Dans un premier temps et sous l'impulsion encore exclusive du roi, on se contente de relever et de renforcer les vieilles enceintes urbaines du Bas-Empire dont beaucoup avaient subi, dans la première moitié du siècle, un début de démantèlement, et l'on entoure de fortifications les principaux monastères. Mais dès les règnes d'Eudes et de Charles le Simple, alors même qu'aux luttes entre Francs et Normands succèdent les premiers affrontements entre grands, l'autorité royale n'a plus les moyens d'empêcher les autres titulaires de la puissance publique — princes territoriaux et comtes — d'exercer à leur profit le droit de fortification et d'ériger aux marches de leurs États des forteresses d'un type nouveau.

Plus réduites en superficies que les vastes enceintes gallo-romaines, plus sommaires aussi, ces constructions ne sont encore bien souvent que de simples tours de bois dressées sur des mottes, éminences naturelles ou remblais artificiels. Parfois une « basse-cour », entourée d'un fossé profond et d'un mur de terre

---

1. Certains évêques possédaient le droit de battre monnaie, mais en vertu d'une concession explicite du monarque.

surmonté d'une palissade, cerne cette tour. C'est là qu'en cas de danger les habitants des environs viennent chercher refuge. Au cours du Xᵉ siècle apparaissent ainsi une quinzaine de châteaux en Picardie, une région à la croisée d'influences diverses, qui est l'objet des convoitises des principaux princes du Nord. En Mâconnais, on compte à la fin du Xᵉ siècle une dizaine de châteaux forts, la plupart d'entre eux ayant été reconstruits aux dernières années du IXᵉ ou dans la première moitié du Xᵉ siècle sur l'emplacement d'anciens *oppida* et *castra* romains. En Auxerrois, c'est l'évêque, détenteur d'un pouvoir quasi comtal sur la majeure partie du *pagus*, qui construit ou reconstruit les châteaux de Toucy, Saint-Fargeau, Cosne et Varzy. En Ponthieu, la plupart des forteresses du pays ont de même été établies entre 950 et l'an mil.

Contrairement à une idée longtemps répandue, les châteaux du Xᵉ siècle, dont il ne faut d'ailleurs pas exagérer le nombre, ne sont pas le résultat d'initiatives privées. Tous, ou presque, ont été construits sur l'ordre et avec l'autorisation des princes territoriaux, des comtes, ou encore d'évêques titulaires d'attributs comtaux : symboles de l'ordre public, ils sont le siège d'une garnison permanente dont le chef, le *castellanus*, est un agent du détenteur de l'autorité publique. C'est au nom du comte, ou du prince, que le gardien de la forteresse exerce le ban militaire sur les hommes libres des environs, les contraignant à des services de garde au château ou à des corvées (charrois, réparations des murs et des fossés) que la coutume ne tardera pas à fixer.

Ainsi, partout où, dans la seconde moitié du Xᵉ siècle, les comtes ont acquis une indépendance de fait par rapport au prince ou au roi, c'est d'eux que relèvent la plupart des forteresses de leur *pagus*. Ce sont de même eux qui prennent l'initiative de renforcer leurs défenses ou d'en construire de nouvelles. Hautement symbolique est ainsi le geste de Thibaud le Tricheur au temps de la minorité de son seigneur, Hugues Capet : en érigeant de sa propre autorité de nouvelles tours à Chartres et à Châteaudun, il ne pouvait mieux signifier qu'il avait pris possession de ces lieux au détriment du duc et qu'il entendait se donner les moyens d'y exercer un pouvoir exclusif de tout autre. Garantes de l'indépendance du pouvoir comtal vis-à-vis d'un potentat voisin, les forteresses du Xᵉ siècle s'intègrent enfin dans un dispositif de défense qui ne doit rien au hasard et répond à un plan stratégique d'ensemble. A cette époque encore, le système castral procède dans une certaine mesure d'une nécessité d'ordre, d'un besoin de sécurité et de paix.

En de nombreuses régions, pourtant, les nouveaux châteaux forts ne vont pas tarder à être à l'origine d'un rapide effondrement de l'organisation administrative du *pagus*. Là où on l'observe, cette évolution est à peine perceptible avant le règne d'Hugues Capet. Jusqu'aux années 980, le *pagus* n'a pas encore été véritablement atteint par la dislocation du pouvoir. Georges Duby l'a bien montré pour le Mâconnais : durant la majeure partie du Xᵉ siècle, le comte y remplit apparemment le même rôle que ses prédécesseurs du IXᵉ. Il tient en la cité de Mâcon des assises judiciaires régulières au cours desquelles il s'entoure de ses principaux fidèles : gardiens de ses forteresses, membres des plus grandes familles du comté. Le Mâconnais n'est pas un exemple unique. Ailleurs l'on peut observer cette même survivance de la justice du comte au sein du tribunal du *mallus* où apparaissent parfois les *scabini* (échevins) de l'époque précédente. On observe aussi, du moins en apparence, le maintien de l'ancienne subdivision du *pagus*, la *vicaria*, dont le responsable, le viguier ou *vicarius*, exerce toujours les attributions judiciaires que lui avaient assignées les Carolingiens. En 980 encore, les hommes libres du Mâconnais se réunissent, sous la présidence du *vicarius*, en des assemblées régulières « qui sont des répliques paysannes » de la cour de justice du comte de Mâcon. Le fait que le prononcé des jugements y soit du ressort des *scabini* qui appartiennent à la même catégorie sociale que leurs justiciables — petite et moyenne paysannerie — témoigne du maintien de la tradition de la justice populaire si bien ancrée dans la mentalité germanique.

Mais ces survivances ne sont pas générales. Surtout elles n'excluent pas d'autres modifications qui annoncent de loin l'organisation des pouvoirs telle qu'elle s'imposera un peu partout au XIᵉ siècle. Une première modification concerne la compétence des assemblées vicariales. La *vicaria* carolingienne était le cadre d'une justice mineure, celle des petits délits et des causes civiles de moindre importance. Ce que l'on appelait les *causae majores* aussi bien au criminel (vol, incendie, rapt, meurtre) qu'au civil (conflits ayant trait à la propriété allodiale) relevait en principe de la compétence exclusive du *mallus* comtal, le comte faisant des tournées régulières dans les *vici* afin d'en connaître et de les juger. Or cette hiérarchie d'attributions fondée sur la nature et la gravité de l'affaire n'est plus guère respectée au Xᵉ siècle. Sous l'impulsion des comtes eux-mêmes que leurs ambitions politiques ont poussés à négliger la tenue périodique du *mallus* comtal aux chefs-lieux des *vicariae*, s'est progressivement substitué à l'ancienne répartition un partage des compétences fondé sur la condition sociale des justiciables. Les causes intéressant les *nobiles*, les notables du comté, sont désormais de la compétence exclusive du plaid comtal, une cour qui prend déjà sa physionomie féodale puisque tout notable y est jugé par ses semblables formant cercle autour du comte. En revanche, les affaires civiles ou criminelles — mêmes les plus importantes — intéressant les paysans sont du ressort des viguiers qui, dès lors, exercent dans toute sa plénitude la prérogative judiciaire.

Cette différenciation entre plaids réservés aux *nobiles* et assises à l'usage des seuls *rustici* est un élément capital pour l'avenir de l'autorité comtale. En négligeant de juger les humbles, le comte du Xᵉ siècle s'est amputé lui-même d'un moyen d'action directe sur la petite paysannerie libre de son *pagus*. Par la suite, il sera dans l'incapacité de s'opposer efficacement à un émiettement presque indéfini de la fonction judiciaire et à l'éclosion d'autres justices que celles des anciennes cours vicariales.

Une éclosion et un émiettement qui sont étroitement liés à la mise en place de ce réseau castral dont il a été question plus haut. Parce qu'il offre une sécurité, un refuge aux habitants des alentours, le château va tendre à devenir le lieu où se tiendra l'assemblée judiciaire. Il en est ainsi en Touraine où, comme l'a montré tout récemment J.-P. Brunterc'h, la viguerie carolingienne de Chinon laisse la place, dès les lendemains de la construction (vers 960) d'une forteresse en cette localité, à une « viguerie du château de Chinon » qui déborde les limites de l'ancienne *vicaria* et se confond avec les territoires soumis au ban militaire du châtelain. Parfois aussi, la création d'une forteresse conduit à la naissance d'une nouvelle viguerie : c'est ce qui se produit à Antoingt-en-Auvergne, vers 950 ; c'est aussi ce qui se passe à Saumur où, vers 960, Thibaud le Tricheur a fait construire une puissante forteresse. Une nouvelle *vicaria* y est alors attestée, qui se confond avec le ressort du château.

Ainsi, le château du Xe siècle n'est pas simplement centre de garnison et chef-lieu d'un district militaire : dans les années qui précèdent l'an mil, il devient aussi siège du pouvoir judiciaire. Bien souvent, lorsqu'il n'est pas devenu lui-même gardien de forteresse, l'ancien viguier tend à s'effacer, et sa fonction judiciaire à passer aux mains du châtelain qui, au nom du comte, a autorité sur la garnison et exerce déjà le ban militaire sur l'ensemble des paysans du district.

Une telle concentration de pouvoirs a eu de redoutables conséquences. L'une, que l'on évoquera un peu plus loin, concerne le statut et les conditions de vie du monde paysan, soumis à un pouvoir plus coercitif que jamais. L'autre concerne l'autorité comtale dont le déclin, en de nombreux cas, a été la résultante à plus ou moins long terme de la multiplication des points fortifiés et de l'appropriation progressive de ces châteaux par leurs gardiens. L'évolution politique du Mâconnais est encore exemplaire. En 980, la fonction châtelaine, exercée au nom du comte à Brancion, Beaujeu ou Uxelles, est depuis longtemps déjà un office qui se transmet au sein d'une même famille. Pour le lignage qui en dirige la garnison, « la forteresse [...] tend ainsi à se confondre avec les vastes alleux qui l'entourent, car tous les châtelains sont dans le voisinage du château de très grands propriétaires fonciers [2] ».

On imagine donc aisément qu'à l'instar des princes et des comtes de la fin du IXe siècle, les gardiens des forteresses de la seconde moitié du Xe aient été en position d'acquérir plus d'autonomie par rapport au pouvoir supérieur. Cette fonction héréditaire les met durablement en contact étroit avec la petite aristocratie des environs, dont les membres en âge de porter les armes sont redevables d'un service de garde au château et assurent l'encadrement des hommes du commun. Elle les met aussi en contact direct avec la petite paysannerie sur laquelle ils exercent les pouvoirs de contrainte, de justice et de réquisition, mais qu'ils protègent en garantissant la « paix du comte ». Aux yeux des uns

---

2. G. DUBY, *La société aux XIe et XIIe siècles dans la région mâconnaise*, 1971, p. 102.

et des autres, l'autorité du chef de garnison tendra à ne plus être perçue comme relevant d'un comte ou d'un prince qu'ils ne voient que rarement, mais bien plutôt comme un pouvoir propre que son seul usage de génération en génération vient à légitimer en droit. C'est vers le gardien, et non plus vers le comte, que vont finir par converger les serments d'allégeance des seigneurs et des petits alleutiers des environs. Toutes proportions gardées, se reproduira sous la houlette des châtelains locaux cette même entreprise de débauchage des fidélités qui, aux générations précédentes, avait fait la fortune politique des plus grands.

C'est donc à ce morcellement du droit de commander, de punir et d'assurer la paix, c'est à l'apparition de ce que Georges Duby a appelé « la seigneurie banale », que l'on assiste dans les quarante à cinquante années qui entourent l'an mil. L'expression « seigneurie banale » est un remarquable raccourci de la réalité politique qui va naître de la dislocation du *pagus*. Seigneurie est ici synonyme d'une domination sur un territoire et sur des hommes ; une domination qui s'exerce privativement, à titre patrimonial et héréditaire. Quant à l'adjectif « banal », il traduit la nature du pouvoir que vont exercer les nouveaux seigneurs : il s'agit de l'ancien ban royal, des droits de la puissance publique que détenait autrefois le comte par délégation du roi et que le seigneur châtelain exerce désormais en toute indépendance.

Quand cette indépendance est-elle devenue réalité ? Il est souvent bien difficile d'extraire des maigres documents de l'époque une chronologie précise. Dans certaines régions comme le Mâconnais ou le Poitou, il semble que l'apparition de la seigneurie châtelaine date de l'extrême fin du Xe siècle. En d'autres régions comme le domaine royal, la Champagne, l'Auxerrois, l'Anjou et le nord de la Bourgogne, le phénomène ne connaît sa véritable ampleur qu'à partir des années 1020-1040. Mais il est important de souligner que cette mutation n'a pas connu partout la même intensité. Elle a atteint son point extrême en Mâconnais où les comtes du XIe siècle ne conservent plus le pouvoir qu'à Mâcon et dans ses environs. Le reste de l'ancien *pagus* se trouve partagé entre cinq ou six seigneurs châtelains à ce point indépendants que le comte n'a plus les moyens d'exiger d'eux le service vassalique. C'est bien le signe que ceux-ci ont coupé tous les liens qui les reliaient à leur ancien seigneur et considèrent désormais leurs forteresses comme des alleux tenus, non du comte, mais de leurs ancêtres. La dislocation est à peine moins forte dans le reste de la Bourgogne, en Auxerrois, en Poitou, voire au cœur même du domaine royal où, passées les années 1020, de grands seigneurs châtelains (Montmorency, Montfort, L'Isle-Adam...) font désormais échec à l'autorité des successeurs d'Hugues Capet, n'hésitant pas au besoin à s'allier aux pires adversaires de la royauté.

En revanche, la Normandie, et dans une moindre mesure la Flandre, ont mieux résisté. En Flandre, le pouvoir comtal a bien failli s'effondrer à la fin du Xe siècle. En Normandie, c'est vers 1040, au temps de la minorité de Guillaume le Conquérant, que la dislocation menacera. Mais le processus sera arrêté net grâce à l'action vigoureuse des chefs de ces principautés. Au XIIe siècle, un État comme la Normandie connaît un système institutionnel qui permet au duc de maintenir à son niveau certains droits royaux qui, ailleurs, sont passés aux mains de simples seigneurs châtelains : celui de battre monnaie, celui de faire la guerre et de construire des châteaux, ou encore celui de juger les causes majeures, assorti d'un contrôle de toutes les justices seigneuriales au sein de son duché. Autant de prérogatives qu'aucun prince territorial n'est alors en mesure d'exercer de façon exclusive, et que le roi lui-même ne reconquerra progressivement à l'échelle du royaume qu'à partir du XIIIe siècle.

Cela dit, les historiens n'ont pas manqué de noter le synchronisme existant entre l'apparition de la seigneurie banale et la rapide divulgation, dans les actes juridiques, du mot « coutume » (*consuetudo*), employé au pluriel dans le sens très particulier et tout à fait nouveau de droits seigneuriaux. Les premières mentions coïncident avec le règne d'Hugues Capet et la fin du Xe siècle. Il est assez significatif qu'un tel mot se mette aussitôt à désigner à la fois des droits d'origine publique tels que le ban ou la justice, et des droits de nature purement domaniale tels que le cens, redevance due par le tenancier au seigneur de sa terre.

Cela montre d'abord qu'il existe un lien étroit entre la puissance économique que l'aristocratie tire de la concentration de la terre entre ses mains, et l'appropriation par celle-ci de la puissance publique. S'il est faux de considérer, comme le firent au début du siècle les partisans de la « théorie domaniale », que la seigneurie châtelaine ne serait que le résultat d'une excroissance des droits domaniaux d'un grand propriétaire terrien, il n'est en revanche pas douteux que la réussite politique d'un châtelain du Xᵉ siècle est intimement liée à la fortune foncière que son lignage est parvenu à construire dans les environs du château dont il a la garde. Son indépendance économique, qui lui permet de rémunérer par des « bienfaits » les services de la petite aristocratie locale, ou d'astreindre au premier chef les paysans vivant sur son domaine propre aux corvées de construction et d'entretien du château, est la condition de son indépendance politique. Comme l'indiquent les deux sens du mot « coutumes », la seigneurie banale apparaît donc bien, pour une très large part, comme le résultat d'une adaptation des institutions publiques aux réalités économiques du temps.

Mais le double sens du mot montre surtout qu'une rupture est intervenue au plan du fondement juridique du pouvoir de commander. A la fin du Xᵉ siècle, on commence à perdre de vue l'idée que le ban et la justice ont fait l'objet d'une délégation du roi au comte, et du comte au châtelain. Ce qui fonde un droit d'origine publique est désormais identique à ce qui fonde un droit privé ; c'est son usage prolongé par celui qui s'en prévaut, un usage qui a duré suffisamment longtemps pour se trouver consolidé en coutume et s'imposer à tous. Or c'est bien de cette manière que s'est effectuée l'appropriation de la puissance publique par les châtelains : par un usage prolongé qui, imperceptiblement et sans véritable heurt, a fini par imposer à tous l'idée que le détenteur du château et du ban n'était plus le comte ou le prince, mais celui qui, dans les faits, y exerçait la réalité du pouvoir.

Et puisque la différence tend à s'estomper entre droit public et droit privé, il ne faut guère s'étonner que les prérogatives de la puissance publique soient très tôt devenues l'objet de transactions. Ainsi voit-on, dans le premier quart du XIᵉ siècle, le sire d'Uxelles concéder à Cluny les droits vicariaux sur plusieurs villages de son district. Lorsqu'en 1086, un seigneur de l'Auxerrois, Geoffroy d'Ouanne, concède au prieuré clunisien de la Charité-sur-Loire l'église d'Ouanne avec la basse-cour de son château et des terres alentour, il concède aussi les « coutumes » qu'il exerçait sur les biens transférés, parmi lesquelles figurent « le ban, l'effraction, le rapt, l'incendie, le vol... ». Geoffroy a ainsi aliéné les pouvoirs de commandement et de justice, y compris la justice criminelle, et renoncé à les exercer lui-même au sein du nouveau domaine monastique. Ces exemples, qui sont loin d'être isolés, montrent que cette dégradation, cette tendance à la privatisation de la puissance publique, est source d'un émiettement à l'infini de ces droits et d'une multiplication corrélative des détenteurs du pouvoir de ban.

Quelle part de responsabilité l'avènement d'Hugues Capet a-t-il pu avoir dans ce processus d'effondrement de la notion de puissance publique ? Il est bien difficile de l'apprécier. Mais la coïncidence existant entre son règne et la généralisation de l'emploi du mot « coutumes » dans le sens de droits seigneuriaux suggère à tout le moins que le changement dynastique y a contribué. Tant que les Carolingiens occupèrent le trône, l'idée demeura très confusément que toute autorité avait sa source en eux et qu'elle avait nature publique. La rupture dynastique et la faiblesse de la royauté du premier Capétien ont peut-être eu pour effet d'atténuer encore une telle représentation et de hâter le triomphe d'une vision purement patrimoniale et, à certains égards, privée de l'ancien ban des rois.

Cette fois cependant, ce fut, non plus seulement le roi ou les princes de la première génération, mais tout pouvoir fondant sa légitimité sur l'héritage carolingien, et principalement le pouvoir comtal, qui sortit amoindri du processus de décomposition de l'autorité. Vers la fin du XIe siècle, lorsque s'achève cette réaction en chaîne qui a vu l'autorité publique tomber du niveau du roi à celui du simple seigneur châtelain, le royaume des Francs est devenu une mosaïque de territoires de puissance, de petites cellules autonomes organisés autour d'une forteresse, d'un manoir seigneurial ou d'un sanctuaire. Dès son apparition, chacune de ces cellules voit naître en son sein ses propres pratiques d'exercice de l'autorité et ses propres règles de vie communautaire.

A l'émiettement politique correspondra donc, et pour longtemps, un émiettement de la règle juridique qui explique la diversité coutumière que connaîtra le pays jusqu'à la révolution de 1789. A l'atomisation du pouvoir correspondront de même une relative disparité des conditions, ainsi qu'une incapacité des hommes du temps à concevoir le statut juridique des gouvernés autrement que dans le relatif.

MUTATIONS SOCIALES

Un tel bouleversement n'a, bien sûr, pas été sans modifier très profondément les équilibres sociaux. Le monde carolingien, qui achève de s'effondrer à la fin du X⁰ siècle, laisse face à face un nouveau pouvoir seigneurial, sans autres limites que la considération de son propre intérêt économique, et la masse des petites gens, de ceux que les sources de l'époque qualifient de *pauperes*, pauvres, et d'*inermes*, sans armes. Bien que la relance économique se profile à l'horizon du XI⁰ siècle, la paysannerie se contente encore de subsister, habituée depuis plus d'un siècle à ce jeu de la guerre qui se fait désormais sans elle, mais qui détruit périodiquement ses récoltes et l'oblige à chercher refuge dans la forteresse voisine. Il est probable que, durant le X⁰ siècle, certaines catégories jouissant d'une semi-liberté, celle des colons, ou celle des affranchis restés sous la dépendance de leur ancien maître, sont imperceptiblement venues se fondre dans la classe servile. Source de relative sécurité pour les tenanciers, le régime domanial a ainsi achevé l'œuvre de nivellement commencée depuis bien longtemps.

Parallèlement, s'est poursuivi le mouvement de « dédition » au sein de la catégorie des petits propriétaires fonciers. Les cartulaires des monastères et des évêchés montrent que les familles de la paysannerie libre furent ainsi très nombreuses à se donner, avec leur patrimoine, à ces églises pour se sentir mieux protégées, ou pour échapper à l'emprise de l'aristocratie laïque. Juridiquement, l'entrée en dépendance n'est certes pas synonyme d'entrée en servitude. Mais pour les puissants, l'assimilation est tentante, et la catégorie des protégés d'église ne tardera pas à rejoindre dans l'attache servile celle des colons de l'époque précédente.

A la fin du siècle, l'essor de la châtellenie, qui tend à faire coïncider l'horizon politique du « rustre » à ce qui, depuis toujours, constitue son horizon social et économique, n'a pu que contribuer à amplifier une telle évolution. Maître de la paix et de la justice au sein de son district, le châtelain a tiré prétexte de sa fonction de protection et de police pour faire naître de nouvelles exactions sous forme de prélèvements sur les surplus de la production paysanne, pour imposer de même aux paysans soumis à son ban l'obligation de travailler à l'entretien des ouvrages fortifiés ou de ravitailler par des corvées de charrois la garnison de la forteresse. Ici, le ban et son corollaire, la justice (une justice expéditive, à forte connotation pénale, qui n'a plus grand-chose à voir avec l'ancienne justice de composition issue de la tradition franque), servent de points d'appui à une exploitation économique tout aussi lucrative que l'autorité exercée par un seigneur foncier sur ses tenanciers.

Au sein de la châtellenie, le gardien ou le seigneur de ban n'est sans doute pas le seul à prétendre à l'exploitation des paysans de son district. Les autres grands propriétaires du ressort s'efforcent de leur côté de s'en réserver le monopole sur leurs propres dépendants. Ils peuvent y réussir, et ce succès signifie parfois qu'ils sont parvenus à s'emparer de la plupart des attributs de l'ancien ban royal, que leur domaine forme une enclave indépendante au sein de la seigneurie châtelaine. C'est le cas de nombreux anciens immunistes : églises épiscopales ou monastiques, voire certains grands laïques, tels que les anciens *vassi dominici* (vassaux royaux). Mais là où le seigneur de ban s'est avéré le plus fort, tend à se constituer un réseau entrecroisé d'obligations d'une extrême complexité que supportent indistinctement libres et non-libres du domaine.

Il n'est guère étonnant que l'érection de la châtellenie ait accru encore cette tendance au nivellement des conditions, laquelle ne concerne plus seulement les tenanciers, mais aussi ceux qui avaient jusque-là échappé à l'entrée en clientèle et à la réduction de l'alleu familial en tenure. Nombre de documents le montrent : même lorsque leurs biens ont conservé la qualification d'alleux, les paysans libres ne peuvent bien souvent en disposer sans l'autorisation de leur « protecteur » qui perçoit au passage une taxe, voire, en cas d'héritage, un droit de mainmorte comme s'il s'agissait d'une simple tenure servile. Même libre, le rustre est désormais soumis à l'interdiction de formariage qui l'empêche d'épouser une femme relevant d'une autre seigneurie.

La faillite des anciennes institutions publiques a donc sonné le glas de la liberté au sens où l'entendaient les Francs du très haut

Moyen Age, et les années qui entourent l'an mil ont vu se réduire considérablement l'écart qui existait encore entre les agriculteurs indépendants et la classe servile. Désormais, on peut être de condition libre et subir la plus grande exploitation, de même que l'on peut être serf de naissance et vivre dans une relative aisance, voire faire partie du monde des exploiteurs, comme ces *ministe-riales,* ces serfs chargés de fonctions domestiques ou d'encadrement fructueuses (prévôts, gardes forestiers, agents fiscaux, hommes d'armes...) au sein de la seigneurie. En somme, degré de liberté et niveau de vie n'ont plus rien de commun et la liberté compte désormais moins que l'aisance économique qui, elle, ignore tout clivage juridique.

Au XIIᵉ siècle, un évêque, Étienne de Fougères, dressera un tableau saisissant de la condition paysanne : « Le vilain, écrira-t-il, accomplit des corvées, souffre des pillages, paie cent droits coutumiers. Il ne mangera jamais de bon pain ; les seigneurs en ont le meilleur grain et l'ivraie reste au vilain. S'il a grosse oie ou poularde, ou gâteau, ou blanche farine, à son seigneur il la destine ou à sa dame en gésine [...]. Jamais il ne tâte d'un bon morceau, ni de volaille, ni de gibier ; s'il a pain de pâte noire, du lait et du beurre, il est bien gâté. » Sans doute l'ampleur des profits seigneuriaux, cause de cette misère que décrit l'évêque Étienne, varie-t-elle d'une région à l'autre, voire d'une seigneurie à une autre. Le tableau n'est pas partout aussi sombre. Au sein de la paysannerie, on conservera en tout cas le souvenir de l'ancienne liberté et l'on saura, lorsque viendra le temps des chartes de franchises, s'en prévaloir pour arracher aux seigneurs la disparition des comportements ou des prélèvements les plus arbitraires, la suppression de ce que la langue juridique du temps qualifie de *pravae consuetudines,* mauvaises coutumes. Dans le cercle des puissants, l'amalgame entre paysannerie et servitude n'en est pas moins flagrant : en 1062, un seigneur du Mâconnais donnera à Cluny la *villa* de Berzé « avec les serfs et les serves qui y vivent, qu'ils soient libres ou qu'ils soient serfs ». Ici, la distinction des statuts n'a manifestement plus d'importance : objet de transaction au même titre qu'un serf, le paysan libre n'en est pas fondamentalement différent. Dans le premier quart du XIᵉ siècle, Adalbéron de Laon ne voit sans doute pas les choses autrement. Lorsque, dans son *Poème au roi Robert,* il expose sa conception d'une société répartie en trois ordres, l'évêque de Laon, pourtant fin lettré et juriste averti, ne s'embarrasse pas de nuances et applique à l'ordre des *laboratores,* des travailleurs, le substantif *servus.* A l'orée de l'ère féodale, Adalbéron sait fort bien que la liberté paysanne n'est plus qu'une illusion, qu'il existe une nouvelle servitude incluant pêle-mêle libres et serfs, et que la véritable liberté se situe à un tout autre niveau.

Échapper à la contrainte du travail journalier, échapper aussi à la pression économique exercée par le pouvoir seigneurial, telle est la nouvelle liberté qu'ont engendrée les mutations du Xe siècle. Cette situation privilégiée est celle des deux autres ordres, celui des *oratores,* de ceux qui prient, et celui des *pugnatores* ou *bellatores,* de ceux qui combattent. La dernière de ces deux catégories, à la vérité, est fort loin de constituer une classe homogène. En son sein il en est qui appartiennent à ce qu'il convient d'appeler la *nobilitas,* et d'autres qui, d'origine sociale moins élevée, ne vont pas tarder à la rejoindre. Les recherches menées depuis plusieurs années sous l'impulsion de G. Duby et L. Génicot tendent à montrer que, contrairement à l'idée longtemps reçue selon laquelle il n'y aurait pas eu de véritable caste nobiliaire avant l'avènement de l'époque féodale et l'apparition de la classe chevaleresque (XIe-XIIe siècle) [2], la noblesse est très antérieure à la chevalerie et « repose essentiellement sur la naissance, le sang, le lignage [3] ».

Les travaux que poursuit actuellement K.F. Werner pourraient ouvrir de nouveaux horizons sur les origines de la classe nobiliaire. Selon lui, il existerait une continuité entre la noblesse du Bas-Empire — qui n'aurait donc pas disparu dans la tourmente des invasions — et la haute aristocratie de l'époque franque. De même que le roi franc, avec ses titres romains — *rex, princeps, vir gloriosissimus* — fait partie intégrante d'une hiérarchie du monde romain, de même, l'aristocratie franque existe institutionnellement en tant que noblesse, avec ses titres — *vir illuster, vir clarissimus* — qui prolongent les anciennes titulatures romai-

2. C'était la thèse défendue par P. GUILLERMOZ, auteur d'un *Essai sur l'origine de la noblesse en France au Moyen Age,* Paris, 1902.
3. Nous citons ici l'une des conclusions de la remarquable synthèse historiographique de J. FLORI. *L'essor de la chevalerie,* XIe-XIIe siècle, Droz, 1986, pp. 10-42.

nes, avec ses privilèges et ses signes distinctifs dont certains — le
port de l'anneau d'or, les privilèges de juridiction — sont hérités
directement de l'époque romaine. Comme sous le Bas-Empire,
l'appartenance à cette noblesse serait due, « non pas à la simple
force, ni à l'hérédité des fonctions (plus tardive), mais à l'hérédité
du rang atteint par un haut fonctionnaire [4] ».

Dans la Rome du IVe siècle, c'est la nomination par l'empereur
dans la haute fonction publique, c'est le fait d'entrer dans la
militia, « le service administratif hiérarchisé et discipliné selon le
modèle militaire », qui déterminait l'entrée dans la noblesse et
ouvrait droit à l'hérédité du rang. Selon K.F. Werner, il en est
toujours de même au sein du royaume franc, où appartenir à la
militia signifie, non pas exclusivement combattre avec les armes,
mais, de façon très générale, servir le *princeps*-roi, et où le fait
d'entrer dans la haute fonction publique a pour conséquence
l'acquisition d'un rang transmissible à la descendance. Tout
comte, duc ou marquis, tout *vassus dominicus* (vassal
royal), considéré comme investi d'un *honor,* d'une fonction
publique tenue du roi, appartient ainsi, à l'époque carolingienne,
à la *militia* et à la *nobilitas*. Tout descendant de ce titulaire
d'*honor* est noble, même s'il n'exerce pas effectivement de
fonction.

Les mutations du Xe siècle vont encore consolider les positions
acquises par l'ancienne noblesse. Parce que celle-ci a depuis toujours vocation à participer à la chose publique, parce que, depuis
Louis le Pieux et Charles le Chauve, elle prétend même prendre
une part active à la décision politique, c'est exclusivement entre
ses membres que va se trouver dispersé l'ancien pouvoir royal.
Comtes et princes territoriaux, on le sait, en émanent. Mais le
plus significatif est le fait que la plupart des gardiens de forteresses, dont certains ne tarderont pas à devenir seigneurs châtelains,
appartiennent à la *nobilitas,* soit qu'ils descendent de personnages de rang comtal, soit que leurs ancêtres ou eux-mêmes aient
été *vassi regales*. Vu sous cet angle, le déclin du Xe siècle ne
signifie pas véritablement anarchie : l'appropriation du pouvoir

4. K.F. WERNER. Du nouveau sur un vieux thème. Les origines de la
« noblesse » et de la « chevalerie » dans *Comptes rendus des séances de l'Académie des Inscriptions et Belles-Lettres. Paris 1985, p. 191.*

n'y est pas, sauf de rares exceptions, le fait d'hommes nouveaux, mais bien l'apanage de « notables » que leur noblesse prédisposait à participer à la chose publique et à détenir légitimement un *honor*. De même, les titres de *vir nobilis, vir illuster* leur sont réservés, tout comme celui de *miles* qui traduira bientôt l'état de chevalier, mais qui exprime encore l'exercice d'une fonction au service du roi, d'un prince ou d'un comte. Georges Duby l'a bien établi : longtemps encore, jusqu'au second tiers du XIe siècle, l'emploi du mot *miles* comme titre semble réservé à cette frange supérieure de l'aristocratie.

Il reste qu'au Xe siècle une autre aristocratie est en train de monter, celle des guerriers d'élite, combattants à cheval, qui existent depuis fort longtemps en parallèle avec les fantassins, les troupes de paysans libres. Mais tandis que ces derniers ont définitivement fait preuve de leur impuissance dans les luttes contre les envahisseurs normands, sarrasins et hongrois, et ont cessé d'être requis au combat, les cavaliers, pourvus d'une cuirasse et d'un équipement appropriés, ont montré leur redoutable efficacité. Ils vont donc acquérir le monopole du service de guerre, un service qui, en liaison avec l'essor de la châtellenie, va se trouver partagé entre la défense de la forteresse, la chevauchée destinée à maintenir la paix publique au sein du district, et l'expédition guerrière sous la bannière du châtelain.

L'origine sociale de ces « nouveaux » guerriers est variée. Certains peuvent appartenir à la *nobilitas* ; beaucoup appartiennent sans doute à la frange supérieure de la paysannerie, celle qui, grâce à la possession d'une bonne terre et de quelques tenanciers corvéables, dispose de loisirs suffisants pour s'entraîner au combat à cheval et s'absenter pour servir le sire. Mais il en est aussi qui viennent de la petite paysannerie et qui doivent leur situation à des qualités physiques qui les ont fait remarquer par leur seigneur. Tous sont les hommes du gardien ou du sire auquel ils ont prêté l'hommage. Leurs devoirs envers le seigneur varieront en fonction de leur propre position sociale : les plus pauvres formeront son entourage permanent, recevront de lui, en bénéfice, l'essentiel de leur fortune foncière et resteront étroitement subordonnés. En revanche, ceux qui n'ont pas besoin de tenure vassalique pour subsister ont les moyens de marchander leur service, d'en limiter l'importance et la durée, voire de profiter de la pratique désormais bien admise de la pluralité des hommages pour proposer leur épée à différents seigneurs et s'intégrer à plusieurs clientèles vassaliques.

Tous, cependant, parce qu'ils participent à la défense de la terre, parce qu'ils sont les seuls à porter les armes aux côtés du sire, vont échapper aux contraintes qui pèsent sur le petit peuple. Lorsqu'ils viennent accomplir leur service, le maître de la forteresse qui, parfois au XIᵉ siècle, s'intitule à son tour *princeps,* a autour de lui, toutes proportions gardées, une réplique à peu près parfaite de la cour du roi, d'un prince ou d'un comte. La liberté suprême des guerriers d'élite qui l'entourent est de pouvoir, au même titre que les grands à l'échelle du royaume, participer à la décision politique — le *consilium* — et à l'exercice du pouvoir de commandement au sein de la seigneurie ; bref, exercer à un niveau plus restreint, pour ne pas dire miniaturisé, une fonction où figure désormais en bonne place le service militaire, une *militia* qui ne tardera pas à les faire accéder à une sorte de noblesse de second rang, pourvue de privilèges calqués sur ceux de l'ancienne et vraie noblesse, celle dont les chefs de file étaient autrefois au service des rois.

En somme, la fin du Xᵉ siècle et le début du XIᵉ, qui ont vu descendre d'un nouveau degré le pouvoir de commandement, ont vu aussi s'isoler des autres laïques une catégorie chargée d'une fonction spécifique, celle de se battre et d'assister le maître du ban dans l'exercice de son pouvoir ; un service honorable, issu du contrat vassalique, donc librement consenti, qui n'a rien à voir avec la sujétion des rustres, faite de corvées et de réquisitions imposées pour prix de la paix dont le seigneur et sa petite armée sont les garants. Il est bien sûr facile de présenter tout seigneur châtelain comme un chef de bande, entouré de cavaliers bardés de fer dont le passe-temps favori est de piller, rançonner et tuer. Ce type de seigneur a sans nul doute existé. Mais il est tout aussi important de constater que l'organisation sociale qui se fixe ainsi pour deux siècles, et plus, n'est rien d'autre que le résultat d'une adaptation des structures à ces réalités de l'existence quotidienne que sont l'emprise économique du grand domaine et des grands propriétaires, le besoin de sécurité des populations, et surtout, une certaine représentation mentale du pouvoir : celui-ci n'a en effet de sens pour la masse et ne répond au besoin de sécurité que s'il est rapproché et s'exprime dans le concret des liens d'homme à homme.

Il reste qu'aux yeux des clercs, de ceux qui appartiennent à l'ordre des *oratores,* comtes, châtelains et chevaliers de la fin du Xᵉ siècle symbolisent l'échec de cette harmonie parfaite du monde qu'ils avaient tenté de faire prévaloir durant la grande époque carolingienne. Le triomphe des seigneurs et de la fonction guerrière, c'est la revanche de la laïcité sur le roi et ses clercs : le roi, personnage privilégié par Dieu, veillant sur le genre humain et lui assurant la paix en parfaite communion avec les évêques, porte-parole de la divinité. Le nouveau pouvoir laïque, celui des comtes et des seigneurs, est trop évidemment la négation du vieux rêve des clercs pour ne pas apparaître comme une menace pour l'intégrité d'une Église déjà affaiblie par la mainmise des princes sur les nominations épiscopales et abbatiales, et par la dispersion d'une partie du patrimoine ecclésiastique au profit de l'aristocratie.

Or cette Église, ou du moins sa partie la plus saine et la plus dynamique au premier rang de laquelle figure le monachisme clunisien, va garder assez de ressort pour entreprendre d'imposer son autorité morale aux nouveaux pouvoirs. Les premiers conciles qui marquent les débuts du mouvement de la « paix de Dieu » datent du règne d'Hugues Capet et se réunissent en des régions — Aquitaine, Septimanie — où la royauté a pour longtemps perdu toute autorité. Puisque le souverain n'était plus capable d'assumer la mission de protection de son peuple — un texte de paix du début du XIᵉ siècle fait référence à l'*imbecillitas regis* —, c'était à l'Église de le faire en brandissant son arsenal de sanctions spirituelles, d'imposer à la fonction guerrière des interdits, de se protéger elle-même et de prendre sous sa sauvegarde les paysans sans armes.

C'était aussi à l'Église de proposer aux guerriers un idéal de vie et d'enfermer l'inévitable violence dans des limites précises, celles du respect des règles morales et religieuses. Sans doute faudrat-il attendre plus d'un siècle pour voir s'élaborer un véritable code de vie chevaleresque et se fixer le rituel religieux de l'adoubement qui vaudra reconnaissance, de la part des clercs, d'une compatibilité entre l'exercice des armes et l'idéal de vie chrétienne. Mais déjà, à la charnière des Xᵉ et XIᵉ siècles, se dessine au sein du clergé une conception globale de la société qui, sous l'égide des *oratores*, tend à séparer les combattants *(bellatores)* des autres *(laboratores)*, et qui insiste sur la nécessaire complémentarité des trois fonctions sans laquelle la bonne ordonnance du groupe est condamnée à disparaître. « La loi humaine, déclare Adalbéron de Laon dans son *Poème au roi Robert,* sépare deux ordres ; le noble et le serf, en effet, ne sont pas régis par le même statut. Les nobles sont des guerriers, protecteurs des églises, défenseurs du peuple, des grands comme des petits, et du même coup ils se protègent eux-mêmes ; l'autre ordre est celui des serfs... La cité de Dieu, que l'on croit une, est donc divisée en trois ordres : les uns prient, les autres combattent et les autres enfin travaillent. Ces trois ordres vivent ensemble et ne souffrent pas d'être séparés. Les services de l'un assurent l'ouvrage des deux autres, chacun tour à tour prête son appui à tous. » A la recherche d'une nouvelle harmonie du monde, les milieux les plus cultivés de l'Église présentaient ainsi les divisions nées de l'histoire humaine comme une réalité de toujours, immuable, conforme au dessein de Dieu. De la part du haut clergé qui appartient à l'aristocratie des comtes et des châtelains, intégrer les fauteurs de violence dans un système fonctionnel, c'était en légitimer l'existence sociale.

Sans doute Adalbéron, évêque du roi, personnage originaire de l'empire et nostalgique des temps carolingiens, accorde-t-il toujours une certaine place à la personne royale : au sommet de l'édifice viennent le roi et l'empereur, dont la mission est d'assurer fermement la conservation de la « chose publique ». Dans le fond cependant, cette représentation ternaire de la société, « qui s'établit, pour les dominer pendant des siècles, dans les structures mentales de l'Occident, rejette en vérité la confusion du spirituel et du temporel qui s'était réalisée dans la personne des souverains carolingiens et dont les monarques de l'an mil présentaient encore l'image [5] ». Sous la ferme direction morale d'une Église qui, sous l'égide de la papauté, ne va pas tarder à s'affranchir de la mainmise du monde laïque et des monarques eux-mêmes, la société du XIᵉ siècle peut désormais se passer du magistère des rois.

5. G. DUBY, *Le Moyen Age, Adolescence de la chrétienté occidentale,* 980-1140, p. 61.

Ce rôle primordial qu'elle joue au XIe siècle, l'Église le doit pour partie à la résurrection de la papauté, à partir des années 1040. Mais elle le doit aussi à l'héritage d'un Xe siècle qui ne fut pas, loin de là, entièrement négatif. On cite souvent, pour illustrer la crise morale qui atteint alors le monde des clercs, l'exemple d'Hugues de Vermandois, promis à l'âge de cinq ans au plus prestigieux des sièges épiscopaux, ou encore le cas de cet archevêque Archambaud de Sens, prélat aux mœurs de soudard qui fit du monastère Saint-Pierre-le-Vif un lieu de plaisir et de débauche. Les exemples d'évêques ou d'abbés indignes ne manquent pas. Une telle réalité est bien sûr la conséquence de la mainmise de la haute aristocratie sur les élections, de pratiques simoniaques qui rappellent fâcheusement les moments les plus sombres des VIe et VIIe siècles mérovingiens. Mais on pourrait aussi citer des exemples, tout aussi nombreux, d'évêques et d'abbés soucieux de promouvoir une vigoureuse activité pastorale, de restaurer les sanctuaires désertés au moment des invasions normandes, de reconquérir un patrimoine dispersé au profit des grands et de leurs clientèles vassaliques. Il est de même indéniable qu'avec l'essor du monachisme clunisien dans le sud et le centre du royaume, avec le rayonnement du monachisme lorrain au nord de la Seine, le Xe siècle est une période de retour à la règle bénédictine dans son ancienne pureté et de renouveau de la spiritualité.

Grâce enfin à l'activité des clercs, la période n'est pas, au plan intellectuel et artistique, « le sombre siècle de fer et de plomb que dépeignaient naguère quelques historiens ». Pierre Riché l'a fort bien établi en scrutant l'activité des écoles épiscopales ou abbatiales du royaume franc : une fois passée la tourmente des invasions normandes qui causèrent la perte d'un nombre important de bibliothèques monastiques et la disparition de nombreuses écoles, la seconde moitié du Xe siècle a vu les clercs s'efforcer de retrouver, à travers la tradition carolingienne, la culture antique. Gerbert d'Aurillac, qui fut en étroite relation avec les principaux centres de la renaissance ottonienne en même temps qu'avec la brillante civilisation de l'Espagne musulmane, est certainement le représentant le plus illustre de ce renouveau intellectuel. A Reims, où se fait sentir l'influence de la florissante Lorraine, l'école épiscopale qu'il anime à partir de 972 est la plus presti-

gieuse du royaume. Vingt ans durant, Gerbert y enseignera différents arts du *trivium* et du *quadrivium*, principalement la dia-
lectique, la rhétorique, ainsi que la géométrie et l'astronomie.
Mais Gerbert n'est pas le seul. Formé à Reims, Abbon de Fleury
est, au temps d'Hugues Capet, écolâtre de Saint-Benoît-sur-Loire
avant d'en devenir l'abbé, et son enseignement, lui aussi très
apprécié, se diffuse vers la fin du siècle jusqu'en Angleterre.
Quant à Fulbert de Chartres, qui fonda la plus prestigieuse école
épiscopale des XIᵉ et XIIᵉ siècles, il fut probablement l'élève de
Gerbert à Reims.

Que cette renaissance intellectuelle ait eu une influence sur
l'évolution de la société, c'est incontestable : à Reims, à Fleury
ou à Chartres, on ne s'est pas contenté d'enseigner les arts libé-
raux ; on a aussi beaucoup réfléchi sur les mutations du siècle et
sur la crise du pouvoir monarchique. L'œuvre d'Abbon et son
analyse de la fonction royale le montrent au plus haut point.
Quant à certains écrits de Fulbert de Chartres, et notamment
cette fameuse lettre au duc d'Aquitaine dans laquelle il définissait les relations entre seigneurs et vassaux, et qui eut une telle
renommée durant le Moyen Age, ils témoignent du rôle essentiel
joué par les intellectuels au sein du monde féodal en gestation.
Comme l'a montré C. Carozzi, c'est en se penchant sur l'œuvre
de Cicéron que Fulbert trouva les mots clés qui, dans sa lettre au
duc Guillaume V, définissaient les rapports vassaliques. La référence antique n'est donc pas absente de la réflexion des clercs de
l'an mil en vue de rehausser les pratiques vassaliques, de soumettre le monde des grands à des règles morales et juridiques communes, de transformer en somme cet univers aux apparences
chaotiques né de l'effondrement royal en une société réglée.

Enfin, ce début de renouveau que connaît l'Église franque fait
que l'art n'a pas disparu de l'activité des hommes du Xᵉ siècle. Le
XIᵉ siècle, qui est le siècle du « blanc manteau d'églises » (Raoul
Glaber), le siècle de la floraison romane, « fait parfois oublier que
le Xᵉ siècle est une époque de germination [6] », et qu'il ne l'est pas
seulement dans la Germanie des Otton. On a reconstruit en

---

6. Nous empruntons ici à un rapport sur l'art au Xᵉ siècle, qu'a eu l'extrême
gentillesse de rédiger à notre intention notre jeune ami D. Alibert, étudiant en
D.E.A d'histoire à Paris et diplômé de l'École du Louvre.

France de nombreuses cathédrales (Clermont-Ferrand, Châlons-sur-Marne, Sens, Beauvais, Senlis...) ou églises abbatiales (Cluny II, Fleury, Tournus...). L'un des rares édifices religieux de l'époque conservés de nos jours, l'église Saint-Vorles de Châtillon-sur-Seine, illustre les survivances des formules architecturales carolingiennes, mais aussi les hésitations et les progrès qui marquent le Xe siècle. L'architecture de sa tour reste très proche des formules de clocher-porche carolingien. Mais la décoration, faite de lésènes et d'arcatures lombardes, la présence d'arcs à l'ample dessin, de pilastres qui rythment la nef, de bas-côtés voûtés d'arêtes et compartimentés par des arcs diaphragmes, laissent entrevoir les nouvelles directions empruntées par l'architecture du Xe siècle. L'art de l'orfèvrerie n'est pas non plus en déclin. La « Majesté de Sainte-Foy » de Conques, ainsi que l'épée des rois, dite « épée de Charlemagne », marquent bien l'héritage carolingien tout en annonçant (épée des rois) des thèmes romans : oiseaux affrontés se terminant en entrelacs, ou monstres opposés. Enfin, l'art de l'enluminure n'est pas absent des manuscrits de l'époque, notamment au sein des *scriptoria* de certains grands monastères du nord de la France comme Saint-Bertin ou Fleury-sur-Loire, très influencés par l'école anglaise de Winchester. Il faut donc reconnaître que l'oubli dans lequel sont plongés artistes et bâtisseurs français du Xe siècle n'est pas justifié. Les trop rares œuvres conservées témoignent d'une tentative de synthèse entre les influences de l'art carolingien et des apports extérieurs ou des traditions remontant parfois jusqu'au très haut Moyen Age ; une synthèse qui intégrait les grandes tendances de l'homme médiéval et annonçait l'art roman des XIe et XIIe siècles.

Mieux qu'une époque chaotique, le Xe siècle doit être ainsi considéré, aussi bien dans le domaine culturel et artistique qu'au niveau des structures politiques et sociales, comme une période de transition, une époque au cours de laquelle la société, orpheline de ses rois, a commencé, non sans mal, à sécréter ses propres règles de vie et sa propre culture en se passant d'eux.

CONCLUSION

Il demeure en vérité bien difficile de saisir la personnalité du premier Capétien. Deux témoignages jettent peut-être une vague lueur sur certains traits de son comportement : celui, moqueur et grinçant, d'Adalbéron de Laon qui, dans son *Rythmus satiricus,* suggère au roi de revêtir l'habit de ces moines que l'évêque n'apprécie guère car, explique-t-il, Hugues « aime la vie simple » ; celui, fort respectueux, mais déjà teinté de légende, d'Helgaud de Fleury relatant qu'Hugues, entrant dans l'abbatiale de Saint-Denis pour faire ses dévotions, y trouva deux amants enlacés et, sans se scandaliser, recouvrit de son manteau leurs ébats.

Roi pieux, ennemi du luxe jusqu'à l'ascèse, esprit ouvert et généreux, Hugues le fut peut-être. Mais fut-il en tant que gouvernant ce personnage faible et indécis que décrit F. Lot ? Appréhendée hors de son contexte historique, son attitude peu glorieuse face à Charles de Lorraine pourrait justifier un jugement aussi négatif. Hugues n'a apparemment rien de la vigueur brouillonne d'un Lothaire ou d'un Eudes de Blois et n'est pas l'homme des grandes entreprises. Les batailles aventureuses, celles qui forcent et forgent les grandes destinées, il prend grand soin de les éviter, renonçant à affronter Charles en rase campagne ou à porter à Eudes le coup décisif. Comme homme d'État, le premier Capétien n'a décidément pas la stature que l'on est en droit d'attendre d'un fondateur de dynastie.

Mais Hugues a-t-il eu les moyens d'une action plus vigou-

reuse ? Si l'on envisage son règne en fonction de cet environnement peu favorable que l'on a décrit, marqué par la mise en place
de nouveaux pouvoirs et par la disparition de toute idée de sujé-
tions dans les rapports entre le roi et ses grands, on se trouve en
présence d'un monarque dont le courage politique fut peut-être
d'avoir su faire face aux difficultés avec mesure, cohérence, et la
plus exacte conscience des faiblesses de l'institution royale. Son
accession au trône de France ne fut de sa part ni acte de déme-
sure, ni acceptation passive d'une décision prise par d'autres,
mais la conséquence logique d'une primauté depuis longtemps
acquise dans l'ordre politique, et sans doute aussi d'une analyse
lucide des graves menaces qu'encourait celle-ci.

Les épisodes les moins glorieux du règne et les apparentes
erreurs de jugement ne doivent pas occulter les choix judicieux
qui, parce qu'Hugues sut s'y tenir, se révélèrent décisifs pour
l'avenir de la dynastie. En imposant son fils comme roi associé, il
sut déjouer le secret désir de certains de voir le royaume se fondre
dans l'empire ottonien, et inscrire dans la longue durée l'acquisition du trône par sa maison. En s'alliant très étroitement à
l'épiscopat, il sut se forger l'instrument qui, mieux qu'une armée,
voua à l'échec l'entreprise de Charles de Lorraine, puis contribua
à garantir l'indépendance du royaume face à l'empire et à la
papauté. Comme on a pu le constater, l'efficacité de cet instrument témoigne du souci qui fut sien de prolonger un mode de
gouvernement de type carolingien.

Sous cet angle, l'année 987 n'est pas vraiment celle des ruptures, qui n'interviendront qu'un peu plus tard, lorsque le triomphe
de l'exemption monastique aura affaibli le poids des évêques et
accéléré l'effacement des structures carolingiennes. Mais le résultat obtenu n'en traduit pas moins la plus profonde et la plus
durable des cassures : l'échec de Charles consomme celui des
prétentions lorraines des rois de France ; quant à l'échec des
Ottoniens dans leurs visées hégémoniques, il consomme de son
côté celui de l'idée d'empire universel.

En 987, le monde occidental est définitivement devenu dua-
liste : il existe désormais un royaume des Francs face à un empire
voué à n'être plus que germanique. Le rôle d'Hugues Capet s'est
borné à l'affirmation de l'identité de la royauté franque, soutenue
par l'épiscopat « des Gaules », dans le cadre des frontières nées

du partage de Verdun. Passé le temps d'arrêt du XIe siècle, celui de ses successeurs de la fin du Moyen Age consistera à unifier un royaume disparate et à promouvoir, par la formulation d'une idéologie royale dont de multiples éléments appartiennent à l'héritage carolingien, l'éveil de l'identité nationale.

ANNEXES

DESCENDANCE DE CHARLEMAGNE

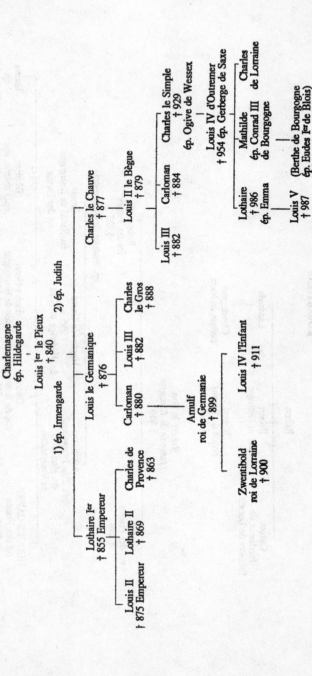

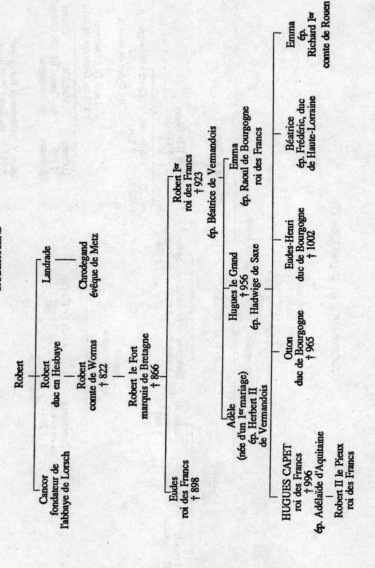

ROBERTIENS

Robert
│
Robert
duc en Hesbaye
│
Robert
comte de Worms
† 822
│
Robert le Fort
marquis de Bretagne
† 866

Landrade ── Chrodegand
évêque de Metz

Cancor
fondateur de
l'abbaye de Lorsch

Eudes
roi des Francs
† 898

Robert Iᵉʳ
roi des Francs
† 923
ép. Béatrice de Vermandois

Adèle
(née d'un 1ᵉʳ mariage)
ép. Herbert II
de Vermandois

Hugues le Grand
† 956
ép. Hadwige de Saxe

Emma
ép. Raoul de Bourgogne
roi des Francs

HUGUES CAPET
roi des Francs
† 996
ép. Adélaïde d'Aquitaine
│
Robert II le Pieux
roi des Francs

Otton
duc de Bourgogne
† 965

Eudes-Henri
duc de Bourgogne
† 1002

Béatrice
ép. Frédéric, duc
de Haute-Lorraine

Emma
ép.
Richard Iᵉʳ
comte de Rouen

PREMIÈRE MAISON DE BOURGOGNE

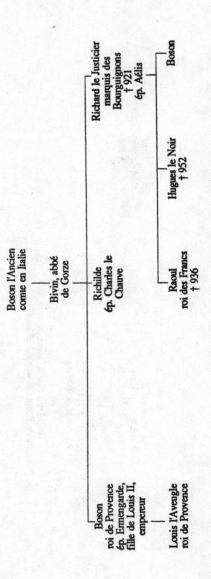

Boson l'Ancien
comte en Italie

Bivin, abbé
de Gorze

Richilde
ép. Charles le
Chauve

Richard le Justicier
marquis des
Bourguignons
† 921
ép. Aélis

Boson
roi de Provence
ép. Ermengarde,
fille de Louis II,
empereur

Louis l'Aveugle
roi de Provence

Raoul
roi des Francs
† 936

Hugues le Noir
† 952

Boson

MAISON DE POITOU ET D'AQUITAINE

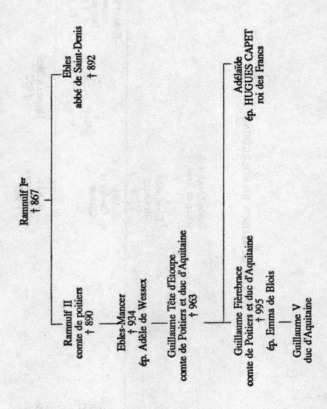

Ramnulf Ier
† 867

Ebles
abbé de Saint-Denis
† 892

Ramnulf II
comte de poitiers
† 890

Ebles-Mancer
† 934
ép. Adèle de Wessex

Guillaume Tête d'Etoupe
comte de Poitiers et duc d'Aquitaine
† 963

Guillaume Fièrebrace
comte de Poitiers et duc d'Aquitaine
† 995
ép. Emma de Blois

Adélaïde
ép. HUGUES CAPET
roi des Francs

Guillaume V
duc d'Aquitaine

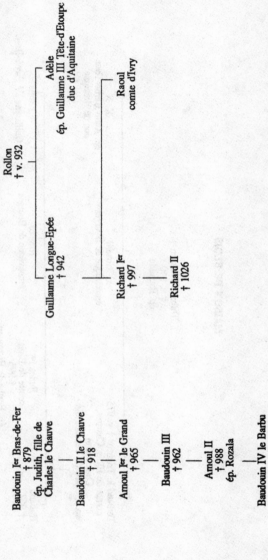

MAISON DE NORMANDIE

Rollon
† v. 932

Guillaume Longue-Epée
† 942

Adèle
ép. Guillaume III Tête-d'Etoupe
duc d'Aquitaine

Richard Ier
† 997

Raoul
comte d'Ivry

Richard II
† 1026

MAISON DE FLANDRE

Baudouin Ier Bras-de-Fer
† 879
ép. Judith, fille de
Charles le Chauve

Baudouin II le Chauve
† 918

Arnoul Ier le Grand
† 965

Baudouin III
† 962

Arnoul II
† 988
ép. Rozala

Baudouin IV le Barbu

MAISON DE BLOIS

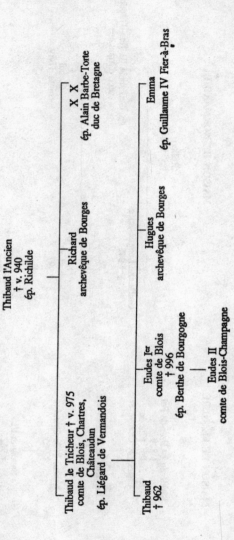

Thibaud l'Ancien
† v. 940
ép. Richilde

Thibaud le Tricheur † v. 975
comte de Blois, Chartres,
Châteaudun
ép. Liégard de Vermandois

Richard
archevêque de Bourges

X X
ép. Alain Barbe-Torte
duc de Bretagne

Eudes Ier
comte de Blois
† 996
ép. Berthe de Bourgogne

Thibaud
† 962

Hugues
archevêque de Bourges

Emma
ép. Guillaume IV Fier-à-Bras

Eudes II
comte de Blois-Champagne

MAISON DE VERMANDOIS

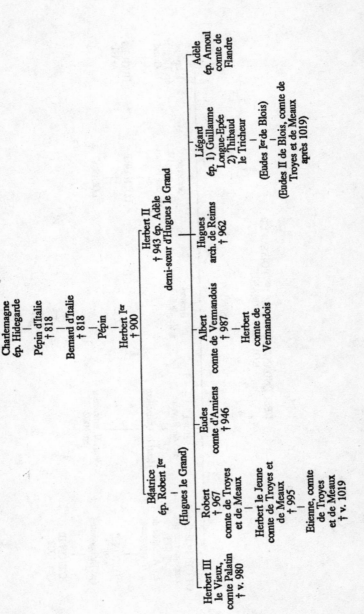

Charlemagne
ép. Hidegarde

Pépin d'Italie
† 818

Bernard d'Italie
† 818

Pépin

Herbert Iᵉʳ
† 900

Herbert II
† 943 ép. Adèle
demi-sœur d'Hugues le Grand

Béatrice
ép. Robert Iᵉʳ

(Hugues le Grand)

Eudes
comte d'Amiens
† 946

Albert
comte de Vermandois
† 987

Herbert
comte de
Vermandois

Hugues
arch. de Reims
† 962

Liégard
ép. 1) Guillaume
Longue-Épée
2) Thibaud
le Tricheur

Adèle
ép. Arnoul
comte de
Flandre

(Eudes Iᵉʳ de Blois)

(Eudes II de Blois, comte de
Troyes et de Meaux
après 1019)

Robert
† 967
comte de Troyes
et de Meaux

Herbert le Jeune
comte de Troyes et
de Meaux
† 995

Etienne, comte
de Troyes
et de Meaux
† v. 1019

Herbert III
le Vieux,
comte Palatin
† v. 980

DESCENDANCE d'HENRI Ier l'OISELEUR
ROI DE GERMANIE

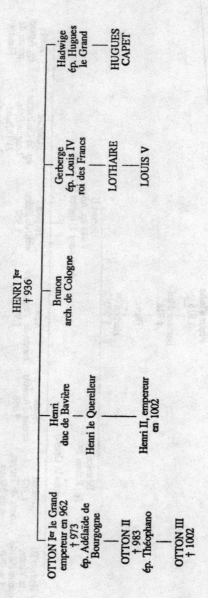

HENRI Ier
† 936

OTTON Ier le Grand
empereur en 962
† 973
ép. Adélaïde de
Bourgogne

Henri
duc de Bavière

Brunon
arch. de Cologne

Gerberge
ép. Louis IV
roi des Francs

Hadwige
ép. Hugues
le Grand

OTTON II
† 983
ép. Théophano

Henri le Querelleur

LOTHAIRE

HUGUES
CAPET

OTTON III
† 1002

Henri II, empereur
en 1002

LOUIS V

« WELF » ET MAISON DE BOURGOGNE TRANSJURANE

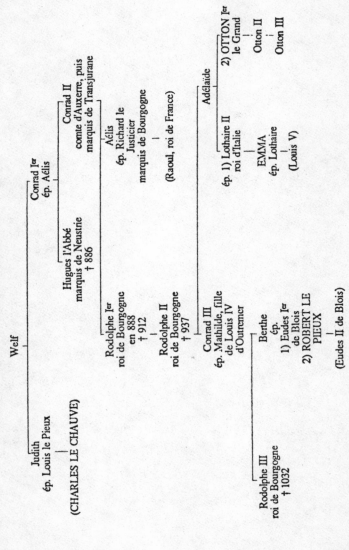

Chronologie

877 Mort de Charles le Chauve ; Louis le Bègue, roi des Francs de l'Ouest.

879 Mort de Louis II le Bègue, Boson se fait acclamer roi en Provence.

880 Louis III et Carloman se partagent le royaume franc.

881 Victoire de Louis III à Saucourt.

882 Mort de Louis III ; Carloman, seul roi des Francs de l'Ouest.

884 Mort de Carloman.

885 Charles le Gros proclamé roi par les Francs de l'Ouest ; siège de Paris par les Normands.

886 Oct. : fin du siège de Paris.

887 Déposition de Charles le Gros en France orientale au profit d'Arnulf.

888 Mort de Charles le Gros ; Eudes, roi des Francs.

893 Révolte de la *Francia*, Charles le Simple sacré roi à Reims.

897 Paix entre Eudes et Charles le Simple.

898 Mort d'Eudes ; Charles III le Simple, roi.

910 Fondation de Cluny par Guillaume Ier le Pieux, duc d'Aquitaine.

911 Traité de Saint-Clair-sur-Epte ; Rollon, comte à Rouen ; Charles, roi en Lorraine.

920 Première révolte des grands de France contre Charles le Simple.

922 Insurrection de la *Francia* contre Charles III le Simple ; Robert proclamé roi.

923 Mort de Robert Ier ; Raoul de Bourgogne, roi ; Charles le Simple prisonnier d'Herbert de Vermandois.

925 L'archevêché de Reims donné au fils d'Herbert, Hugues de Vermandois.

927-928 Lutte entre Herbert et Raoul ; Laon à Herbert.

929 Mort de Charles III le Simple.

931-935 Lutte de Raoul et d'Hugues le Grand contre Herbert ; Reims et Laon aux mains du roi. Unification des royaumes de Transjurane et de Provence.

936 Mort du roi Raoul ; le Carolingien Louis IV sur le trône ; Hugues le Grand, duc des Francs. Otton Ier succède à son père Henri l'Oiseleur en Germanie.

937 Fin de la « régence » d'Hugues le Grand ; alliance entre Hugues et Herbert.

938-942 Première lutte entre Louis IV et Hugues le Grand ; Reims aux mains d'Herbert.

942 Assassinat du duc normand Guillaume Longue-Épée.

943 Mort d'Herbert de Vermandois ; Louis IV tente de s'implanter en Normandie ; Hugues le Grand reconnu pour la seconde fois duc des Francs.

945 Louis IV fait prisonnier par les Normands, puis par Hugues le Grand.

946 « Restauration » de Louis IV par Hugues le Grand en échange de Laon. Louis IV et Otton Ier s'emparent de Reims et dévastent la Neustrie.

948 Synode d'Ingelheim.

953 Paix définitive entre Louis IV et Hugues le Grand.

954 Mort de Louis IV ; Lothaire proclamé roi.

956 Mort d'Hugues le Grand.

956-960 « Minorité » d'Hugues Capet et de ses frères ; Thibaud le Tricheur s'empare de Chartres et de Châteaudun.

960 Hugues Capet, duc des Francs ; son frère Otton, duc de Bourgogne.

962 Otton Ier, empereur.

969 Adalbéron, archevêque de Reims.

972 Gerbert à Reims.

973 Mort de l'empereur Otton Ier ; Otton II lui succède.

976-977 Charles, frère de Lothaire, s'empare de Mons. Affaire de l'adultère de la reine ; Charles, chassé de la cour par Lothaire, reçoit la Basse-Lorraine d'Otton.

978 Expédition de Lothaire contre Aix-la-Chapelle ; invasion de la *Francia* par Otton II ; Lothaire contraint de se réfugier chez Hugues Capet ; retraite d'Otton.

979 Sacre du jeune Louis V avec le consentement d'Hugues Capet.

980 Traité de Margut entre Lothaire et Otton II.

981 Hugues Capet rencontre Otton II à Rome ; tension entre Hugues et Lothaire.

983 Déc. : mort d'Otton II.

984 Henri de Bavière réclame la régence de son neveu Otton III ; Lothaire prend parti pour Théophano, mère d'Otton, et reçoit « l'avouerie » de la Lorraine ; triomphe de Théophano ; Lothaire évincé de Lorraine.

985 Prise de Verdun par Lothaire.

986 Mort de Lothaire ; Louis V seul roi.

986-987 Hiver : siège de Reims par Louis V.

987 Mars ou avril : régence d'Hugues Capet, premiers pourparlers en vue d'une paix avec l'empire.

987 Mai, mort de Louis V.

987 3 juillet, sacre d'Hugues Capet à Noyon.

987 Noël, sacre de Robert II le Pieux.

988-991 Lutte contre Charles de Lorraine ; premiers conciles de paix en Aquitaine.

991 Synode de Saint-Basle de Verzy ; affaire de Melun.

993 Trahison d'Adalbéron de Laon et d'Eudes de Blois.

993 ou 994 Synode de Chelles.

995 Conciles d'Aix et de Reims.

995-996 Hiver, offensive du comte d'Anjou, appuyé par Hugues Capet, en Touraine ;

996 Mort d'Eudes de Blois ; mort d'Hugues Capet ; Robert seul roi.

Manuscrit de Richer, fol 43 v°2, Relation de l'élection d'Hugues Capet (*Bibliothèque de Bamberg, R.F.A.*).

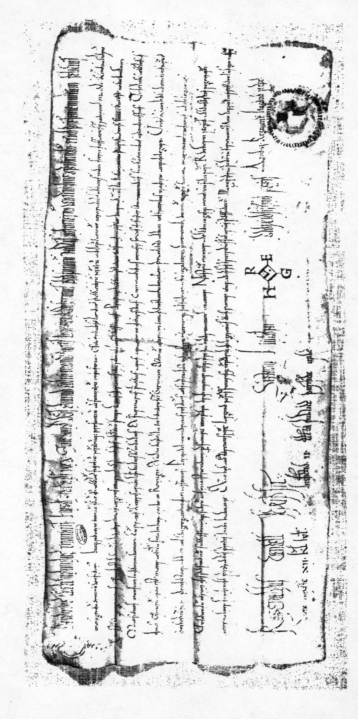

Diplôme d'Hugues Capet en date du 20 juin 989 (*cliché Bulloz*).

Bibliographie

Cette bibliographie ne contient pas une liste exhaustive des sources et ouvrages utilisés pour la rédaction de ce livre. Nous avons volontairement éliminé de très nombreuses sources diplomatiques ou narratives, qui ont pu nous servir occasionnellement, pour ne retenir ici que les principales. Il en est de même des ouvrages et articles consultés.

Sources diplomatiques :

Les actes des rois de la fin du IXe et du Xe siècles (à l'exception de ceux d'Hugues Capet) ont été publiés sous le patronage de l'Académie des Inscriptions et Belles-Lettres :

— *Recueil des actes de Louis II le Bègue, Louis III et Carloman, rois de France,* publié par R. H. Bautier, Paris, 1979.
— *Recueil des actes d'Eudes, roi de France,* publié par R. H. Bautier, Paris, 1967.
— *Recueil des actes de Charles III le Simple, roi de France,* publié par Philippe Lauer, Paris, 1940-1949.
— *Recueil des actes de Robert Ier et de Raoul, rois de France,* par J. Dufour, 1978.
— *Recueil des actes de Louis IV, roi de France,* publié par Ph. Lauer, Paris, 1914.
— *Recueil des actes de Lothaire et Louis V, rois de France,* publié par L. Halphen avec la collaboration de F. Lot, Paris, 1908.

Sources narratives et autres sources :

Abbon de Fleury, Œuvres, *Patrologie Latine,* n° 139.
Adalbéron de Laon, *Carmen ad Rodbertum regem,* éd. Cl. Carozzi, 1979.
— *Rythmus satiricus,* Recueil des Historiens de France. t. IX.
Dudon de Saint-Quentin, *De moribus et actis primorum Normanniae ducum,* éd. J. Lair, Caen, 1865.
Flodoard, *Annales,* éd. Ph. Lauer, Paris, 1905.
Gerbert, *Lettres,* éd. J. Havet, Paris, 1889.
— éd. F. Weigle, *Die Briefsammlung Gerberts von Reims,* M.G.H., 1966 (la plus sûre pour la datation). La plupart des lettres de Gerbert ont été traduites en Français par F. Lot dans les deux ouvrages mentionnés plus bas.
Richer, *Histoire de France* (888-995) éd. et trad. par R. Latouche, Paris, 1930-1937.

Principaux ouvrages et articles consultés :

R. AUBENAS, « Les châteaux forts des Xe et XIe siècles : contribution à l'étude des origines de la féodalité », dans *Revue historique de droit français et étranger,* 1938.
R. H. BAUTIER, « Le règne d'Eudes à la lumière des diplômes expédiés par sa Chancellerie », *Compte rendu de l'Académie des Inscriptions et Belles-Lettres,* 1961.
B. BLUMENKRANZ, « Où est mort Hugues Capet ? », dans *Bibl. de l'École des Chartes,* t. 115, 1957.
M. BLOCH, *La Société féodale,* coll. Évolution de l'Humanité, éd. Albin Michel, Paris, 1968.
— *Les Rois thaumaturges,* rééd., Paris, 1983.
P. BONNASSIÉ, *La Catalogne du milieu du Xe à la fin du XIe siècle, Croissance et mutations d'une société,* Toulouse, 1975.
M. DE BOÜARD, « De la Neustrie carolingienne à la Normandie féodale : continuité ou discontinuité ? » dans *Bull. of the Institute of Hist. Research,* 1955.
J. BOUSSARD, « Les Origines des familles seigneuriales de la région de la Loire moyenne », dans *Cahiers de civilisation médiévale,* t. V, 1962.
— « Le droit de *Vicaria* à la lumière de quelques documents angevins et tourangeaux », *Mélanges offerts à L. R. Labande,* 1974.

E. Bournazel, *Le gouvernement capétien au XIIᵉ siècle*, Limoges, 1975.

— (en collaboration avec J.P. Poly) *La Mutation féodale*, Xᵉ-XIIᵉ s., Paris, P.U.F., 1980 (Nouvelle Clio).

R. Boutruche, *Seigneurie et Féodalité*, t. I, *Le premier âge des liens d'homme à homme*, Paris, 1959.

M. Bur, *La formation du comté de Champagne* (v. 950-v. 1150), Nancy, 1977.

— A propos de la Chronique de Mouzon II : Architecture et liturgie à Reims au temps d'Adalbéron, dans *Cahiers de civilisation médiévale*, 1984.

CL. Carozzi, « Le dernier des Carolingiens : de l'Histoire au mythe », dans *Le Moyen Age*, 1976.

M. Chaume, *Les origines du duché de Bourgogne*, Dijon, 2 vol., 1925 et 1937.

A. Chedeville, *Chartres et ses campagnes (XIᵉ-XIIIᵉ siècle)*, Paris, 1973.

R. T. Coolidge, « Adalbéron, Bishop of Laon », *Studies in Medieval and Renaissance*, 1965.

G. Devailly, *Le Berry du Xᵉ siècle au milieu du XIIIᵉ siècle*, Paris, 1973.

J. Dhondt, « Élection et hérédité sous les Carolingiens et les premiers Capétiens », dans *Revue belge de philologie et d'Histoire*, 1939.

— « *Études sur la naissance des principautés territoriales en France* (IXᵉ-Xᵉ siècle), Bruges, 1948.

— « Sept femmes et un trio de rois », dans *Contributions à l'histoire économique et sociale*, 1964-1965.

G. Duby, *La société aux XIᵉ et XIIᵉ siècles dans la région mâconnaise*, Paris, 1953, rééd. en 1971.

— *Adolescence de la Chrétienté occidentale* (980-1140) Genève, éd. Skira, 1967.

— *L'An mil*, Paris, 1967.

— *Hommes et structures du Moyen Age*, Paris, 1973.

— *Guerriers et paysans*, Paris, 1977.

— *Les trois ordres ou l'imaginaire du féodalisme*, Paris, 1978.

A. Dumas, « L'église de Reims au temps des luttes entre Carolingiens et Robertiens », dans *Revue d'Histoire de l'Église de France*, 1944.

F. Dumas-Dubourg, *Le trésor de Fécamp et le monnayage en Francie occidentale pendant la seconde moitié du Xᵉ siècle*, Paris, 1971.

A. Eckel, *Charles le Simple*, Paris, 1899

J. Ehlers, « Karolingische Tradition und frühes Nationalbewusstsein in Frankreich », dans *Francia,* 1976.

— « Die *Historia francorum Senonensis* und der Aufsteig des Hauses Capet », dans *Journal of Medieval History,* 1978.

E. Favre, *Eudes, comte de Paris et roi de France,* Paris, 1893.

J. Flori, *L'idéologie du glaive, préhistoire de la chevalerie,* Genève, Droz, 1983.

R. Folz, *La naissance du Saint-Empire,* Paris, 1967.

R. Fossier, *La terre et les hommes en Picardie jusqu'à la fin du XIIIᵉ siècle,* Paris-Louvain, 1968.

— *Histoire sociale de l'occident médiéval,* Paris, Colin 1970, Coll. « U ».

G. Fournier, *Le château dans la France médiévale,* Paris, 1978.

M. Garaud, « Les circonscriptions administratives du comté de Poitou et les auxiliaires du comte au Xᵉ siècle », dans *Le Moyen Age,* 1953.

B. Guenée, « Les généalogies entre l'Histoire et la politique, la fierté d'être Capétien, en France, au Moyen Age », dans *Politique et Histoire au Moyen Age,* 1981.

O. Guillot, *Le comte d'Anjou et son entourage au XIᵉ siècle,* Paris, 1972.

— « La conversion des Normands peu après 911 ; des reflets contemporains à l'historiographie ultérieure (Xᵉ-XIᵉ s.) », *Cahiers de civilisation médiév.,* 1981.

H. Guillotel, « Le premier siècle du pouvoir ducal breton (936-1040) », dans *Actes du 103ᵉ congrès national des sociétés savantes* (1978), section de philologie et d'histoire, Paris, 1979.

— en collaboration avec A. Chedeville, *La Bretagne des saints et des rois,* Ouest-France Université, 1984.

L. Halphen, *Le comté d'Anjou au XIᵉ siècle,* Paris, 1906.

R. Hennebique, « Structures familiales et politiques au IXᵉ siècle : un groupe familial dans l'aristocratie franque », dans *Revue historique,* 1982.

J. Havet, « Le couronnement des rois Hugues et Robert », dans *Revue historique,* 1891.

Cl. Hohl, « Le comte Landri de Nevers dans l'histoire et dans la geste de Girart de Roussillon », dans *Mélanges René Louis,* 1982.

P. Imbart de la Tour, *Les élections épiscopales dans l'Église de France,* Paris, 1890.

Ph. Lauer, *Robert Iᵉʳ et Raoul de Bourgogne.*

— *Le règne de Louis IV d'Outremer,* Paris, 1900.

J. F. LEMARIGNIER, « La dislocation du pagus et le problème des *consuetudines* », dans *Mélanges... L. Halphen*, Paris, 1950.

— « Les fidèles du roi de France », dans *Mélanges Clovis Brunel*, Paris, 1955.

— « Structures monastiques et structures politiques dans la France de la fin du Xe et des débuts du XIe siècle », dans *Settimana*, Spolete, 1957.

— « Autour de la date du sacre d'Hugues Capet », dans *Mélanges Niermeyer*, Groningue, 1967.

— « Aux origines de l'État français ; royauté et entourage royal aux premiers temps capétiens », dans *L'Europe aux IXe-XIe siècles*, Varsovie, 1968.

— « Les institutions ecclésiatiques en France de la fin du Xe au milieu du XIIe siècle », dans LOT et FAWTIER, *Histoire des institutions françaises au Moyen Age*, t. III, pp. I-139, 1962.

— *Le gouvernement royal aux premiers temps capétiens*, Paris, 1965.

— *La France médiévale, institutions et sociétés*, Armand Colin, 1970.

— « L'exemption monastique et les origines de la réforme grégorienne », dans *A Cluny*, 1950.

— Le monachisme et l'encadrement des campagnes du royaume de France situées au nord de la Loire, de la fin du Xe à la fin du XIe siècle, *Settimana*, Milan, 1974.

— « Encadrement religieux des campagnes et conjoncture politique dans les régions situées au nord de la Loire de Charles le Chauve aux derniers Carolingiens », *Settimana*, Spolete, 1982.

D. LE BLEVEC, *L'An Mil*, P.U.F., Que sais-je ? 1976.

R. LOUIS, L'épopée française est carolingienne, dans *Coloquios de Roncesvalles*, Saragosse, 1956.

A. W. LEWIS, *Royal Succession in Capetian France*, Harvard, 1981. Trad. française : *Le Sang royal, la famille capétienne et l'État, France, X^e-XIVe s.*, Paris, Gallimard, 1986.

F. LOT, *Les derniers Carolingiens*, Paris, 1891.

— *Études sur le règne de Hugues Capet*, Paris, 1903.

G. MONOD, « Études sur l'histoire de Hugues Capet ; les sources », dans *Revue Historique* 1885.

L. MUSSET, *Les invasions. Le second assaut contre l'Europe chrétienne*, P.U.F. coll. Nouvelle Clio, 1965.

— « Naissance de la Normandie », dans *Histoire de la Normandie*, Privat, Toulouse, 1970.

W. M. NEWMAN, *Le domaine royal sous les premiers Capétiens*, Paris, 1937.

Ch. Pfister, *Études sur le règne de Robert le Pieux*, Paris, 1885.

E. Pognon, *Hugues Capet, roi de France*, Paris, 1966.

P. Riché, « *Les écoles et l'enseignement dans l'Occident chrétien de la fin du ve siècle au milieu du xie siècle*, Paris, 1979.

— *Les Carolingiens, une famille qui fit l'Europe*, Paris, 1983.

Y. Sassier, *Recherches sur le pouvoir comtal en Auxerrois du xe au début du xiiie siècle*, Auxerre, 1980.

— « Richer et le *consilium* », dans *Revue historique du droit français et étranger*, 1985.

P. E. Schramm, *Der König von Frankreich*, Darmstadt, 1960.

L. Théis, *L'avènement d'Hugues Capet*, Gallimard, coll. « Trente journées qui ont fait la France », 1984.

F. Trystam, *Le Coq et la Louve, histoire de Gerbert et de l'an mille*, Paris, 1982.

F. Vercauteren, « La formation des principautés de Liège, Flandre, Brabant et Hainaut », dans *L'Europe aux ixe-xie siècles ; aux origines des États nationaux*, Varsovie, 1968.

— *Études sur les civitates de la Belgique seconde*, Bruxelles, 1934.

J. Verdon, « Les femmes et la politique en France au xe siècle », dans *Mélanges Perroy*, 1973.

P. Viollet, « La question de la légitimité à l'avènement d'Hugues Capet », dans *Mémoires de l'Académie des Inscriptions et Belles-lettres*, 1892.

J. M. van Winter, « Uxorem de militari ordine sibi imparem », *Mélanges Niermeyer*, Groningue, 1967.

K. F. Werner, « Die Legitimität der Kapetinger und die Entstehung des « Reditus regni Francorum ad stirpem Karoli », dans *Die Welt als Geschichte*, 1952.

— « Untersuchungen zur Frühzeit des französischen Fürstentums 9-10 Jahrhundert », dans *Die Welt als Geschichte*, 1958, 1959, 1960.

— « Westfranken-Frankreich unter den Spätkarolingern und frühen Kapetingern, *Handbuch der Europäischen Geschichte*, pp. T. Scheider, t. I, 1976.

— « Nachkommen Karls des Grossen bis um das Jahr 1000 », dans *Karl der Grosse*, t. 4, 1967.

— « Les nations et le sentiment national dans l'Europe médiévale », dans *Revue historique*, 1970.

— « La genèse des duchés en France et en Allemagne », dans *Settimane...* Spolete, 1981.

— « La notion de *princeps* et sa signification politique et juridique », dans *Revue historique du droit français et étranger*, 1975.

— « L'acquisition par la maison de Blois des comtés de Chartres et de Châteaudun », dans *Mélanges... J. Lafaurie*, 1980.

— « Les sources de la légitimité royale à l'avènement des Capétiens (X^e-XIe siècle) », dans *Les sacres royaux*, Colloque de Reims, 1975, Paris, Les Belles-Lettres, 1985.

— « Du nouveau sur un vieux thème. Les origines de la noblesse et de la chevalerie », dans *Comptes rendus des scéances de l'Académie des Inscriptions et Belles-lettres*, Paris, 1985.

— *Les origines, Histoire de France*, sous la direction de J. Favier, t. I, Fayard, 1984.

Lexique des expressions latines

Auxilium, aide due par tout vassal à son seigneur, sous forme militaire ou pécuniaire.

Castellanus, chef de la garnison d'un château, châtelain.

Castrum, château.

Causae majores, causes majeures (meurtre, vol, rapt, incendie) dont le comte se réservait le jugement.

Civitas, cité, circonscription de base de l'ancienne Gaule romaine. Parfois employé au haut Moyen Age pour désigner les *pagi* les plus importants.

Comes, compagnon du chef, comte ; chargé par le roi de l'administration d'un *pagus ;* aux temps féodaux, propriétaire d'un comté.

Commendatio, recommandation, contrat par lequel un vassal entre dans la dépendance d'un seigneur ; il devient son « homme », d'où le nom d'hommage donné à partir du XIᵉ siècle à ce contrat.

Consuetudo, coutume.

Consilium, conseil requis par le roi avant toute décision importante. Désigne aussi l'obligation faite au vassal de « garnir » la cour du roi ou de son seigneur et de participer aux décisions (politiques ou judiciaires) prises au sein de cette instance.

Curia regis, cour du roi, formée des principaux fidèles du monarque, les *primores regni.*

Ducatus regni, direction, régence du royaume.

Dux, chef, commandant en chef d'une armée, chef d'une nation, d'un *regnum.*

Episcopatus, évêché, biens affectés à la fonction épiscopale.

Honor, fonction publique, laïque (comte) ou ecclésiastique (évêque, abbé). Plur. : *honores.*

Mallus, le tribunal présidé par le comte, entouré d'assesseurs appelés échevins *(scabini).*

Marchio, marquis ; au IXe siècle, commandant en chef d'une « marche » militaire ; au Xe siècle, titre donné par le roi aux chefs de *regna.*

Miles, chevalier ; au Xe siècle, titre réservé aux membres de la *nobilitas* (à partir des années 960).

Milicia ou *militia,* au Xe siècle, ensemble des vassaux d'un grand personnage.

Ministerialis, au sein de la seigneurie, agent chargé de fonctions domestiques ou d'encadrement.

Missi dominici, « envoyés du maître », chargés d'inspecter la gestion des comtes.

Mundeburdium, mainbourg, autorité protectrice, protection.

Mutatio regni, changement dynastique à la tête d'un royaume.

Nobilis, noble ; titre réservé au Xe siècle aux descendants de personnages ayant exercé de hautes charges publiques.

Ordo monasticus, ordre monastique.

Oppidum, forteresse.

Pagus, le pays, circonscription administrative de base du royaume franc, administrée par un comte.

Pagensis, plur. *pagenses,* l'habitant du *pagus,* le paysan.

Pauperes, les pauvres, et plus généralement ceux qui appartiennent à la classe paysanne.

Placitum, assemblée des grands autour du roi ; assemblée judiciaire ; plaid. Plur. *placita.*

Primores regni, « les premiers du royaume » (comtes, évêques), qui assistent et conseillent le roi dans la tâche gouvernementale.

Princeps, prince ; titre réservé à l'empereur romain, puis au roi franc. Désigne au Xe siècle les chefs de *regna.*

Regnum, royaume ; partie du royaume franc ayant eu un roi à sa tête (Neustrie, Bourgogne, Aquitaine). Plur. *regna.*

Regnum Francorum ou *totum regnum Francorum,* l'ensemble du royaume des Francs par opposition aux *regna* qui le composent.

Respublica, la chose publique, la république ; notion héritée de l'Antiquité romaine.

Rusticus, paysan, rustre.

Scabinus, membre du tribunal du *mallus,* échevin.

Scriptorium, atelier d'écriture. Plur. *scriptorio.*

Senior, seigneur.

Servus, esclave, serf.

Tuitio regni, protection, défense du royaume.

Utilitas regni, « utilité du royaume », utilité publique.

Vassus, vassal, celui qui s'est lié par la «commendatio» à un «senior».

Vassus regalis ou *dominicus,* vassal du roi. Plur. *vassi regales, dominici.*

Vicaria, au IXe siècle, circonscription inférieure administrée par un *vicarius.*

Vicarius, agent local, subordonné du comte, chargé d'administrer la *vicaria* et de présider le tribunal local. Viguier ou voyer.

Vicus, le bourg de campagne, chef-lieu de la *vicaria.*

Villa, le domaine.

Index

Table des matières

ANNEXES

CARTES

DANS LA MÊME COLLECTION

Marc FERRO	*Pétain*
Lothar GALL	*Bismarck*
Max GALLO	*Garibaldi*
Louis GIRARD	*Napoléon III*
Pauline GREGG	*Charles Ier*
Pierre GRIMAL	*Cicéron*
Pierre GUIRAL	*Adolphe Thiers*
Léon E. HALKIN	*Erasme*
Brgitte HAMANN	*Élisabeth d'Autriche*
Jacques HARMAND	*Vercingétorix*
Jacques HEERS	*Marco Polo*
	Machiavel
François HINARD	*Sylla*
Eberhard HORST	*César*
Gérard ISRAËL	*Cyrus le Grand*
Jean JACQUART	*François Ier*
	Bayard
Paul Murray KENDALL	*Louis XI*
	Richard III
	Warwick le Faiseur de Rois
Yvonne LABANDE-MAILFERT	*Charles VIII*
Claire LALOUETTE	*L'Empire des Ramsès*
	Thèbes
André LE RÉVÉREND	*Lyautey*
Évelyne LEVER	*Louis XVI*
Robert K. MASSIE	*Pierre le Grand*
Pierre MIQUEL	*Les Guerres de religion*
	La Grande Guerre
	Histoire de la France
	Poincaré
	La Seconde Guerre mondiale
Inès MURAT	*Colbert*
	La IIe République
Daniel NONY	*Caligula*
Stephen B. OATES	*Lincoln*
Régine PERNOUD	*Jeanne d'Arc*
Jean-Christian PETIT-FILS	*Le Régent*

Claude POULAIN   *Jacques Cœur*
Bernard QUILLIET   *Louis XII*
Jean RICHARD   *Saint Louis*
Pierre RICHIÉ   *Gerbert d'Aurillac*
Jean-Paul ROUX   *Babur*
Klaus SCHELLE   *Charles le Téméraire*
William SERMAN   *La Commune de Paris*
Daniel Jeremy SILVER   *Moïse*
Jean-Charles SOURNIA   *Blaise de Monluc*
Laurent THEIS   *Dagobert*
Jean TULARD   *Napoléon*
Bernard VINOT   *Saint-Just*

Cet ouvrage a été réalisé sur
Système Cameron
par la SOCIÉTÉ NOUVELLE FIRMIN-DIDOT
Mesnil-sur-l'Estrée
pour le compte des Éditions Fayard
le 21 janvier 1988

Imprimé en France
Dépôt légal : février 1988
N° d'édition : 7888 – N° d'impression : 8632
35-65-7691-04
ISBN 2-213-01919-3

35-7691-5